苏州文博论丛

2020 年（总第 11 辑）

苏州博物馆　编

文物出版社

图书在版编目（CIP）数据

苏州文博论丛. 2020 年：总第 11 辑／苏州博物馆编. —
北京：文物出版社，2021.8
　ISBN 978 - 7 - 5010 - 7131 - 9

　Ⅰ. ①苏…　Ⅱ. ①苏…　Ⅲ. ①文物工作 - 苏州 - 文集
②博物馆事业 - 苏州 - 文集　Ⅳ. ①G269. 275. 33 - 53

　中国版本图书馆 CIP 数据核字（2021）第 116281 号

苏州文博论丛

2020 年（总第 11 辑）

编　　者：苏州博物馆

责任编辑：窦旭耀
封面设计：夏　骏
责任印制：张道奇

出版发行：文物出版社
社　　址：北京市东城区东直门内北小街 2 号楼
邮　　编：100007
网　　址：http：//www.wenwu.com
经　　销：新华书店
印　　刷：宝蕾元仁浩（天津）印刷有限公司
开　　本：880mm×1230mm　1/16
印　　张：11
版　　次：2021 年 8 月第 1 版
印　　次：2021 年 8 月第 1 次印刷
书　　号：ISBN 978 - 7 - 5010 - 7131 - 9
定　　价：110.00 元

目　　录

吴门书画研究

博物馆学研究

江苏常熟虞山南麓古墓葬
M38、M39 发掘简报

苏州市考古研究所　常熟博物馆

内容摘要：2019 年下半年常熟市虞山街道启动民宅翻新工程，在虞山南麓地区多有古墓葬发现，其中，M38 和 M39 两墓保存形制状况相对较好，根据墓葬结构和随葬遗物，初步推测两墓为明代中下级官吏或平民墓葬。本次发现进一步补充了常熟地区明代墓葬形制和文物资料，为综合研究当时当地墓葬结构变迁和葬俗观念等有一定的参考价值。

关键词：常熟虞山南麓古墓葬

虞山南麓古墓葬群位于江苏省常熟市虞山南麓。自 2019 年下半年常熟市虞山街道启动民宅翻新工程后，在虞山南麓中部多有古墓葬发现，苏州市考古研究所联合常熟博物馆对在民宅翻建过程中发现的古墓葬进行了抢救性考古发掘工作。本次发掘以每户宅基地为单位布方，墓葬分布呈散点状，大多数古墓葬都有不同程度的扰动破坏。2020 年 5 月初和 6 月初分别发掘了 M38 和 M39（图一），出土 63 件文物及标本。现将发掘情况简报如下。

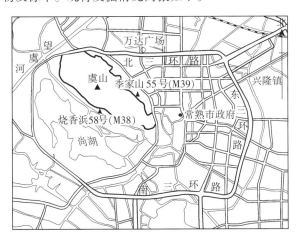

图一　M38、M39 位置示意图

一　M38 及其出土遗物

M38 位于虞山南麓的烧香浜 58 号。墓葬整体近似方形，南北长 360、东西宽 335—345 厘米，方向 25°（图二）。竖穴土坑石灰浇浆墓，一墓双室。墓葬上部被严重扰乱破坏，墓室内填充灰黑色土，土质松软，包含有棺钉、石灰颗粒和大量植物根系等。从现存结构来看，墓室外侧有竖穴土坑圹壁，内侧为石灰浇浆壁面和大青砖纵向错缝平铺垒砌的砖壁。现存石灰浇浆四壁自上而下可区分出 9 层，每层厚约 10 厘米。砖砌壁面残缺严重，砖缝间有石灰浆黏结，壁砖呈长方体形，长 37、宽 19、厚 9 厘米。墓室中部有南北向两列青砖纵向平铺垒砌的隔墙隔开，分为东西两个墓室，分别编号为 M38 - 1、M38 - 2。

M38 - 1 墓室北部较南部略宽，内长 232、内宽 93—98、内深 94 厘米。墓室底部残存有一副棺木，腐朽严重并倒塌，残长 197、宽 50 厘米，棺盖板下发现有墓主骨骼，保存较好，仰身直肢葬。墓主骨骼下残存有少许石灰板结面，厚约 2 厘米。棺底板下有方形铺地砖，有所裁剪，大小不一，完整规格边长 37.2—38 厘米不等，厚均为 4 厘米。墓室底部北端、中部和南端方形铺地砖中心部位依次装饰"福"字纹、钱纹和银锭纹。铺地砖下有一层厚约 2 厘米的黄沙面，黄沙面下为石灰浇浆平面，厚约 10 厘米，可分三层，上两层每层厚 3 厘米，下层厚 4 厘米。墓室东北角发现 1 件釉陶罐。棺内墓主头部和胸部各发现 1 件铜镜，头部位置还发现 1 件玉簪，1 件银锭，1 件玉玲，另在墓主骨架周围发现 6 枚铜钱（2 枚万历通宝、4 枚太平通宝）和 3 个抬棺吊环等遗物。

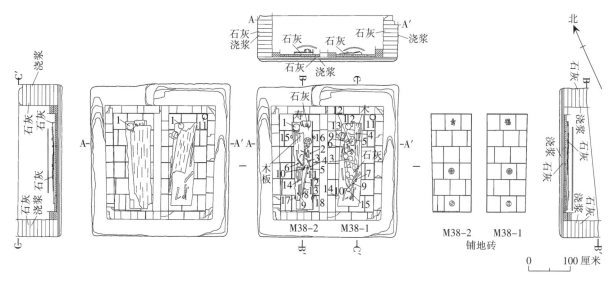

图二　M38 平、剖面图

M38－2 墓室北部较南部略宽，内长 232、内宽 94—100、内深 92 厘米。墓室底部残存有一副棺木，腐朽严重并倒塌，残长 210、宽 43—50 厘米，棺盖板下发现有墓主骨骼，保存较好，仰身直肢葬。墓主骨骼下残存有少许石灰板结面，厚约 2 厘米。棺底板下有方形铺地砖，有所裁剪，大小不一，完整规格边长 37.2—41.5 厘米，厚 4—5 厘米不等。墓室底部北端、中部和南端方形铺地砖中心部位依次装饰"寿"字纹、钱纹和银锭纹。铺地砖下有一层厚约 2 厘米的黄沙面，黄沙面下为石灰浇浆平面，厚约 10 厘米，可分三层，上两层每层厚 3 厘米，下层厚 4 厘米。墓室棺内西北角发现 1 件铜镜，墓主腰部发现 1 件梳子，在墓主骨架周围发现 12 枚铜钱（3 枚万历通宝，7 枚太平通宝，2 枚钱纹不明），另在棺木的四角位置发现 4 个抬棺吊环等遗物。

铜镜　3 件。圆形。标本 M38－1∶1，瑞兽葡萄镜。正面光素，背面纹饰繁多，采用高浮雕方式表达，主要有瑞兽和蔓枝葡萄纹。背面中心有一伏爬瑞兽穿钮，偏外近中处有一高竖弦纹将镜背分为内外两区，边缘亦有高竖边缘。内区有六只瑞兽相互追逐嬉戏，其间有蔓枝葡萄的叶和果实贯穿，并有一个"曹"字，外区为飞禽走兽相互追逐嬉戏，亦有蔓枝葡萄叶和果实贯穿，边缘处有卷草如意纹装饰，直径 14、最

厚 1.5 厘米（图三，1；图五）。标本 M38－1∶3，博局四神镜。正面光素，背面为博局纹，中心方框四周各伸出一个"T"，相对地方各饰一个"L"，方框四角各对一个"V"，博局空白处四方各饰白虎图案，外围为弦纹、锯齿纹等，直径 10.6、镜面厚 0.6、钮高 0.5 厘米（图三，2；图六）。标本 M38－2∶1，铜华镜。正面光素，背面中心有凸起穿钮，自内向外分三层装饰，第一层为内向连弧纹，第二层为一周铭文"涑冶铜华清而明，以之为镜而宜文章，延年益寿去不羊（祥）……"第三层为宽素缘，直径 15.8、最厚 1.2 厘米（图三，3；图七）。

罐　1 件。标本 M38－1∶11，釉陶质，残。小口微敛，沿微外斜内凹，矮短颈，溜肩，鼓腹，小平底内凹。通体施酱釉，腹部有多条凹凸弦纹。内口径 8、腹径 15、底径 7.6、通高 20.4 厘米（图三，4；图八）。

簪　1 件。标本 M38－1∶2，玉质，完整，有裂纹。似如意形色白泛青。簪体圆柱状，头部有弯曲，头端为钉帽形，似蘑菇头，头向尾部逐渐变细（图三，5；图九）。

玲　1 件。标本 M38－1∶12，玉质，微残。不规则形，正面有阴刻线纹，背面平整。色白泛青。长 1.2、最宽 1.2、厚 0.25 厘米（图三，6；图一〇）。

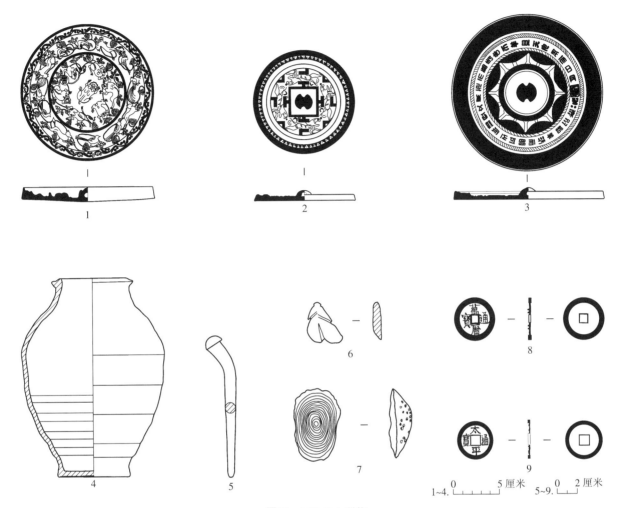

图三　M38 出土器物

F1－3. 铜镜（M38－1：1、3；M38－2：1）　4. 釉陶罐（M38－1：11）　5. 玉簪（M38－1：2）　6. 玉玲（M38－1：12）　7. 银锭（M38－1：9）　8、9. 铜钱（M38－1：4、5）

银锭　1件。标本 M38－1：9。银质，完整，氧化泛黑。整体似船形，顶面椭圆形，中心略内凹，有数道回形弦纹，底面弧凸形，表面有凹孔。长4.6、宽2.8、厚1.3厘米，重72.4克（图三，7；图一一）。

梳子　1件。标本 M38－2：10。木质，残缺严重，半月形，多层黏合形成，梳齿脱落碎裂严重，几乎无存。残长14.4、宽3.5厘米（图一二）。

铜钱　18枚。均为铜质，大多完整，锈蚀，圆形方孔钱，可辨5枚万历通宝、11枚太平通宝、2枚钱纹锈蚀不明，同一钱文形制一致。标本 M38－1：4，正面楷书"万历通宝"，光背，直径2.6、穿宽0.5、厚0.1厘米（图三，8）。标本 M38－1：5，正面楷书

"太平通宝"，光背，直径2.4、穿宽0.6、厚0.1厘米（图三，9）。

吊环　7件。标本 M38－1：13—15，均为铜质，残缺锈蚀，形制大小一致，圆环形，衔钉部缺失。环内径7、环体粗0.9厘米（图四，8；图一三）。标本 M38－2：15—18，均为铁质，残缺锈蚀，形制相似，圆环形，衔钉部残缺。其中，标本 M38－2：15—16 环内径5.8、环体粗0.7厘米，标本 M38－2：17—18 环内径5.2、环体粗0.8厘米（图四，9—10；图一四）。

"福"字铺地砖　1件。标本 M38－1：16，陶质，微残。扁方形，正面中部有阳刻楷书"福"字，并用朱砂描红，边长38、厚4厘米（图四，1）。

图四　M38 墓砖和吊环

1. 福字铺地砖（M38–1∶16）　2. 寿字铺地砖（M38–2∶19）　3、钱纹铺地砖（M38–1∶17）　4、5. 银锭纹铺地砖（M38–1∶18、M38–2∶21）　6. 方砖（M38–2∶22）　7. 墓壁砖（M38–1∶19）　8–10. 吊环（M38–1∶13、M38–2∶16、M38–2∶18）

图五　曹记瑞兽葡萄镜（M38–1∶1）

图七　铜华镜（M38–2∶1）

图六　博局四神镜（M38–1∶3）

图八　釉陶罐（M38–1∶11）

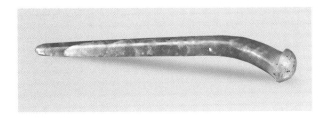

图九　玉簪（M38 - 1：2）

图一〇　玉玲（M38 - 1：12）

图一一　银锭（M38 - 1：9）

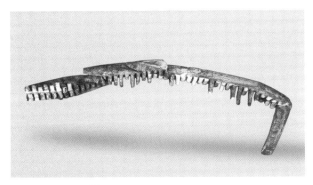

图一二　梳子（M38 - 2：10）

图一三　铜吊环（M38 - 1：13—15）

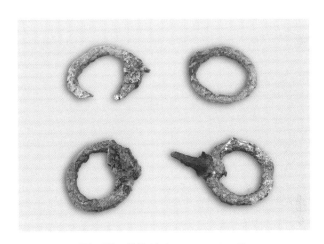

图一四　铁吊环（M38 - 2：15—18）

"寿"字铺地砖　1 件。标本 M38 - 2：19，陶质，微残。扁方形，正面中部有阳刻楷书"寿"字，边长 37、厚 4 厘米（图四，2）。

钱纹铺地砖　2 件。均为陶质，微残，扁方形，中部有镂空圆钱纹。标本 M38 - 1：17 和标本 M38 - 2：20 大小一致，边长 37.2、厚 4.3 厘米（图四，3）。

银锭纹铺地砖　2 件。均为陶质，微残，扁方形，中部镂刻银锭纹，银锭纹旁边镂空，形制大小一致，边长 38、厚 4 厘米。标本 M38 - 1：18，镂刻正向银锭纹（图四，4）。标本 M38 - 2：21，正面中部镂刻斜向银锭纹（图四，5）。

素面铺地砖 均为陶质，大小不一，完整规格为扁方形，最大边长41.5、厚5厘米（图四，6）。

二 M39 及其出土遗物

M39 位于虞山北麓季家山55号。墓室平面近似长方形，北端较南端略宽，长290、宽205—235厘米，方向335°（图一五）。竖穴土坑砖室墓，一墓双室。墓室顶部倒塌，破坏严重，墓室内淤积较多黄褐色黏土，泛灰。根据现存情况，墓室外侧有竖穴土坑圹壁，内侧为大青砖纵向错缝平铺垒砌四壁，计7层。墓室中间有单排大青砖纵向平铺垒砌隔墙隔开，分为东西两个墓室，西侧墓室编号M39-1，东侧墓室编号M39-2。两墓室四周砖壁上分别由小青砖侧立纵向叠压起券，形成券顶，其上局部再由一层青砖纵向平铺封盖，墓室顶部呈"M"形双券顶结构。整个墓葬用砖形制大小略显杂乱，墓室用砖长33、宽16、厚6厘米，券顶用砖长20、宽7.3、厚2.5厘米或长20、宽6.8、厚5厘米，券顶上平铺砖长23.6、宽11.4、厚4.5厘米或长23、宽12、厚2.3厘米。

M39-1墓室棺木腐朽无存，墓主骨骼轮廓清晰，但腐朽粉化较严重，侧身屈肢。墓主骨骼下部有一层长方形石灰板结面，厚2厘米，推测为棺木内铺垫石灰遗留。石灰面下北段有木炭残余。墓室底部未发现铺地砖。墓室东北角发现一釉陶罐，墓主头部右上方发现1件铜帽饰，胸部发现1件铜镜，骨架周围发现7枚铜钱（太平通宝）。

M39-2墓室棺木腐朽无存，墓主骨骼轮廓清晰，亦腐朽粉化较严重，仰身直肢。墓主骨骼下部有一层长方形石灰板结面，厚2厘米，推测为棺木内铺垫石灰遗留。石灰面下北段有木炭残余。墓室底部未发现铺地砖。墓主腹部发现1件铜镜，骨架周围发现6枚铜钱（太平通宝）（图一六）。

罐 1件。标本M39-1:1，釉陶质，完整。直口，尖圆唇，沿面内凹外斜，矮束颈，圆折肩，直弧腹，平底内凹。颈部及上腹部内外施酱褐色釉，口沿，外壁下腹及底无釉。紫砂胎，胎中有明星点痕。口径8.4、底径9.8、高14.1厘米（图一六，1；图一七）。

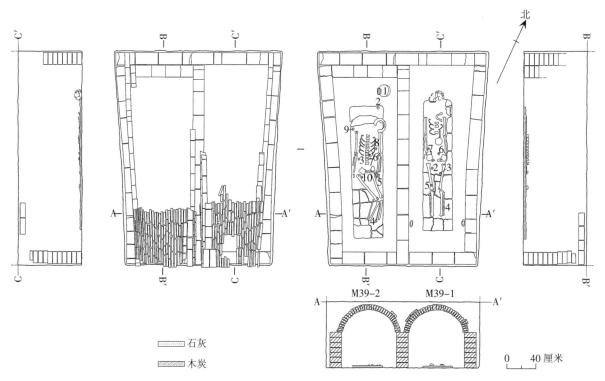

石灰
木炭

M39-2　M39-1

0　40厘米

图一五 M39 平、剖面图

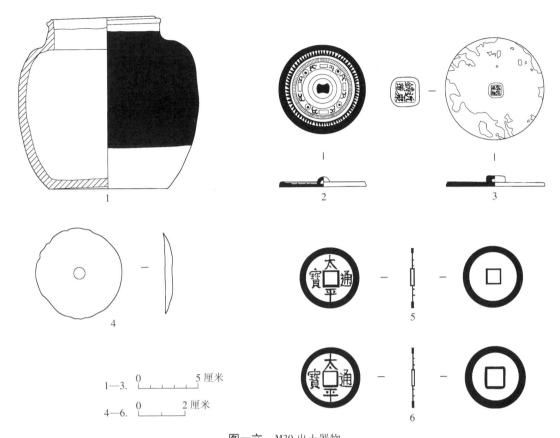

图一六　M39 出土器物

1. 罐（M39－1:1）　2、3. 铜镜（M39－1:6、M39－2:1）　4. 铜帽饰（M39－1:2）　5、6. 铜钱（M39－1:5、M39－2:6）

图一七　釉陶罐（M39－1:1）

铜镜　2 件。均为铜质，完整锈蚀，圆形。标本 M39－1:6，四乳镜。正面光素，背面内凹，中心有桥形穿钮，内区以弦纹隔离二层纹饰，一周四乳纹、方框纹、云纹组合纹，一周辐辏纹，外区有一周锯

齿纹，直径 7.2、面厚 0.4、通高 0.8 厘米（图一六，2；图一八）。标本 M39－2:1，平安镜。正面光素，背面亦光素无纹，中心有圆柱形穿钮，钮面有方形戳印铭文"近泉铸造"，直径 8.3、面厚 0.4、通高 0.9 厘米（图一六，3；图一九）。

图一八　四乳镜（M39－1:6）

图一九　"近泉铸造"款平安镜（M39－2∶1）

铜帽饰　1 件。标本 M39－1∶2，铜质，残，锈蚀。圆形，薄片状，表面弧凸，中心有穿孔。直径 3.6、厚 0.1 厘米（图一六，4；图二○）。

图二○　铜帽饰（M39－1∶2）

铜钱　13 枚。均为铜质，完整锈蚀，圆形方孔钱。形制大小和钱纹均一致，正面楷书"太平通宝"，光背。标本 M39－1∶5、M39－2∶6，直径 2.45、穿宽 0.6、厚 0.1 厘米（图一六，5、6）。

三　结语

本次发掘的两座墓葬均未发现墓志，墓室结构也都造到了严重破坏，但其形制在该地区明清墓葬中较为常见。两墓内出土的 5 枚铜镜中有 4 枚为仿古镜，只有 M39 出土的"近泉铸造"款平安镜为湖州地区明代生产的典型铜镜。两墓内出土多枚"太平通宝"，此钱在明代中下级官吏和平民墓中多有发现，取其寓意平安吉祥[1]，并不代表墓葬真实年代。M38 中发现的"万历通宝"则较真实地反映了墓葬的年代，其内放置银锭的现象，在太仓发现的明代万历年间的黄元会墓葬中亦有发现[2]。M39 中出土的釉陶罐，其胎质为紫砂胎，多为明代所产。综上推测两墓年代均为明代，其中 M38 具体年代为明万历年间，两墓墓主的身份应当在富裕平民至中下级官吏阶层。

本次发掘的两座墓葬均做工考究。根据 M38 墓室壁面解剖，一层砖壁对应一层浇浆，推测墓室浇浆四壁应是根据墓室砖壁垒砌进度多次浇浆形成。而 M39 的墓室用砖与顶券用砖规格有别，两墓室分别独立砌券。两墓葬的构造方式不但反映了当时流行的墓葬结构，更凝结了时人的丧葬文化和工匠技艺。

虞山南麓 M38、M39 墓葬构造不同，但大时代相同，其发掘不但进一步补充了常熟地区明代墓葬形制和文物资料，更为综合研究当时当地墓葬结构变迁和葬俗观念等有一定的参考价值。

领队：张照根

发掘：张志清　孙明利　周官清　谢金飞
　　　李前桥　王　军　张　波　张猛猛

摄影：张志清　张　波

绘图：江国超　刘　畅　江辰悦　潘怡雯　张艾维

执笔：张志清　谢金飞　李前桥

注释：

[1] 邬红梅：《试谈明墓中随葬钱币的使用制度》，《中国钱币》2006 年第 3 期。

[2] 吴聿明：《苏州太仓县明黄元会夫妇合葬墓》，《考古》1987 年第 3 期。

江苏太仓古塘街古墓群发掘简报

苏州市考古研究所　太仓市博物馆

内容摘要： 2018 年 4 月太仓市古塘街扩宽改造工程施工时发现多座古墓葬，并对其进行了考古发掘清理，共发现古墓葬 10 座，多为竖穴土坑石灰浇浆墓，有单人墓和合葬墓之分。根据这批墓葬的形制结构和遗物特征等信息，初步推测该处为清代早中期一处家族墓地，为研究太仓地区家族墓地构造和丧葬习俗等提供了新材料。

关键词： 太仓古塘街古墓群

古塘街古墓群位于江苏省太仓市城厢镇古塘街中北段路东、盐铁塘西岸（图一）。

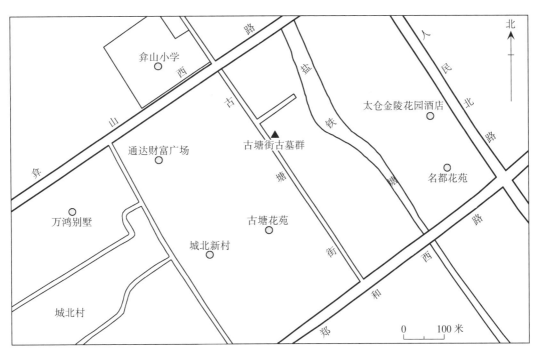

图一　遗址位置示意图

2018 年 4 月，太仓市城管局在古塘街扩宽改造工程施工时发现多座古墓葬，并上报当地主管部门。受太仓市文化广电新闻出版局文物科委托，苏州市考古研究所于 2018 年 5 月至 6 月对古塘街扩宽区域发现的古墓葬进行了抢救性考古发掘工作。发掘 125 平方米，发现古墓葬 10 座，灰坑 1 个，发掘出土遗物 66 件（组）（图二）。现将发掘情况简报如下。

一　墓葬形制及其出土遗物

本次考古发现古墓葬 10 座，均开口于近现代建筑垃圾堆积层下，出土随葬遗物 66 件（组），分述如下。

M1　位于发掘区中南部，方向 60°。平面近似方形，竖穴土坑石灰浇浆墓，一墓三穴，东西长 250、南北长 260、墓室内深 85 厘米（图三）。墓室表面为石灰浇浆封盖，顶部浇浆面向上微弧凸起。浇浆墓室四壁为棺木外廓形状，厚 20～30、底厚 5 厘米。浇浆墓室内放置棺木，东端宽西端窄。葬室自北向南依次编号为 M1－1、M1－2、M1－3，各墓室浇浆之间有接缝痕迹。

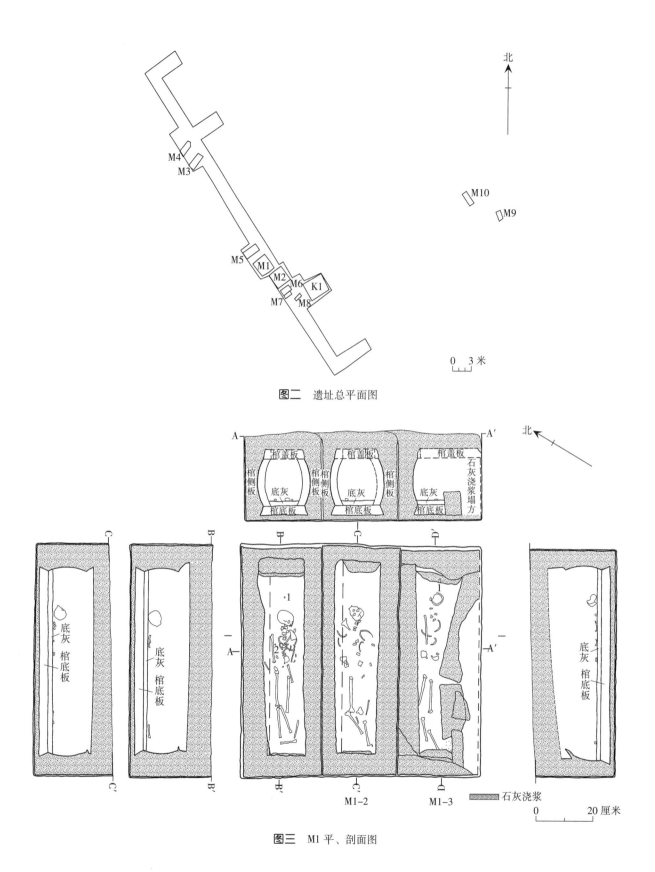

图二 遗址总平面图

图三 M1 平、剖面图

M1-1墓室内棺木轮廓较完整，腐朽，墓主骨架保存较为完好，仰身直肢，头向东北，骨架下部有较厚黑灰层，包含有较多锈蚀棺钉。在墓主头骨前方、胸部和墓室底部发现三枚铜钱。M1-2墓室内棺木轮廓较完整，腐朽，墓主骨架零乱，移位严重，仰身直肢，头向东北，骨架下有黑灰层。在填土内发现很多锈蚀棺钉，墓主头骨下发现一枚铜镜、一件铜簪、一个铜残件，左肩下发现一枚铜钱，另

在墓室底部填土内发现两枚铜钱。M1-3墓室内棺木仅存棺底板，墓室南壁浇浆倒塌，棺木严重腐朽变形。墓主骨架保存较好，有轻微的移位，仰身直肢葬，头向东北，骨架下有黑灰层。墓室填土内有较多棺钉。在墓室北端棺外发现一件陶瓶，在墓主腰部、左腿关节下发现三枚铜钱，另在填土内发现一枚铜镜和两枚铜钱。

铜钱　11枚，圆形方孔，个别残缺，均锈蚀。标

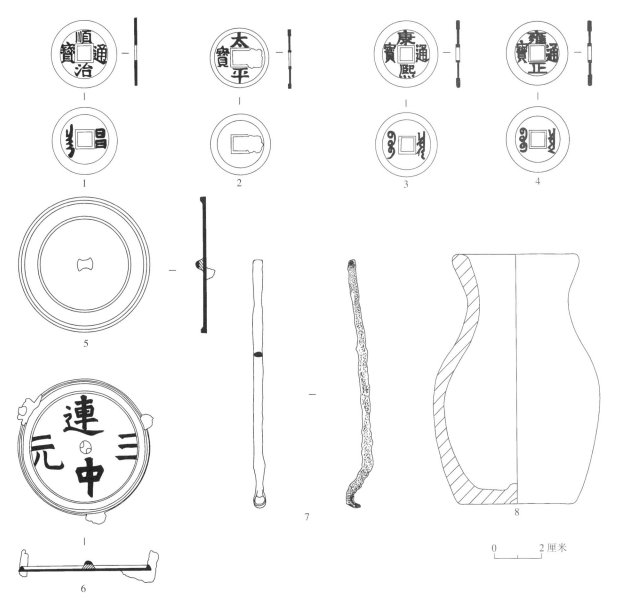

图四　M1 出土器物

1. 顺治通宝（M1-1:1）　2. 太平（通）宝（M1-1:2）　3. 康熙通宝（M1-3:3）　4. 雍正通宝（M1-3:4）　5. 铜镜（M1-2:1）
6. 铜镜（M1-3:5）　7. 铜簪（M1-2:2）　8. 瓶（M1-3:1）

本 M1-1:1，完整，正面楷书"顺治通宝"，背穿左满文"ᠵ"，右汉字"昌"，直径 2.8、穿宽 0.6、厚 0.1 厘米（图四，1）。标本 M1-1:2，残，正面楷书"太平（通）宝"，光背，直径 2.5、穿宽 0.6、厚 0.1 厘米（图四，2）。标本 M1-3:3，完整，正面楷书"康熙通宝"，背面满文左"ᠪ"右"ᠪ"，直径 2.6、穿宽 0.6、厚 0.1 厘米（图四，3）。标本 M1-3:4，完整，正面楷书"雍正通宝"，背面满文左"ᠪ"右"ᠪ"，直径 2.6、穿宽 0.6、厚 0.1 厘米（图四，4）。

铜镜 2 件。标本 M1-2:1，完整，锈蚀，圆饼形，直径 5.5 厘米，厚约 0.2 厘米。正面为光面，边缘处有三处支点痕迹，背面可辨两圈凸弦纹，中心有一穿钮（图四，5；图五）。标本 M1-3:5，完整，锈蚀，圆饼形，直径 5.5、厚 0.2 厘米，正面为光面，边缘处有三处铜质支架残余，背面内外两圈凸弦纹，中心有一穿钮，内弦纹与穿钮之间，自上至下，自右向左楷书"连、中、三、元"（图四，6；图六）。

图五 铜镜（M1-2:1）

图六 铜镜（M1-3:5）

铜簪 1 件。标本 M1-2:2，残，锈蚀。长 10.1、直径 0.3-0.5 厘米。簪体圆柱形，簪尾有弯曲，类似"耳勺"状，尾粗头细，呈锥形，簪头略有残缺（图四，7；图七）。

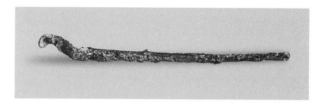

图七 铜簪（M1-2:2）

瓶 1 件。标本 M1-3:1，硬陶质，完整。小喇叭口，束颈，鼓腹，平底，外底心有内凹，通体施酱釉。口径 5.4、底径 5.0、高 10.0 厘米（图四，8；图八）。

图八 釉陶瓶（M1-3:1）

M2 位于发掘区中南部，方向 60°。平面近似方形，竖穴土坑石灰浇浆墓，一墓三穴，东西长 250、南北长 260、墓室内深 95 厘米（图九）。墓室表面为石灰浇浆封盖，顶部浇浆面向上微弧凸起，倒塌严重。石灰浇浆墓室四周壁为棺木外廓形状，厚 20-30、底厚 5 厘米。浇浆墓室内放置棺木，东端宽西端窄。葬室自北向南依次编号为 M2-1、M2-2、M2-3。

M2-1 墓室内棺木轮廓较完整，腐朽，墓主骨架保存较为完好，仰身直肢葬，头向东北。在墓主头部左侧发现一枚铜镜，胸部发现一组铜扣，墓室底部发现八枚铜钱。M2-2 墓室内棺木无存，墓主骨骼保存

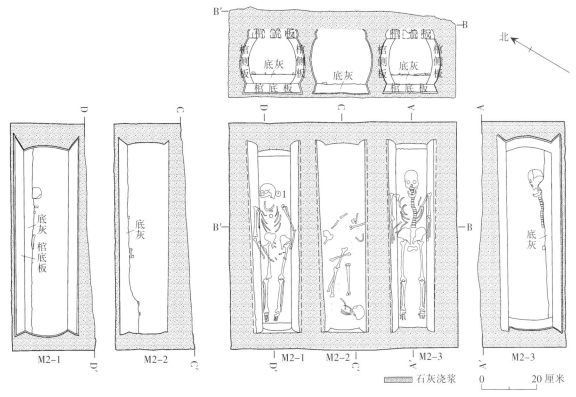

图九 M2 平、剖面图

较差，散乱。在左肩、脊椎、膝盖下发现三枚铜钱，在右手骨下发现圆形一个陶饼。M2 - 3 墓室内棺木轮廓较完整，腐朽，墓主骨骼保存较为完整。在墓主嘴里发现一件琉璃玲，在左脚部、左肩、腰部、盆骨处发现四枚铜钱。

铜镜 1 件。标本 M2 - 1:1，圆饼形，完整，锈蚀，直径 6.2 厘米，厚约 0.3 厘米。正面为光面，边缘处有三处铜质支架残痕；背面两圈凸弦纹，中心有一穿钮（图一〇，4；图一一）。

铜钱 15 枚，圆形方孔，个别残缺，均严重锈蚀。标本 M2 - 1:8，完整，正面楷书"雍正（通）宝"，背面锈蚀不辨，直径 2.8、穿宽 0.5、厚 0.1 厘米（图一〇，1）。标本 M2 - 2:1，完整，正面楷书"康熙通宝"，背面穿左满文"ᡓ"，右汉字"原"，直径 2.8、穿宽 0.5、厚 0.1 厘米（图一〇，2）。标本 M2 - 2:2，残，正面楷书"康熙通宝"，背面穿左满文"ᡓ"，右汉字"蓟"，直径 2.8 厘米，厚 0.1 厘米（图一〇，3）。

陶饼 1 件。标本 M2 - 2:4，完整，圆饼状，直径 4.1 厘米，厚 0.9 厘米，素面，边缘有切割、磨制痕迹（图一〇，5；图一二）。

玲 1 件。标本 M2 - 3:1，残，琉璃质，扁长条形，长 4.5 厘米，宽 0.7 厘米，厚 0.4 厘米，素面，略有弯曲（图一〇，6；图一三）。

M3 位于发掘区中北部，方向 30°。平面呈长方形，单人竖穴土坑石灰浇浆墓，东西长 271、南北宽 100、残深 40 - 55 厘米（图一四）。墓室上部及四壁被严重破坏，石灰浇浆四壁为棺木外廓形状，底部凹凸不平。墓室内未发现墓主骨骼、葬具和随葬器物等。

M4 位于发掘区中北部，方向 30°。形制与 M3 相似，平面呈长方形，单人竖穴土坑石灰浇浆墓，东西长 220、南北宽 100、残深 50 - 62 厘米。墓室上部及四壁被严重破坏，石灰浇浆四壁为棺木外廓形状，底部有石灰浇浆面，厚 5 厘米。墓室内未发现墓主骨骼、葬具和随葬器物等，但在 M4 北侧采集到两个陶罐。

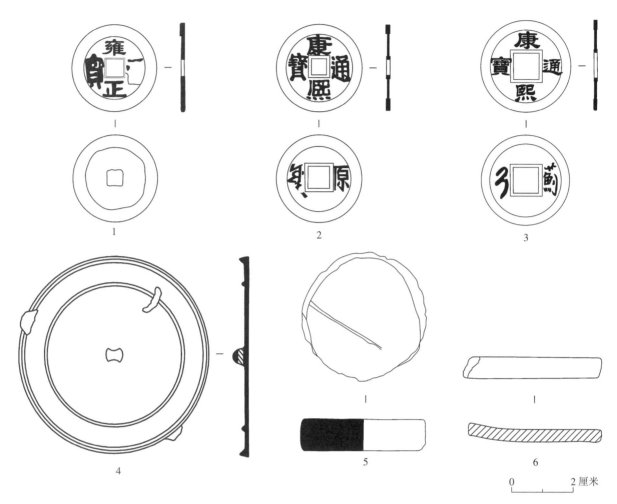

图一〇　M2 出土器物

1. 雍正（通）宝（M2-1:8）　2. 康熙通宝（M2-2:1）　3. 康熙通宝（M2-2:2）　4. 铜镜（M2-1:1）　5. 陶饼（M2-2:4）
6. 珍（M2-3:1）

图一一　铜镜（M2-1:1）

图一二　陶饼（M2-2:4）

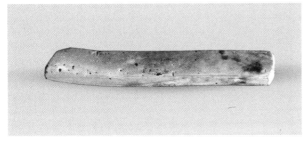

图一三 珩（M2-3:1）

罐 2件，均为釉陶质，器身上半部施酱褐色釉，下部无釉。标本 M4 采:1，完整，直口，尖圆唇，矮束颈，口颈部外侧有一圈凸棱，折肩，直筒腹，平底。口径7.4、底径8.0、高7.4厘米（图一五，1；图一六）。标本 M4 采:2，修复完整，直口，尖圆唇，矮束颈，口颈部外侧有一圈凸棱，直筒腹，平底略内凹，口径9.2、底径9.3、高8.2厘米（图一五，2，图一七）。

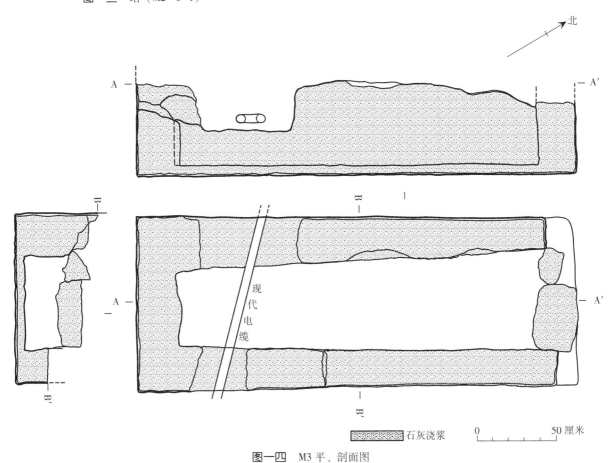

北

现代电缆

▨ 石灰浇浆   0   50 厘米

图一四 M3 平、剖面图

1

2   0   2 厘米

图一五 M4 采集器物
1. 罐（M4 采集:1） 2. 罐（M4 采集:2）

M5 和 M6 与 M3 和 M4 形制构造相似，大小略有不同，方向均为60°。M5 和 M6 墓室上部被严重破坏，石灰浇浆四壁为棺木外廓形状，底部有石灰浇浆面，厚5厘米。除 M6 内发现零星人骨外，其余墓室内均未发现墓主骨骼、葬具和随葬器物等。

M7 位于发掘区中南部，紧邻 M6，方向60°。平面呈不规则长方形，单人竖穴土坑石灰浇浆墓，东西残长124、南北宽60、残深17厘米（图一八）。墓室上部被严重破坏，石灰浇浆四壁凹凸不平，底部

图一六　M4 采：1

图一七　M4 采：2

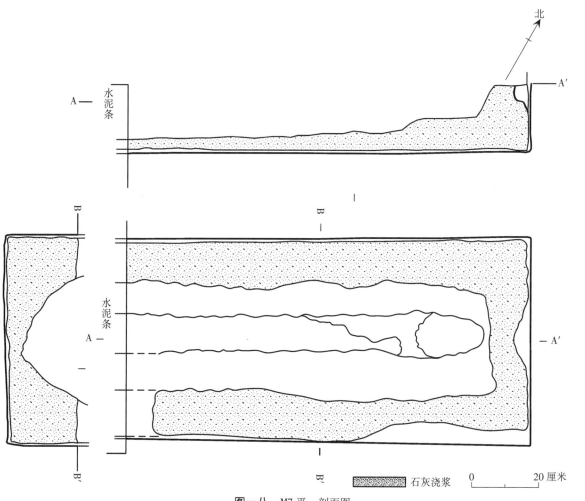

图一八　M7 平、剖面图

石灰浇浆面凹凸不平，南北向剖面近似"U"字形。墓室内未发现墓主骨骼、葬具和随葬器物等。

M8　位于发掘区南部，方向52°。平面呈长方形，竖穴土坑砖室合葬墓，一墓三穴，东西长119、南北宽50、残深22厘米（图一九）。由大小不等青砖块垒砌三个方形墓室，自西向东依次编号 M8 - 1、

M8-2、M8-3。

　　M8-1墓室内放置一釉陶罐，上部有陶盆覆扣盖住罐口，底部有方砖铺底，罐内有墓主碎骨残余和一枚铜钱。M8-2墓室内放置一釉陶罐，底部有方砖铺底，罐内有墓主碎骨残余和一枚铜钱。M8-3墓室东北壁面几乎无存，内部空无一物。

　　盆　1件。标本M8-1:1，夹砂釉陶质，修复完整，敞口微敛，圆唇，斜腹，平底，上腹部有一凸弦纹，一凹弦纹，素面，局部施酱褐釉，口径21.0厘米，底径12.0厘米，高8.0厘米（图二〇，1；图二一）。

　　罐　2件。标本M8-1:2，釉陶质，完整，直口微外撇，圆唇，矮短颈，溜肩，斜鼓腹，平底略内凹，肩部有两凹弦纹，外腹大部施酱褐釉，素面，口径

13.5厘米，腹径21.2厘米，底径15.0厘米，高15.0厘米（图二〇，2；图二二）。标本M8-2:1，釉陶质，完整，直口微外撇，尖圆唇，矮短颈，折肩，直腹，平底略内凹。肩腹部有多条纵向凹纹，下腹部有一凹弦纹，外腹大部施酱褐釉，口径13.3厘米，底径24.0厘米，高24.0厘米（图二〇，3；图二三）。

　　铜钱　2枚。标本M8-1:3，完整，锈蚀，正面楷书"康熙通宝"，背穿左满文"ᠪᠣ"，右汉字"福"，直径2.7、穿宽0.6、厚0.1厘米（图二〇，4）。标本M8-2:2，完整，锈蚀，正面楷书"康熙通宝"，背穿左满文"ᠪᠣ"，右汉字"福"，直径2.7、穿宽0.6、厚0.1厘米（图二〇，5）。

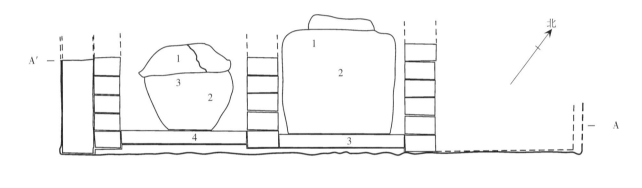

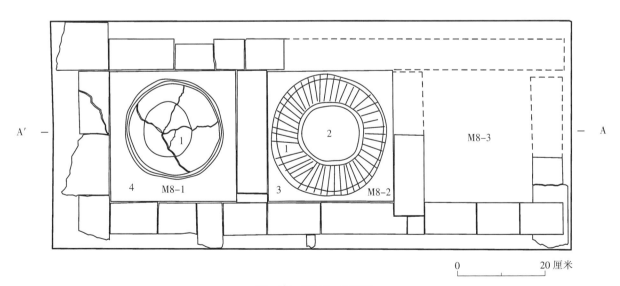

图一九　M8平、剖面图

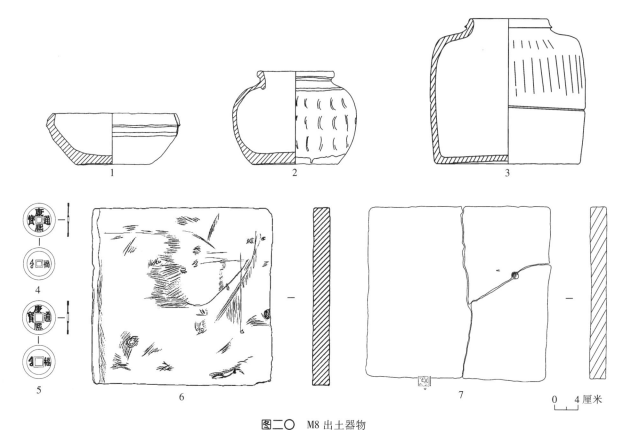

图二〇　M8 出土器物

1. 盆（M8-1:1）2. 罐（M8-1:2）3. 罐（M8-2:1）4. 康熙通宝（M8-1:3）5. 康熙通宝（M8-2:2）6. 铺地砖（M8-1:4）7. 铺地砖（M8-2:3）

图二一　釉陶盆（M8-1:1）

图二二　釉陶罐（M8-1:2）

图二三　釉陶罐（M8-2:1）

　　砖　2 块。标本 M8-1:4，青砖质，素面，长 30.5、宽 28.6、厚 2.9 厘米（图二〇，6；图二四）。标本 M8-2:3，青砖质，残裂，素面，长 31.0、宽 28.1、厚 2.5 厘米（图二〇，7）。

图二四　砖（M8 – 1:4）

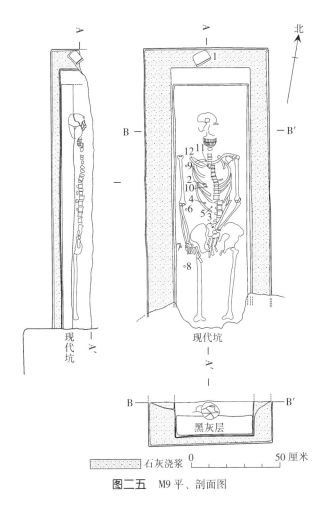

图二五　M9 平、剖面图

M9　位于发掘区东南部，方向 350°。墓室上部和南部因挖土施工有所破坏，现存平面呈长方形，单人竖穴土坑浇浆墓，南北长 154、东西宽 70、深 16—23 厘米（图二五）。墓室四周为石灰浇浆壁面，残存厚度约 10—15 厘米。墓室内残存有少许腐朽棺板，厚约 1 厘米。墓主骨骼保存较好，仰身直肢葬，头向正北略偏西，骨骼下部有一黑灰层。在墓主头部发现一个陶罐，胸腹部发现一个铜镜、两个铜钱和九个铜扣。

罐　1 件。标本 M9：1，釉陶质，完整，直口，圆唇，口颈部有一凸棱，直筒腹，平底，器身上半部酱褐釉，口径 9.0、底径 8.9、高 6.0 厘米（图二六，1；图二七）。

铜镜　1 件。标本 M9：2，完整，锈蚀，圆形，正面为光面，背面有两圈凸弦纹，弦纹间顺时针阳刻"子、丑、寅、卯、辰、巳、午、未、申、酉、戌、亥"等十二时辰，中心一实心旋钮，直径 2.3、厚 0.1 厘米（图二六，3）。

铜钱　2 枚。圆形方孔，一枚残缺严重，一枚完整，均锈蚀。标本 M9：13，完整，正面楷书"乾隆通宝"，背面锈蚀不清，直径 2.4、穿宽 0.6、厚 0.1 厘米（图二六，2）。

铜扣　9 件，形制相似，上部中空钮衔环，下部

为球形，壁薄中空，均锈蚀，完残程度不一，大小微有区别。标本 M9：6，高 1.5 厘米，腹径 1.1 厘米（图二六，4）。标本 M9：8，衔两环，高 1.7 厘米，腹径 1.1 厘米（图二六，5）。

M10 位于发掘区东南部，方向 330°。上部被现代施工破坏，现存平面为长方形，单人竖穴土坑墓，南北长 220、东西宽 83、残深 48 – 53 厘米（图二八）。墓室填土内包含较多石灰颗粒，棺木腐朽严重，仅可辨别棺痕。墓主骨骼保存较好，仰身直肢葬，头向西北方，骨骼下有一黑灰层。墓主头骨下有两片瓦片，墓室内出土有七枚铜钱、一件铜簪和一件骨牌等。

铜钱　7 枚，圆形方孔，大多锈蚀重，钱纹不可辨识。标本 M10：2，残，正面楷书"万历通宝"，光背，复原直径 2.5、穿宽 0.5、厚 0.1 厘米

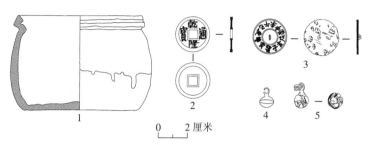

图二六 M9 出土器物
1. 罐（M9：1） 2. 乾隆通宝（M9：13） 3. 铜镜（M9：2） 4. 铜扣（M9：6） 5. 铜扣（M9：8）

图二七 釉陶罐（M9：1）

（图二九，1）。标本 M10：3，微残，正面楷书"崇祯通宝"，光背，直径 2.4、穿宽 0.5、厚 0.1 厘米（图二九，2）。标本 M10：9，完整，正面楷书"崇祯通宝"，光背，直径 2.1、穿宽 0.4、厚 0.1 厘米（图二九，3）。

铜簪　1 件。标本 M10：7，残，锈蚀，四棱锥形，尾部残缺，长 5.2、径 0.2—0.4 厘米（图二九，4；图三〇）。

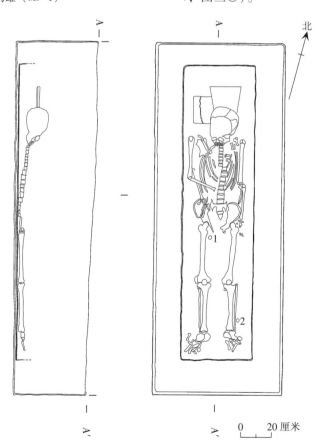

图二八 M10 平、剖面图

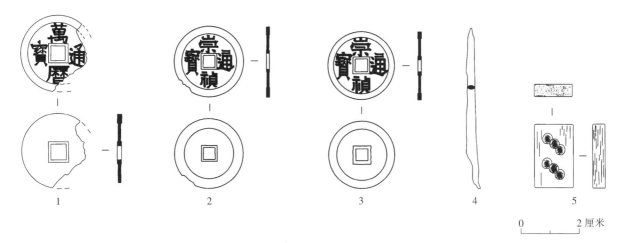

图二九 M10 出土器物

1. 万历通宝（M10：2） 2. 崇祯通宝（M10：3） 3. 崇祯通宝（M10：9） 4. 铜簪（M10：7） 5. 骨牌（M10：8）

图三〇 铜簪（M10：7）

骨牌 1件。标本 M10：8，骨质、完整、磨损，正面两斜排三个圆形凹坑，似麻将"六筒"，光背素面，长 2.2、宽 1.4、厚 0.5 厘米（图二九，5；图三一）。

图三一 骨牌（M10：8）

二 其他遗迹及遗物

本次发掘除墓葬外，还发现一个坑状遗迹，编号 K1。

K1 位于发掘区南部，方向 340°。平面近似方形，东西长 330、南北宽 305、残深 58—70 厘米（图

三二）。直口，直壁，壁面略粗糙，底部高低不平，中东部有一道南北向凸梁，南宽北窄，南端宽 60、北端宽 30、高 17 厘米。坑内填灰黑色土，土质松软，包含有大量石灰，现代砖块、塑料瓶子、布块等。从 K1 形制结构来看，其与旁边发现的 M1、M2 有点相似，其内亦有大量石灰痕迹，但比较松散，未发现棺木、人骨等迹象，初步推测其可能为一个石灰坑。

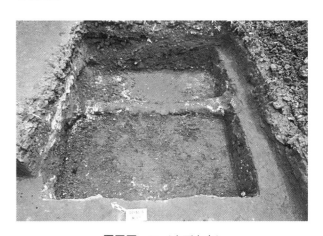

图三二 K1（由西向东）

三 墓主信息初步识别

在墓葬发掘的同时，我们根据墓主的盆骨、牙齿等对墓主性别和年龄信息进行了初步鉴定（表一）。M1 和 M2 为一夫两妻合葬墓，墓室自北向南墓主性别均为女—女—男合葬，M3、M4、M5 和 M7 均

因盗扰严重，未发现墓主骨骼，无法识别墓主相关信息，M8 人骨为碎屑状装入骨灰罐中，难以识别。

表一　墓主性别年龄表

墓号	墓主性别	墓主年龄（岁）
M1－1	女	60±
M1－2	女	25—30
M1－3	男	30—35
M2－1	女	60＋
M2－2	女	25±
M2－3	男	56＋
M6	男	25±
M9	女	15±
M10	男	45±

四　结语

古塘街古墓群因受现有地形和施工因素影响，仅对古塘街东侧扩宽范围内发现的古墓葬进行了抢救性清理，根据发掘情况来看，周边道路及硬化地面下仍有墓葬存在的可能性。

本次发现的墓葬结构相似，多为竖穴土坑石灰浇浆墓，有单人墓和合葬墓之分，墓室顶部均有扰动。除 M9 和 M10 墓室内石灰浇浆质地较松散外，其他墓室浇浆壁面大多厚重坚硬。从现存墓室内部痕迹可以看出，墓室四壁均有棺木外廓印痕。初步推测这批墓葬筑造方式为先挖竖穴土坑，然后放入棺木，再浇入石灰浆封闭棺木和墓室。M1 三个墓室之间互有缝隙，推测其在筑造时间上有差异，为三次浇浆筑造而成的合葬墓。M8 砖砌小方墓室，内放骨灰罐，或为迁葬墓。

根据这批墓葬的形制结构、遗物和出土的钱文等信息，初步推测这批墓葬的时代在清代早中期，其中 M10 年代略早，为明代晚期。

本次发现很可能为太仓地区明末清初一处家族墓地，为研究太仓地区家族墓地构造和丧葬习俗等提供了新材料。

领　队：王　霞
发　掘：张志清　周官清　李海生　侯新让　姚　宁　张　波
人骨鉴定：张敬雷（南京大学）
摄　影：张志清　姚　宁
绘　图：李海生　姚　宁　张　波　江国超　刘　畅
执　笔：张志清　王　霞　周官清　朱　巍

江苏太仓童桥村墓地发掘简报

苏州市考古研究所　太仓市博物馆

内容摘要： 2019 年 9 月至 10 月，为配合太仓港疏港铁路专用线工程建设，在浮桥镇长江大道北童桥村附近的农田中进行考古调查和勘探时发现多座古墓葬，并对其进行了考古发掘清理。本次发现的墓葬形制多为竖穴土坑墓和浇浆墓，结合墓葬整体分布和周边情况的口碑调查，初步推测本次发现的古墓葬应为一处清代早中期聚族而葬墓地的一部分，为研究当时地方葬俗观念等有一定的参考价值。

关键词： 太仓童桥村古墓葬

童桥村墓地位于江苏省太仓市浮桥镇长江大道北端向西约 200 米处（图一）。2019 年 9 月至 10 月初，受江苏省文物局委托，苏州市考古研究所对新建太仓港疏港铁路专用线工程沿线进行了考古调查和重点勘探，在长江路西北侧约 200 米处的农田中发现多座古代墓葬。2019 年 12 月，苏州市考古研究所对其进行了配合性考古发掘工作，发掘面积 260 平方米，发现古墓葬 8 座（图二），出土遗物 27 件（组）。现将发掘情况简报如下。

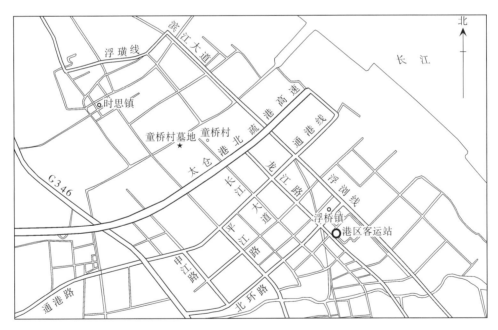

图一　墓地位置示意图

一　地层堆积

墓地所处区域现为水稻田农耕用地，地层堆积较为简单，分两层堆积，以 T1 东壁剖面（图三）为例介绍如下。

第①层：灰黑色土，土质湿黏、松软，似胶泥土。包含物有植物根系、青花瓷片、碎砖块等。大体呈水平波浪状分布，厚度约 20 厘米。该层为现代水稻田耕作层。

第②层：黄褐色土，土质湿黏、松软，似胶泥土。包含物有螺壳、石灰颗粒、碎砖块等。大体呈水平

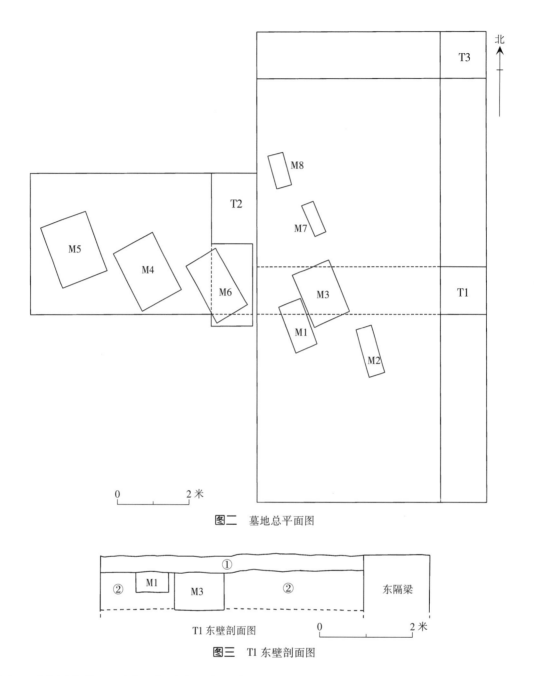

图二　墓地总平面图

图三　T1 东壁剖面图

波浪状分布，平均厚度约 56 厘米。推测该层为明清堆积层。

②层下为灰褐色土，质地紧密，胶泥状，且含水量大，纯净，无包含物，为次生土。

二　墓葬及其遗物

本次考古发现古墓葬 8 座，均开口于①层下，打破②层，出土随葬遗物 27 件（组），分述如下。

M1　位于 T1 北部，平面呈长方形，方向 336°。

竖穴土坑单人墓，上部被扰动过，现存墓圹长 220、宽 94、深 27 厘米（图四）。墓室内填黄灰色花土，土质松软，包含有植物根系、棺钉等。墓室底部有一副棺木，残长 187、宽 47、高 25 厘米，棺板厚 4 厘米。墓主骨骼粉化严重，散乱于棺内，依稀可辨头向西北方，葬式不明。在棺内东北部发现耳环 1 对，西北部发现簪 1 件，在中西部发现香笼 1 件，在中东部发现戒指 1 枚。

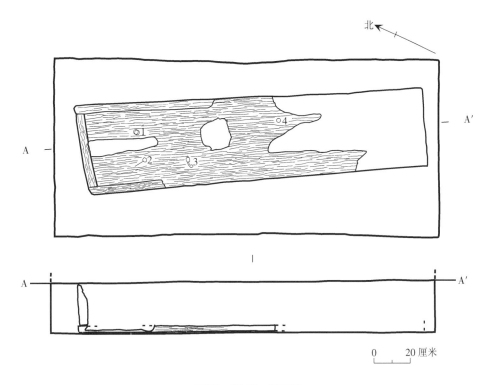

北

0   20厘米

图四 M1 平、剖面图
1. 耳环 2. 簪 3. 香笼 4. 戒指

耳环 1 对（M1：1）。银质，色黑，完整。环形，直径1.8厘米。环体圆柱状，首尾相连，首粗尾细，首端有凹孔，尾端呈锥形，嵌入首端（图五，1）。

簪 1 件（M1：2）。银质，色黑，完整。锥形，首宽尾尖，通长6.5、首宽1.5厘米。首端装饰蝙蝠造型（图五，2）。

香笼 1 件（M1：3）。银质，鎏金，微残。吊灯状，通高10.8、最宽2.2厘米。上部带吊环和链条。中部为一"掌"形银片，正面刻有"天赦"和刻划纹，背面刻有"口氏"和刻划纹。下部为灯笼形，錾刻镂空，四面开光錾刻"天赦寿灯"四字，上下饰花瓣纹，内部有双银丝贯穿系吊（图五，3）。

戒指 1 件（M1：4）。银质，色黑，完整。圆环形，直径2.0、最宽0.5厘米。本体扁平，外表素面，内面戳印"唐天祥"款式（图五，4）。

M2 位于 T1 北部，平面呈长方形，方向347°。竖穴土坑单人墓，上部被扰动过，现存墓圹长215、宽48、深约40厘米（图六）。墓室内填黄灰色花土，

土质松软，包含有植物根系、棺钉和石块等。墓室底部残存有一副棺木，残长200、宽47—51、高36厘米，棺板厚5厘米。墓主骨骼腐朽无存，葬式不明。根据棺木结构，推测墓主头向西北方。在棺内北端发现簪1枚，中部发现铜钱2枚。

簪 1 件（M2：1）。银质，完整。扁锥形，首宽尾窄，通长13.9、厚0.2、最宽0.8厘米。簪首弯曲，正面装饰有菱形图案。簪体背面戳印"唐天祥"款式（图七，1）。

铜钱 2 件。标本 M2：2，铜质，锈蚀，微残。圆形方孔，直径2.2、穿宽0.5、厚0.1厘米。钱文不明（图七，2）。标本 M2：3，铜质，锈蚀，微残。圆形方孔，直径1.8、穿宽0.4、厚0.1厘米。正面楷书钱文"顺治通宝"，背面钱文锈蚀不明（图七，3）。

M3 位于 T1 西北部，平面呈长方形，方向335°。竖穴土坑石灰浇浆墓，一墓双室双棺，上部被扰动过，现存墓圹长242、宽163、深52厘米（图八）。墓室内填黄灰色花土，土质松软，包含有植物根

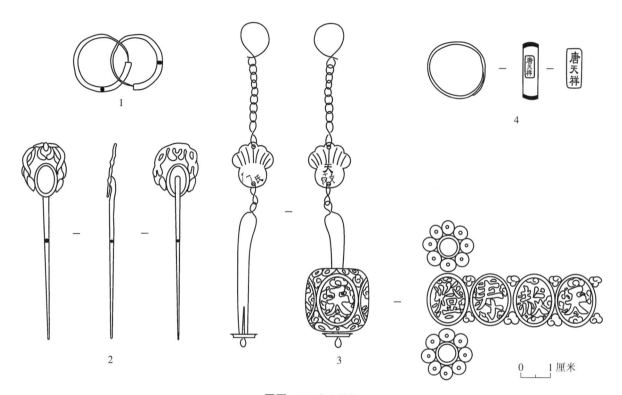

图五　M1 出土器物
1. 耳环（M1：1）　2. 簪（M1：2）　3. 香笼（M1：3）　4. 戒指（M1：4）

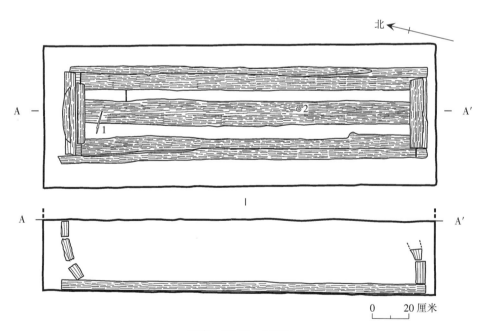

图六　M2 平、剖面图
1. 簪　2. 铜钱

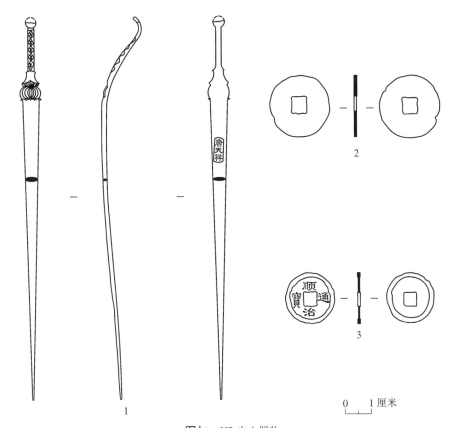

图七　M2 出土器物

1. 簪（M2:1）　2. 铜钱（M2:2）　3. 铜钱（M2:3）

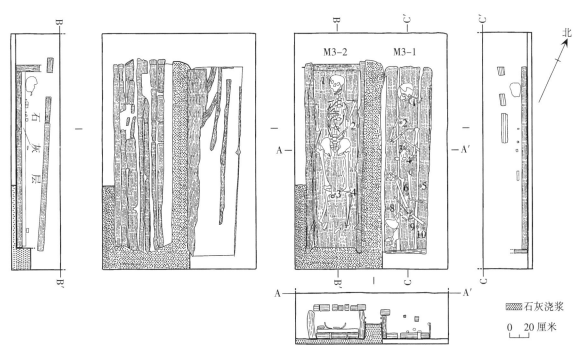

图八　M3 平、剖面图

M3-1：1. 簪　2—7、9、10. 铜钱　8. 铜镜

M3-2：1. 铜镜　2、4. 铜钱　3. 珍珠

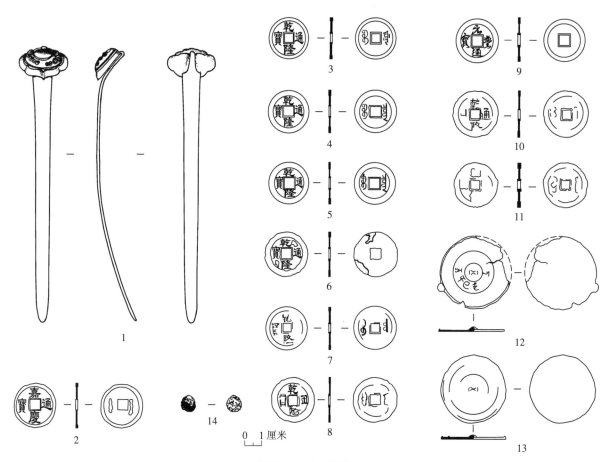

图九 M3 出土器物

1. 簪（M3 – 1∶1） 2. 铜钱（M3 – 1∶2） 3. 铜钱（M3 – 1∶3） 4. 铜钱（M3 – 1∶4） 5. 铜钱（M3 – 1∶5） 6. 铜钱（M3 – 1∶6）
7. 铜钱（M3 – 1∶7） 8. 铜钱（M3 – 1∶9） 9. 铜钱（M3 – 1∶10） 10. 铜钱（M3 – 2∶2） 11. 铜钱（M3 – 2∶4） 12. 铜镜（M3 –
2∶1） 13. 铜镜（M3 – 1∶8） 14. 珍珠（M3 – 2∶3）

系、棺钉和青花瓷片等。墓室底部发现两副棺木，腐朽均残损严重，长 195、宽 55—65、高 29—40 厘米，棺木之间有石灰浇浆墙隔离，东侧编号 M3 – 1，西侧编号 M3 – 2。棺内均有墓主骨架，腐朽严重，头向西北方，仰身直肢葬。在 M3 – 1 棺内墓主头部东侧发现簪 1 件，中部多个位置发现铜钱合计 8 枚，呈折线形分布，西南部发现铜镜 1 枚。在 M3 – 2 棺内墓主头部西侧发现铜镜 1 枚，中部偏东位置和左侧膝盖骨处各发现铜钱 1 枚，右侧膝盖骨处发现珍珠 1 件。

簪 1 件（M3 – 1∶1）。铜质，锈蚀，微残。扁长形，微弯曲，通长 15.2、最宽 2.8、厚 0.2 厘米。首宽尾窄，簪首呈如意形，如意中镶嵌物脱落不明（图九，1）。

铜钱 10 件。标本 M3 – 1∶2，铜质，锈蚀，微残。圆形方孔，直径 2.5、穿宽 0.6、厚 0.1 厘米。正面楷书钱文"嘉庆通宝"，背面穿口左右满文"宝源"。标本 M3 – 1∶3，铜质，锈蚀，完整。圆形方孔，直径 2.5、穿宽 0.5、厚 0.15 厘米。正面楷书钱文"乾隆通宝"，背面穿口左右满文"宝源"。标本 M3 – 1∶4，铜质，锈蚀，完整。圆形方孔，直径 2.5、穿宽 0.6、厚 0.15 厘米。正面楷书钱文"乾隆通宝"，背面穿口左右满文"宝泉"。标本 M3 – 1∶5，铜质，锈蚀，完整。圆形方孔，直径 2.4、穿宽 0.6、厚 0.1 厘米。正面楷体钱文"乾隆通宝"，背面穿口左右满文"宝泉"。标本 M3 – 1∶6，铜质，锈蚀，完整。圆形方孔，直径 2.5、穿宽 0.6、厚 0.15 厘米正面楷书钱文"乾隆通宝"，背面穿口左右满文不明。标本 M3 - 1:7，铜质、锈蚀、完整。圆形方孔，直径 2.4、穿宽 0.5、厚 0.15 厘米。正面楷书钱文"乾隆通宝"，背面穿口左右满文"宝泉"。标本 M3 - 1:9，铜质、锈蚀、完整。圆形方孔，直径 2.5、穿宽 0.6、厚 0.1 厘米。正面楷体钱文"乾隆通宝"，背面穿口左右满文"宝武"。标本 M3 - 1:10，铜质、锈蚀、完整。圆形方孔，直径 2.5、穿宽 0.6、厚 0.15 厘米。正面行书钱文"元丰通宝"。标本 M3 - 2:2，铜质、锈蚀、完整。圆形方孔，直径 2.6、穿宽 0.5、厚 0.15 厘米。正面楷书钱文"乾隆通宝"，背面穿口左右满文不明。标本 M3 - 2:4，铜质、锈蚀、完整。圆形方孔，直径 2.5、穿宽 0.5、厚 0.2 厘米。正面楷书钱文"乾隆通宝"，背面穿口左右满文不明。（图九，2—11）

铜镜 2 件。标本 M3 - 1:8，铜质、锈蚀、完整。圆饼形，直径 3.8、厚 0.2 厘米。扁薄，正面素面，背面中部有一环钮，装饰纹样模糊不明（图九，13）。标本 M3 - 2:1，铜质、锈蚀、残缺。圆饼形，直径 4.0、厚 0.2 厘米。扁薄，正面素面，锈蚀粘有铁支钮痕；背面中部有一环钮，依稀可辨两层纹饰，内环为顺时针"子、丑、寅、卯、辰、巳、午、未、申、酉、戌、亥"十二地支纹，外环为顺时针十二生肖形象图案（图九，12）。

珍珠 1 颗（M3 - 2:3），色白，粉化严重。圆球状，直径 0.9 厘米（图九，14）。

M4 与 M5 的形制及现存状况类似，以保存相对较好的 M5 为例。M5 位于 T2 西部，平面呈长方形，方向 335°。竖穴土坑石灰浇浆墓，一墓双棺，上部被扰动过，现存墓圹长 272、宽 208、深 57—61 厘米（图一〇）。墓室内填灰褐色土，土质疏松，包含大量草木灰、骨渣、棺钉和零碎棺木等。墓室底部可辨别残存有少量石灰浇浆，厚 5—37 厘米。可分辨出两副棺木痕迹，两者之间有石灰浇浆墙隔离。墓主骨架无存，葬式不明。墓室内未发现随葬器物。

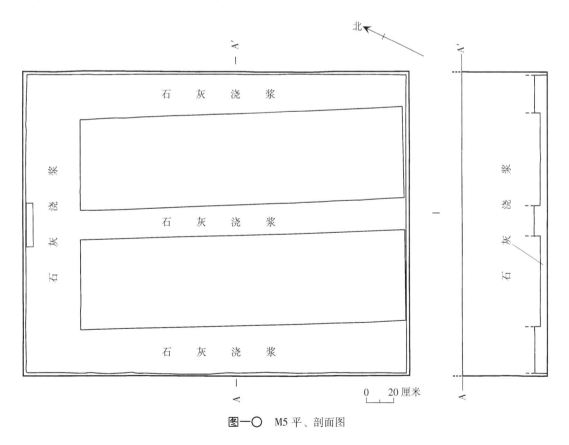

图一〇 M5 平、剖面图

M6 位于 T2 东南角，平面呈长方形，方向330°。竖穴土坑墓，一墓双棺，上部被扰动过，现存墓圹长 280、宽 160、深 41—61 厘米（图一一、一二）。墓室内填灰褐色土，土质疏松，包含大量石灰颗粒和草木灰等。墓室底部发现两副棺木，紧邻，东侧编号 M6-1，西侧编号 M6-2。M6-1 棺长205、宽 52—62、高 11、棺木厚 6 厘米；M6-2 棺长203、宽 51—65、高 33、棺木厚 4 厘米。M6-1 棺木埋藏较 M6-2 浅 20 厘米。M6-1 棺内发现墓主上肢骨和下肢骨个 1 段，M6-2 墓室发现墓主下肢骨，两墓主葬式不明。在 M6-1 棺内北部发现铜钱 1 枚、耳勺 1 件、簪 1 件，在中部发现铜钱 2 枚。

铜钱 4 件。标本 M6-1:1，铜质、锈蚀、完整。圆形方孔，直径 2.4、穿宽 0.6、厚 0.15 厘米。正面楷书钱文"嘉庆通宝"，背面穿口左右满文"宝福"。标本 M6-1:4，铜质、锈蚀、微残。圆形方孔，直径 2.4、穿宽 0.6、厚 0.1 厘米。钱文不明。

标本 M6-1:5，铜质、锈蚀、完整。圆形方孔，直径2.4、穿宽 0.6、厚 0.1 厘米。正面楷书钱文"嘉庆通宝"，背面穿口左右满文"宝泉"。标本 M6-2:1，铜质、锈蚀、完整。圆形方孔，直径 2.5、穿宽 0.5、厚 0.15 厘米。正面楷书钱文"乾隆通宝"，背面穿口左右满文不明。（图一二，2、3、5、6）

耳勺 1 件（M6-1:2），铜质、锈蚀、残。圆柱形，通长 8.2、最大径 0.5 厘米。首粗尾细，首端勺形，近首部有凹弦纹，尾部残缺（图一二，1）。

簪 1 件（M6-1:3），玉质、残。圆柱形，直径 0.8 厘米。首端镶铜，锈蚀，残缺，尾部略尖（图一二，4）。

M7 位于 T3 西南部，平面呈长方形，方向341°。竖穴土坑单人墓，上部被破坏，墓圹长 138、宽 56、深 25 厘米（图一三）。墓室内填黄灰色花土，土质松软，包含有植物根系和棺钉等。墓室底部残存棺痕和棺钉迹象，棺痕长 113、宽 33、高 8 厘米。

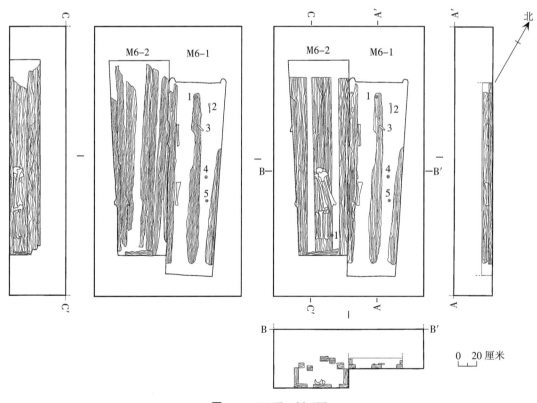

图一一 M6 平、剖面图
M6-1：1、4、5. 铜钱 2. 耳勺 3. 簪
M6-2：1. 铜钱

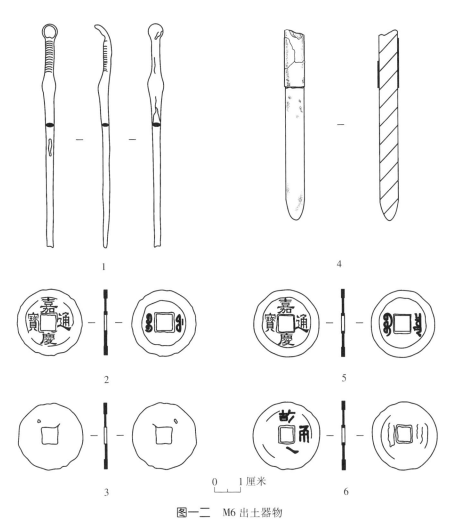

图一二　M6 出土器物

1. 耳勺（M6 – 1：2）　2. 铜钱（M6 – 1：1）　3. 铜钱（M6 – 1：4）　4. 簪（M6 – 1：3）　5. 铜钱（M6 – 1：5）　6. 铜钱（M6 – 2：1）

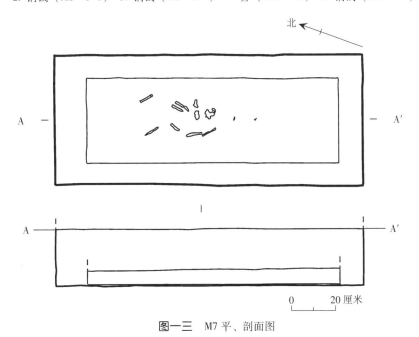

图一三　M7 平、剖面图

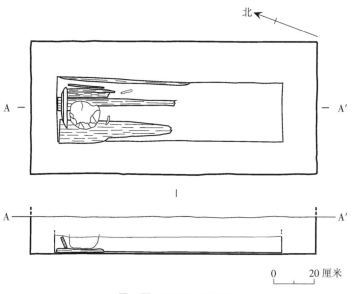

北

0 20 厘米

图一四 M8 平、剖面图

棺痕内有少许墓主骨骼残余，腐朽严重，葬式不明。未发现随葬遗物。

M8　位于 T3 西南部，平面呈长方形，方向 340°。竖穴土坑单人墓，上部被破坏，墓圹长 142、宽 64、深 18 厘米（图一四）。墓室内填黄灰色花土，土质松软，包含有植物根系和棺钉等。墓室底部残存有棺木及其痕迹，棺痕长 112、宽 28—33、高 10 厘米。棺痕内北端有墓主头骨残存，其他骨骼腐朽无存，墓主头向西北方，葬式不明。未发现随葬遗物。

三　结语

本次发现的墓葬形制主要有竖穴土坑墓和竖穴土坑浇浆墓，有单人墓和夫妻合葬墓之分，结构简单，随葬遗物多为日常生活用品，据此推测墓主身份为平民。墓葬结构均有不同程度的扰乱，墓主骨骼及遗物有所散失，但根据 M2、M3、M6 出土的多枚"顺治通宝""乾隆通宝""嘉庆通宝"等钱文信

息，初步推测墓地的年代为清代早中期。

另在调查中，有村民回忆在本次发掘的西侧区域数十年前平整土地、开挖蟹塘时也发现有类似结构的古墓葬。结合本次发现的墓葬分布较为集中，方向基本一致，能看出有一定的规划和布局，推测其应当为一处聚族而葬的墓地的一部分。

童桥村墓地的考古发掘进一步补充了太仓地区清代早中期墓葬和随葬遗物等资料，为研究当时地方葬俗等有一定的参考价值。

领　队：王　霞

发　掘：王　霞　张志清　周官清　孙　强
　　　　姚　宁

摄　影：张志清　姚　宁　江国超

绘　图：孙　强　姚　宁　江国超　刘　畅
　　　　张　波

执　笔：周官清　王　霞　张志清　朱　巍

芙蓉湖及相关问题[*]

唐锦琼（中国社会科学院考古研究所）

孙明利（苏州市考古研究所）

内容摘要：根据文献记载，结合地质学和地貌考察，在常州和无锡之间有古芙蓉湖。从新石器到商周时期围绕湖区分布的古代遗存反映了湖区的范围。湖区阻碍了茅山东西两侧考古学文化的交流。由前洲铜器群可知对湖区的治理始于战国晚期。

关键词：芙蓉湖 古代遗址

人们的生产、生活受制于大的地理单元，如山地、湖沼、河流等。相应的，古代遗存的分布也受到这些地理因素的影响。这种影响在河网密布、湖泊众多的环太湖地区表现得尤为显著。本文以早已湮没的芙蓉湖为例，尝试探讨古代遗存与地理环境之间的相互关系。

芙蓉湖史籍有载。元代王仁辅《无锡县志》称"在州东北"，并引《寰宇记》云"上湖，一名芙蓉湖，亦谓之无锡湖。占晋陵、江阴、无锡三县界，西去常州五十九里。东西四十五里，南北四十里，深五尺。东流为五泻水"。县志中又引《毗陵志》谓"芙蓉湖在县东五十五里，南北八十里。南入无锡县，北入江阴军，东南入平江府，北入扬子江"。又引陆羽《惠山记》，"惠山东北九里有上湖，一名射贵湖，一名芙蓉湖。其湖南控长洲，东洞江阴，北掩晋陵，苍苍渺渺，迫于轩户"。以上记载表明芙蓉湖确实存在过。对芙蓉湖的最早记载，见于成书于汉代的《越绝书》："无锡湖，周万五千顷。其一千三顷，毗陵上湖也。去县五十里。一名射贵湖。"（《越绝书·越绝外传记吴地传》）

地质学和湖泊学的研究成果证明现今太湖及周边地区原为一处冲积平原，在春秋战国时期，由于气候变化造成了洪涝灾害，以及泥沙淤塞、水流不畅等原因，形成了许多湖泊。这个过程大约开始于距今 6000 年到 6500 年的马家浜文化时期，此后在良渚文化后期、春秋战国时期也有大规模的洪灾发生，最终形成诸多湖泊。太湖是其中最大的一座[1]，滆湖、洮湖和芙蓉湖也由此形成。

如今芙蓉湖已是千里沃野，地面上了无痕迹。对于湖区的具体位置，魏嵩山先生认为在武进和无锡之间，西北界在今武进郑陆、东青以东，周围有秦皇山、芙蓉山等，东南至无锡以东[2]。这一推断，也可由现今的地形地貌加以验证。由《太湖》一书中所附的《太湖流域图》[3]所标识的等高线可知，常州以东有一条低矮山地（秦皇山即在其中）。常州东南至无锡以东是一片海拔低于 5 米的区域。该区域东北侧，即江阴以南地区，地势略高，南侧是无锡市郊的冠峰山——惠山山地。《太湖地区农业史稿》所附的《太湖流域土地类型图》[4]显示在常州和无锡之间是一片地势相对低平的圩田，周围被高平田或高亢田所包围。这些表明了芙蓉湖处在一个四周略高、中间低平的小盆地内水容易积潴于此，从而形成大片湖面。

根据前引《越绝书》的记载，芙蓉湖面积一万五千顷。同一时期太湖的面积是三万六千顷（《越绝书·吴地传》）。芙蓉湖的面积是太湖面积的一半略小。根据测算，太湖当时的面积大约相当于 1600—1700 平方公里[5]。由此推算，芙蓉湖面积大致在 700 平方公里，与魏嵩山先生所估计的芙蓉湖长约 56 公里、宽约 13 公里的面积大体接近[6]。

宽广的湖面坐落于此，势必会对古代人类的活动产生妨碍，影响古代遗址的分布。根据《中国文物地

---

* 本研究系国家社科基金重大项目"长江下游社会复杂化及中原化进程研究"（20&ZD247）阶段性成果。

图集·江苏分册》[7] 所刊布的资料，先秦时期湖区范围内的遗址，只有战国后期的前洲铜器出土地点一处，其他遗址都是分布在湖区周围。常州市区东侧，即芙蓉湖西岸，有圩墩遗址、丁堰遗址、潘家塘遗址、寺墩遗址、磨盘墩遗址、张村青墩遗址等新石器时代遗址，时代大多在马家浜文化至崧泽文化时期，寺墩遗址发现有良渚时期的遗存[8]，商周时期的遗存有钱家塘土墩墓、河南土墩墓、胡家土墩墓、塘内土墩墓、秦家塘土墩墓、勤业毛家塘土墩墓、胡家土墩墓、荒田土墩墓、三官堂土墩墓等；芙蓉湖北岸，秦皇山脚下有崧泽文化的秦皇山遗址，还有时代属于夏商时期、

关系密切的佘城遗址和花山遗址[9]；芙蓉湖东北侧有北周巷铜器窖藏，出了 2 件铜簋、1 件铜斧，由铜簋推断，时代大致在春秋早期[10]；芙蓉湖东岸发现有包含马家浜和商周时期遗存的彭祖墩遗址[11]，以及战国时期的鸿山土墩墓群[12] 等；芙蓉湖南侧的太湖岸边有阖闾城及周边山上的大量石室土墩墓[13]，构成城、墓密切相关的遗址群。新近发现的梅里遗址也位于芙蓉湖以东[14]。湖区周边的遗址、墓葬的时代从新石器的马家浜文化一直延续到商周时期，基本未见有在湖区内分布的。这些现象表明湖区存在时，人们只能在周边生活和居住（图一）。

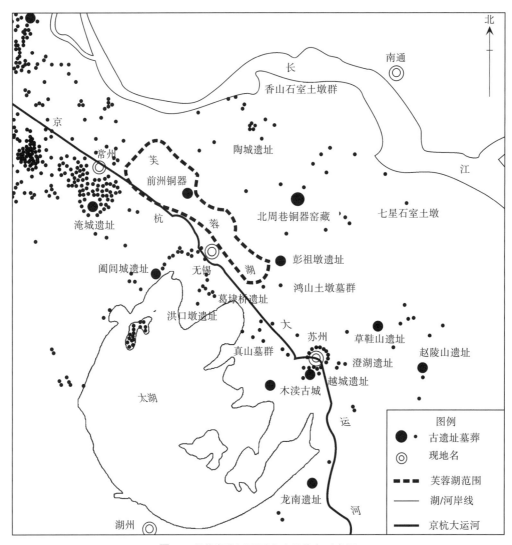

图一　芙蓉湖位置及周边遗址分布示意图
（根据《中国文物地图集·江苏分册·商周时期遗存图》改绘，王源制图）

在考古学上，位于芙蓉湖以西的茅山山脉是一个重要的地理分界。茅山以西属宁镇地区，以东为环太湖地区。李伯谦先生曾将南方地区的几何印纹陶遗存划分为七个区域，其中包括宁镇区和太湖区，太湖区"西以茅山山脉为界与宁镇区毗邻"[15]。土墩类遗存的分布划分为宁镇区、太湖—杭州湾区和黄山—天台山以南区，前两者的分界也是以茅山为界[16]。西侧的宁镇地区多土墩墓，东侧是石室土墩墓的主要分布区域。在稍早的夏商时期，在太湖西北部地区没有发现典型的马桥文化遗存，是"马桥文化和点将台文化、湖熟文化之间的文化分布的'模糊地带'"[17]。新石器时代的良渚文化主要分布在环太湖地区，西侧到茅山以东，如武进寺墩[18]和江阴高城墩[19]等遗址。

茅山山脉位于句容、溧水、高淳与金坛、溧阳诸县之间，大致呈南北走向，是太湖水系和秦淮河水系的分水岭。山脉高度总体在200—300米之间，最高峰大茅峰海拔约372米，整体并不很高，并非难以逾越的障碍。除了茅山本体的地理条件外，茅山东麓以芙蓉湖为代表的湖泊群也是导致东西两侧考古学文化面貌差异的重要因素。茅山以东除了芙蓉湖外，还有滆湖、洮湖等一系列湖泊。这些湖泊相距并不很远。滆湖和洮湖间相距15—20公里，滆湖东北距芙蓉湖南岸约20公里。在未经开发的原始状态下，除了广袤水面外，湖区周边存在有大片湿地沼泽，人们难以通行，构成天然障碍，阻碍了两侧人群的沟通与交流。

根据文献记载，对芙蓉湖的治理始于战国晚期春申君封于江东以后。《越绝书》载："无锡湖者，春申君治以为陂，凿语昭渎以东到大田。田名胥卑。凿胥卑下以南注大湖，以为西野。去县三十里。"这段记载涉及三个地点——语昭湖、胥卑和太湖，《越绝书》云"语昭湖，周三百二十顷，去县五十里"，"吴西野鹿陂者，吴王田也。今分为耦渎、胥卑虚，去县二十里"。可见对芙蓉湖的治理方式是先与东侧的语昭湖沟通，再与名为"胥卑"的大田相通，其走向当与京杭大运河常州至苏州段大体一致。根据

"京杭运河沿线地势剖面图"可知，常州和苏州之间的地势是西北高、东南低，水势为西北—东南流向。芙蓉湖水借助此地势，泄入太湖。

1973年在前洲芦苇荡1米多深的地下出土一批铜器，包括有铭文的鉴1件、豆2件，无铭文的匜和洗各1件，另有未采集的"刀"、"剑"等[20]。这批铜器的时代属战国后期，大致在楚东迁至寿春以后。鉴和豆上的刻铭表明器主是"郯陵君王子申"。关于器主，李零先生认为是楚国王子[21]；李学勤先生认为王子申可能是楚幽王之子，或其弟[22]；何琳仪先生认为郯陵君就是黄歇，郯陵君是他在淮北时的封号，春申君则是他改封到江东后的封号[23]；何浩先生则认为器主是楚考烈王的庶子负刍[24]。虽然各家对郯陵君的确切身份意见不一，但都认为是楚国的高级贵族。这批铜器应该是战国中后期，"楚威王兴兵而伐之，大败越，杀王无彊，尽取故吴地至浙江"（《史记·越王勾践世家》）后出现于此的，更是春申君"请封于江东"，对周边进行大力开发的结果。这恰与《越绝书》记载的战国后期对芙蓉湖进行治理相契合。

《新唐书·地理志》无锡县条下记载"南五里有泰伯渎，东连蠡湖，亦元和八年孟简所开"。泰伯渎，《太平寰宇记》载"长八十七里"。而本地文献都把它与泰伯奔吴的故事相联系，如元代王仁辅《无锡县志》："太伯渎，去州东五里，贯景云、太伯、梅里、垂庆四乡，西枕官河，东通蠡湖。又东达于濠湖，入平江。岁久淤塞。唐元和间，刺史孟简浚之，长八十里，阔一丈二尺，深四尺，民获沾溉之利。……此渎始开于太伯，所以备民之旱涝，民德太伯，故名其渎，以示不忘，渎上至今有太伯庙。"前文所提及的梅里遗址正处在泰伯渎南北两岸。泰伯渎是否与芙蓉湖的开发相关，尚不敢妄自揣测。

对于湖区的开发历史，魏嵩山先生引《南徐州记》"晋张闿尝泄芙蓉湖水，令入五泻，注于具区，欲以为田。盛冬著褚衣，令百姓负土。值天寒凝沍，其功不成"的记载，认为此时芙蓉湖区仅限于锡澄运河以西的区域，以东都已加以围垦[25]。锡澄运河

由无锡西北方向与江阴相通。此外，汉武帝元封元年（公元前 110 年）"东越将多军，汉兵至，弃其军降，封为无锡侯"（《史记·东越列传》），封地当在今无锡。《汉书·地理志》记载会稽郡辖县二十六，无锡即在其中。这些记载表明，西汉早期芙蓉湖已经有了相当力度的开发，故能封侯于此。

芙蓉湖的开发也与统治中心的变迁相关。先秦时期环太湖地区最主要的两个国家是吴和越。越国的统治中心在钱塘江南岸的绍兴一带，这里发现了以印山大墓（允常墓）为代表的一系列越国高等级墓葬[26]。吴国，张守节《史记正义》说："吴，国号也。太伯居梅里，在常州无锡县东南六十里。至十九世孙寿梦居之，号句吴。寿梦卒，诸樊南徙吴。至二十一代孙光，使子胥筑阖闾城都之，今苏州也。"对于梅里的吴国都城，历年来的考古工作并未发现有力的证据。而镇江地区（特别是大港至谏壁一带）发现了以宜侯夨簋为代表的西周早期遗存，因此有学者认为此处是吴国较早的都城所在[27]。吴国后期的统治中心，以往都认为在今苏州古城区。近年来，随着考古工作的进展，学界又分别提出了太湖西北角的阖闾城[28]和东北角的木渎古城[29]等说法。可见，春秋后期吴国的统治中心已经转移到茅山以东地区。

当时吴国除了向南压制越国外，主要经略对象是西北的楚和中原的齐鲁等地。对于舟车楫马的吴国而言，水路是最为便捷的，也是最为依仗的交通方式。在镇江一带，可以直接渡过长江，经由邗沟[30]北上。长江对岸的仪征破山口发现过重要的青铜器[31]。姜堰天目山城西周城址可能与古干国相关[32]。随着吴国政治中心东移到太湖沿岸。以往由镇江直接过江的路径被拉长了。《越绝书·吴地传》记载吴古故水道，"出平门，上郭池，入渎，出巢湖，上历地，过梅亭，入杨湖，出渔浦，入大江，奏广陵"，两端分别连接了苏州和长江，再由邗沟北上。对线路途经地点，薛焕炳先生有过详细的考证，他认为巢湖即苏州西北的漕湖，梅亭在无锡市东南的梅里东亭一带，渔浦是江阴利港[33]。这条水路大体由苏州北上，利用泰伯渎，至无锡北行，穿越古芙蓉湖由江阴利港出江[34]。这条水路与现在江南运河的走向并不一致，更有可能是从芙蓉湖的北侧绕过。究其原因，除了丹阳和常州之间的茅山余脉的阻隔外，地势相对较高，难以通行外，更是由于芙蓉湖湖面宽广，风浪较大，容易发生危险，于是贴着边走，更为安全。这也从侧面体现出芙蓉湖的宽阔。

注释：

[1] 中国科学院南京地理与湖泊研究所：《太湖》，海洋出版社 1993 年。

[2] 魏嵩山：《太湖流域开发探源》，第 98—100 页，江西教育出版社 1993 年。

[3] 中国科学院南京地理与湖泊研究所：《太湖》，海洋出版社 1993 年。

[4] 太湖地区农业史研究课题组：《太湖地区农业史稿》，图 1-2，农业出版社 1990 年。

[5] 中国科学院南京地理所：《太湖地区水土资源与农业发展远景研究》，科学出版社 1988 年，第 85 页。转引自中国农业科学院、南京农业大学中国农业遗产研究室太湖地区农业史研究课题组：《太湖地区农业史稿》，农业出版社 1990 年，第 3 页。

[6] 魏嵩山：《太湖流域开发探源》，江西教育出版社 1993 年，第 99 页。

[7] 国家文物局主编：《中国文物地图集·江苏分册》，中国地图出版社 2008 年。

[8] 南京博物院：《江苏武进寺墩遗址的试掘》，《考古》1981 年第 3 期；南京博物院：《1982 年江苏常州武进寺墩遗址的发掘》，《考古》1984 年第 2 期；江苏省寺墩考古队：《江苏武进寺墩遗址第四、五次发掘》，《东方文明之光——良渚文化发现 60 周年纪念文集》，海南国际新闻出版中心 1996 年；车广锦：《玉琮与寺墩遗址》，《东方文明之光——良渚文化发现 60 周年纪念文集》，海南国际新闻出版中心 1996 年。

［9］ 江苏佘城遗址联合考古队：《江阴佘城遗址试掘简报》，《东南文化》2001 年第 9 期；江苏花山遗址联合考古队：《江阴花山夏商文化遗址》，《东南文化》2001 年第 9 期。

［10］ 冯普仁：《无锡北周巷青铜器》，《考古》1981 年第 4 期。

［11］ 南京博物院、无锡市博物馆、锡山区文物管理委员会：《江苏无锡锡山彭祖墩遗址发掘报告》，《考古学报》2006 年第 4 期。

［12］ 南京博物院、无锡市博物馆、锡山区文物管理委员会：《鸿山越墓》，文物出版社 2007 年。

［13］ 张敏：《阖闾城遗址的考古调查及其保护设想》，《江汉考古》2008 年第 4 期。

［14］ 单红：《无锡梅里遗址确证为商周遗址》，《无锡日报》2019 年 7 月 24 日。

［15］ 李伯谦：《我国南方几何形印纹陶遗存的分区、分期及其有关问题》，《北京大学学报》（哲学社会科学版）1981 年第 1 期。

［16］ 杨楠：《江南土墩遗存研究》，中央民族大学出版社 1998 年，第 31 页。

［17］ 宋建：《论马桥文化的时空结构》，《苏秉琦与当代中国考古学》，科学出版社 2001 年。

［18］ 南京博物院：《江苏武进寺墩遗址的试掘》，《考古》1981 年第 3 期；南京博物院：《1982 年江苏常州武进寺墩遗址的发掘》，《考古》1984 年第 2 期；江苏省寺墩考古队：《江苏武进寺墩遗址第四、五次发掘》，《东方文明之光——良渚文化发现 60 周年纪念文集》，海南国际新闻出版中心 1996 年；车广锦：《玉琮与寺墩遗址》，《东方文明之光——良渚文化发现 60 周年纪念文集》，海南国际新闻出版中心 1996 年。

［19］ 南京博物院、江阴博物馆：《高城墩》，文物出版社 2009 年。

［20］ 李零、刘雨：《楚郏陵君三器》，《文物》1980 年第 8 期。

［21］ 李零、刘雨：《楚郏陵君三器》，《文物》1980 年第 8 期。

［22］ 李学勤：《从新出青铜器看长江下游文化的发展》，《文物》1980 年第 8 期。

［23］ 何琳仪：《楚郏陵君三器考辩》，《江汉考古》1984 年第 1 期。

［24］ 何浩：《郏陵君与春申君》，《江汉考古》1985 年第 2 期。

［25］ 魏嵩山：《太湖流域开发探源》，江西教育出版社 1993 年，第 101 页。

［26］ 浙江省文物考古研究所、绍兴县文物保护管理局：《印山越王陵》，文物出版社 2002 年；黄昊德：《浙江绍兴越国王陵及贵族墓葬调查与勘探成果丰硕》，《中国文物报》2015 年 12 月 18 日；浙江省文物考古研究所、绍兴市文物考古研究所、绍兴市柯桥区文化发展中心、嵊州市文物管理处：《绍兴越墓》，文物出版社 2016 年。

［27］ 唐兰：《宜侯夨簋考释》，《考古学报》1956 年第 2 期；李学勤：《宜侯夨簋与吴国》，《文物》1985 年第 7 期；王玉国、肖梦龙、陆九皋：《镇江吴文化研究》，中国文史出版社 2006 年。

［28］ 张敏：《阖闾城遗址的考古调查及其保护设想》，《江汉考古》2008 年第 4 期。

［29］ 叶文宪：《木渎春秋吴城遗址的发现及其意义》，《苏州铁道师范学院学报》（社会科学版）第 19 卷第 2 期。

［30］《左传·哀公九年》："吴城邗，沟通江淮。"杜预注云："于邗江筑城穿沟，东北通射阳湖，西北至末口入淮，通粮道也，今广陵韩江是。"

［31］ 张敏：《破山口青铜器三题》，《东南文化》2002 年第 6 期。

［32］ 南京博物院、泰州市博物馆、姜堰市文物管理委员会：《江苏姜堰天目山西周城址发掘报告》，《考古学报》2009 年第 1 期。

［33］ 薛焕炳：《苏南运河与吴古故水道》，《江南论坛》2014 年第 7 期。

［34］《江苏航运史（古代部分）》，人民交通出版社 1989 年，第 6 页。

苏州地区首次考古发掘述论

车亚风（苏州市考古研究所）

内容提要： 1954 年，江苏省文物管理委员会在苏州五峰山地区的考古发掘，是苏州历史上第一次经国家批准并采用现代考古学方法进行的田野考古发掘活动，揭开了苏州地区科学考古发掘工作的序幕，在苏州考古文博事业发展史上产生了深远的影响。

关键词： 苏州　首次　考古发掘　意义

苏州，地处长江三角洲中部，北依长江，西抱太湖，是著名的江南水乡；历史悠久，人文荟萃，是首批国家历史文化名城。春秋时期吴国迁都苏州，开启苏州建城之史；战国时先后属越、楚；秦嬴政二十六年（公元前 221 年）以吴国故都设吴县，为会稽郡治所；有汉一代，除了西汉初期为诸侯王封地外，吴县先后为会稽郡、吴郡郡治；其后，吴县历来为吴地之首邑。一万余年的文化史，五千多年的文明史，两千五百年的建城史，缔造了独树一帜的吴越文化。优越的地理环境与深厚的文化底蕴，共同为苏州孕育了丰富的文物考古资源。

现代考古学以地层学和类型学为两大基本理论。1921 年，瑞典人安特生在河南渑池仰韶村进行的考古发掘，标志着现代考古学在中国的开端；1926 年，李济在山西夏县西阴村的考古发掘，则是首次由中国人主持的田野考古工作。新中国成立前，苏州地区有过数次文物调查活动，如 1926 年春夏间，李根源在苏州近郊和西部诸山调查历代名人墓葬、石刻、古建筑等文物并著述出版《吴郡西山访古记》；1934 年 11 月，中央古物保管委员会江苏分会对苏州城内外古墓葬进行的调查；1936 年 3 月，卫聚贤等人调查发现了吴城、越城遗址等等。这一时期苏州地区的考古工作主要为零星的调查考证和地面标本的采集等，尚未采用现代考古学的理论与方法进行清理和发掘。

一　发掘背景

新中国成立之初，百废待兴。1953 年，中共中央正式提出过渡时期总路线，主体就是逐步实现国家的社会主义工业化，同时开始实施"一五"计划，大规模的工业化建设由此全面展开。为配合国家经济建设工程，苏州地区的科学考古工作也随之启动。此外，1953 年 1 月苏北、苏南行署区及南京市合并为江苏省，机构改革、重组工作也同步进行。

1953 年 4 月，筹建江苏省文物管理委员会（下文简称"省文管会"）[1]，下设秘书室、保管研究组、调查征集组。其中，调查征集组专门负责全省地上、地下和社会流散文物的保护与管理工作，朱江担任组长。

1953 年 8 月 1 日至 11 月 4 日，朱江参加由文化部社会文化事业管理局、中国科学院考古研究所、北京大学联合举办的第二期"全国考古工作人员训练班"。训练结束后，仍任省文管会调查征集组组长。

1953 年 12 月，江苏省文化局决定撤销苏南区文物管理委员会、苏北区文物管理委员会、苏北博物馆和南通博物馆，在苏州合并成立"江苏省博物馆筹备处"。作为筹备处三人领导小组成员之一的朱江，被派往苏州参与、了解上述单位合并改组与文物清查、移交等工作[2]。

1954 年初，省文管会接到华东军区政治部的通知，因 0099 部队要在苏州五峰山下修建军事工程，希望派员配合先期进行考古发掘。于是省文管会决定就地建立苏州文物工作组，由朱江担任组长及考古发掘领队，同时抽调省文管会的张寄庵、王德庆，省博物馆的胡继高、陈玉寅、钟兆锦，南京市文管会的李蔚然，吴县的屠思华、徐清泉等业务人员，并报文化部社会文化事业管理局批准，对五峰山进行考古调查和发掘。

二　工作过程

五峰山位于木渎镇西部，因山体勾连有五峰突兀而得名（图一）。山下为一处峰峦环抱的谷地，密集分布着宋、元、明、清等时代的墓葬，当地称之为博士坞。山岭上的险要起伏处遍布土墩，当地传说是秦始皇求"长生不老"所造的"风水墩"。考古工作有步骤地分区进行，即先从山下的博士坞古墓葬开始，而后延伸至山上的"风水墩"。

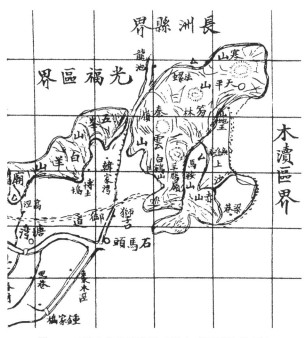

图一　五峰山位置示意图（采自《民国吴县志》）

1954 年 4 月，工作组的朱江、胡继高、陈玉寅、钟兆锦等人前往博士坞进行调查、勘探，先后清理了一座印纹硬陶时代的残墓、一座南宋墓葬[3]及包括明代弘治年间进士张安晚家族墓地在内的多座明、清墓葬。

1954 年 5 月间，工作组翻上山顶进行调查，共发现六个土墩，对其中的三个进行了考古发掘[4]。5月 17 日，胡继高还前往吴江同里仁美中学进行了勘察工作[5]。

1954 年夏，长江全域遭遇 50 年一遇的大水。从 6 月 12 日至 7 月 30 日，苏州梅雨量达 420 毫米，比历年平均梅雨量多近一倍。雨水给考古发掘工作带来了极大的不便，工作组赶在 7 月份的大水来临之前，被迫结束了全部发掘工作。

1954 年秋，无锡惠山等地的基建工程开始，个别单位文物保护意识薄弱，施工过程中存在较多破坏文物的现象。经多方协调，省文管会决定以苏州文物工作组的多数业务人员为班底组建无锡文物工作组，从 9 月 13 日正式开始进行抢救性考古发掘工作。至此，苏州文物工作组事实上已经解散。

1955 年 1 月，江苏省博物馆筹备处在太平天国忠王府举办《江苏省五年来出土文物展览会》[6]，展示了新中国成立以来江苏省出土文物中的代表性器物，五峰山地区发掘出土的众多文物也参加展出（图二）。

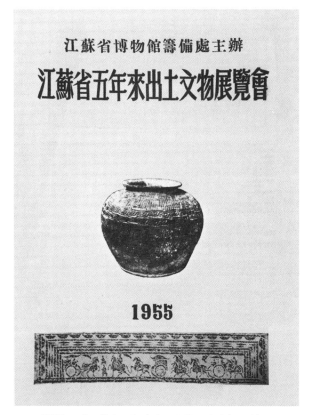

图二　《江苏省五年来出土文物展览会》宣传册

三　发掘收获

五峰山下南宋墓葬、山上烽燧墩的清理简报分别发表在1955年第2期、1955年第4期的《考古通讯》上。明清时期墓葬的发掘材料受当时"宋以下无古可考"思潮的影响未能发表，但出土了一大批金、银、玉和漆木器等珍贵文物，如张安晚家族墓地14号墓中出土的"金蝉玉叶"等[7]（图三）。在烽燧墩清理简报中，发掘者认为"风水"与"烽燧"谐音，风水墩应为春秋吴越争霸时，吴国为了防范越国而在太湖一带筑墩据守的烽火墩，故定名为"烽燧墩"，破解了"烽燧墩"之谜。

图三　金蝉玉叶

先前，学术界一般把与印纹硬陶共存的原始瓷误认是六朝青瓷。通过烽燧墩的科学发掘工作，苏州文物工作组首次提出原始瓷的年代应提前到东周时期，几何印纹硬陶则为春秋时期的吴越遗物。故宫博物院陶瓷器专家陈万里先生为此专程来到苏州，最终肯定了工作组对原始瓷年代的判断。后来随着研究的深入，在1978年召开的"江南地区印纹陶问题学术讨论会"上，学术界才正式达成共识，认为印纹硬陶与原始瓷最早起源于商代。苏州文物工作组在当时能做出这样的判断仍很有见地[8]。

四　重要意义

（一）苏州首次考古发掘工作

首先，五峰山地区的考古发掘工作是经过国家文物主管部门批准的，这在苏州历史上尚属首次。

其次，从参与人员来看，除领队朱江参加过第二期"全国考古工作人员训练班"外，胡继高、李蔚然还曾参加过第一期全国训练班；1954年7月23日—10月22日，陈玉寅、王德庆参加了第三期全国训练班。在新中国成立初期考古专业人员极度匮乏之际，苏州文物工作组中先后有5位人员参加过全国考古训练班，可谓"兵强马壮"，这也是苏州地区首次由科班出身的"正规军"主导的发掘实践。

从发掘流程来看，苏州文物工作组不再局限于地面调查，首次采用全国考古训练班所倡导的理论与方法进行考古发掘。为了解决考古人员紧缺的局面，工作组还边干边学，即一边发掘一边对工作人员培训专业技术，以缓解人手不足的局面。五峰山地区的考古工作告一段落后，苏州工作组的大部分专业人员随即转战无锡，构成了无锡文物工作组的基础。通过再办训练班这一方式所产生的蝴蝶效应，短时间内就把科学的发掘方法普及到各地，建立起一系列规范的工作方法和制度。后来，这些人员也大多成为各自岗位上的中坚力量，为江苏乃至全国考古事业的发展做出了突出贡献。

所以说，无论是从发掘程序还是参与人员来看，五峰山地区的考古发掘都可算是苏州历史上第一次正式的考古发掘工作，而且也是对商周土墩墓进行的首次清理发掘，从此开启了江南地区土墩墓科学发掘与研究的大幕。

（二）率先树立文物保护意识

新中国成立初期，文物保护意识薄弱，文物法律法规不健全，全国各地基建工程中损坏文物的现象屡屡发生。1961年颁布的《文物保护管理暂行条例》和1964年颁布的《古遗址、古墓葬调查、发掘暂行管理办法》，才初步构建起一套文物法规；而文化领域的第一部法律——《中华人民共和国文物保护法》则要到1982年才颁布施行。上述法律法规虽然对文物违法行为进行了有效的遏制，文物保护状况也得到了明显改善，但由于对文物保护法律法规贯彻执行不力，致使有法不依、执法不严、违法难究等现象仍频繁发生。直到 2018 年 10 月 8 日，中共中央办公厅、国务院办公厅印发的《关于加强文物保护利用改革的若干意见》提出"地方政府在土地储备时，对于可能存在文物遗存的土地，在依法完成考古调查、勘探、发掘前不得入库"，从"建设前考古"变为"出让前考古"，这才从制度上解决了长期以来存在的经济建设与文物保护间的矛盾。

五峰山地区的考古调查与发掘工作则是在新中国成立初期文物保护意识淡薄、文物法律法规缺失的情况下，于工程建设之前进行的，实属难得。当然，这与当时省文管会的社会地位较高有一定关系。一方面，当时省文管会积极奔走全省各地，为保护地下文物尽心尽责，给相关地方博物馆提供了众多考古发掘出土文物及资料，并在当地培养了一批专业人才，对地方经济建设与文物保护工作都做出了重要贡献，因而得到了地方政府的关注、重视。另一方面，时任省文管会主任委员由省委宣传部部长俞铭璜兼任，省文管会专职副主任委员则由省纪委秘书长陈枕白调任，他们的行政级别在当时比诸多省级领导干部的级别还高。所以在整个 20 世纪 50 年代，省文管会的文物保护工作开展得比较顺利，也因此受到了华东军区政治部的重视和支持。

（三）奠定苏州文博事业基础

五峰山地区的考古工作除了及时有效地保护文化遗产外，还丰富了正在筹建中的江苏省博物馆的馆藏。虽说 1959 年 3 月江苏省博物馆由苏州迁往南京，与南京博物院合署办公，13 万件馆藏文物和 6 万册图书也随之运往南京，但是留在苏州的 1.3 万多件文物仍然构成了 1960 年 1 月成立的苏州博物馆的建馆基础。

发掘工作结束后，出土的重要文物参加了在忠王府举办的《江苏省五年来出土文物展览会》。该展览是苏州也是江苏省举办的首个出土文物展，受到了社会各界的广泛关注。考古发掘之后及时举办出土文物展览，向社会公众普及文物知识、宣传文物政策，即使现在也并非每个考古项目都能做得到。这一模式的产生，当与文化部主办的"全国基本建

设工程中出土文物展览会"有关。该展览于 1954 年 5 月 21 日在北京故宫午门城楼开幕，展期近半年，展品都是 1949 年至 1954 年间全国各地在基本建设工程中所发现的文物。这是新中国成立后第一次举办的大型出土文物展，吸引了海内外约 17 万人次的观众前来参观，产生了轰动效应，毛泽东主席也曾两次前往观看。展览举办期间，中央文化部门还召开专门座谈会，组织不同领域的专家讨论文物保护问题。座谈会上，大家一致公认这次展览的成功，表明展览活动是一种非常好的宣传方式，深刻认识到展览环节对考古学的意义，还涉及学科定位、未来发展和学科本质等重要方面的思考[9]。

1954 年 7 月，朱江随同华东区文物工作会议代表团一行前往北京参观该展览。陈玉寅在北京参加考古训练班期间，也参观了该展览。受此影响，1955 年 1 月在苏州、7 月在常州、10 月在无锡举办的出土文物展，都是发掘主持者参观北京的展览后，深入学习并融会贯通的具体表现。陈玉寅后来曾任苏州博物馆副馆长，与他在五峰山的考古发掘及举办展览的实践中所积累的经验有着莫大关系。

出土文物展既可增长人民群众的历史文化知识，满足人民群众的精神文化需求，使人们认识到古代劳动人民的智慧创造和祖国文化遗产的丰富多彩，又能加强爱国主义思想教育、提升社会主义建设信心。因此，这种与考古工作密切相关的出土文物展被地方政府高度重视，随后在全国各地雨后春笋般地大量出现。

五　结语

转眼间，五峰山的考古发掘工作已经过去了六十多年，苏州地区的文物考古事业也取得了长足进步：机构建制方面，从 1960 年的苏州博物馆考古组到 2009 年升级成立苏州市考古研究所，并且于 2005 年获得国家考古发掘团体资质，走在了地市级考古机构的前列；发掘成果方面，先后有 4 个项目入选"全国十大考古新发现"，填补了诸多研究空白，产生了较大社会影响。

此外，苏州的文物考古机构为配合基本建设还进行了大量的考古调查、勘探、发掘、保护和研究

等工作，为苏州地区经济社会的快速发展提供了有力保障，为文明起源、吴越文化等课题的深入研究提供了新的材料，为建设中国特色、中国风格、中国气派的考古学提供了苏州力量，为弘扬中华优秀传统文化、增强文化自信提供了坚强支撑。

在中国共产党成立百年之际、在中国考古学诞生百年之时，苏州地区的文物考古工作正在以崭新的姿态踏上全新的征程，力争为早日将苏州建设成为古今辉映的历史文化名城做出新的更大贡献。这些成绩的取得与老一辈文物考古工作者的奠基之功是分不开的，他们为苏州考古文博事业做出的重要贡献也将被永久铭记！

注释：

[1] 江苏省地方志编纂委员会：《江苏省志·文物志》，江苏古籍出版社 1998 年，第 516 页。

[2] 朱江：《姑苏之忆——在苏州的两个文管会和首次考古发掘》，《苏州史志资料选辑》第 25 辑，2000 年。

[3] 钟兆锦：《苏州附近宋赵善苍墓清理简报》，《考古通讯》1955 年第 2 期。

[4] 朱江：《吴县五峰山烽燧墩清理简报》，《考古通讯》1955 年第 4 期。

[5] 胡继高：《江苏省吴江县发现古遗址》，《考古通讯》1955 年第 2 期。

[6] 中共苏州市委办公室、苏州市档案局、苏州市地方志编纂委员会办公室：《解放后三十四年苏州市大事记》（连载二），《苏州史志资料选辑》第 3 辑，1986 年。

[7] 申宪：《金玉结合的工艺珍品——金蝉玉叶》，《东南文化》1993 年第 1 期。

[8] 朱江：《姑苏之忆——在苏州的两个文管会和首次考古发掘》，《苏州史志资料选辑》第 25 辑，2000 年。

[9] 李万万：《跨越身份的交流——"全国基本建设工程中出土文物展览会"研究》，《文物天地》2016 年第 5 期。

草鞋山新石器时代遗址简述

——从苏州博物馆藏相关文物说起

姚晨辰（苏州博物馆）

内容摘要： 草鞋山遗址是中国南方一处非常有代表性的文化遗存，它集中地涵盖了长江中下游地区石器时代到先秦时期的全部物质文化，为研究这一地区考古学诸文化之间的相对年代提供了一把标尺。草鞋山遗址是一幅长眠于地下，描绘远古苏州的完整历史和吴地古文化的长卷，其文化层积叠之厚、出土遗迹遗物之丰富，是其他遗址不可替代的。

关键字： 苏州　草鞋山　考古　玉琮

作为环太湖地区史前文化层最丰富的遗址，草鞋山遗址最具有代表性，对该遗址的探讨却寥寥无几。本文按照时间顺序，以地层和遗址单位为线索，根据苏州博物馆藏草鞋山相关出土文物，梳理了整个遗址发现到发掘到后续研究的大致情况，作为抛砖引玉，如有不当之处，敬请批评指正。

一　相关背景

草鞋山位于阳澄湖南岸，原吴县唯亭东北约2千米。据《元和唯亭志》载："草鞋山，在唯亭山之西，枕阳城湖滨，形如草履，因名。"在民间，草鞋山传说是由仙人的一只玉草鞋掉落人间而成，一首有关草鞋山的民谣流传于唯亭田间地头："苏州城外草鞋山，山上有只玉草鞋。福佑人间通苍天，要能得到胜神仙。"[1]

草鞋山遗址为1956年南博原考古部主任赵青芳在田野调查发现，遗址中心位于阳澄湖南岸，离阳澄湖650米的两个大高墩草鞋山和夷陵山，草鞋山位于夷陵山的西北部，两山隔小路相望。1957年和1960年又进行两次调查，并测绘地形图[2]。经过钻探查明，草鞋山南北长约100米，东西宽约120米，面积12000平方米，海拔15米，高出地面约10.5

米。夷陵山南北长约45米，东西宽约65米，面积3000平方米，海拔19.73米。草鞋山遗址南北总长约800米，东西总宽约500米，面积约45万平方米。

20世纪70年代，唯亭公社在夷陵山办了全社第一个窑厂，烧窑用土，都取自草鞋山，窑工在草鞋山取土时，经常会在无意中挖掘到一些玉器和陶器。1972年2月唯亭公社革命委会向苏州博物馆上交玉环一件（图一），入藏编号5730，现在苏州博物馆"晨光熹微"展厅陈列。直径15、厚1.4厘米，为新石器时代良渚文化玉环，玉色黄中带灰，有原始玉器加工切割痕迹。

图一　玉环

玉环，《尔雅·释器》明确指出："肉倍好谓之璧，好倍肉谓之瑗，肉好若一谓之环。"学者邢禹做出了进一步注解："肉，边也，好，孔也，边多倍于孔者名璧，孔大而边小者名瑗，边、孔适等若一者名环。"我们根据玉器的环边和中孔的比例关系，判断玉器种类。环边和中孔比例达二比一（小孔）的是玉璧，环边和中孔比例相等的是玉环，环边和中孔比例达一比二（大孔）的是玉瑗。

1972 年 3 月唯亭公社砖瓦厂向苏州博物馆上交陶纺轮一件（图二），入藏编号 5741，直径 6、厚 0.5 厘米。该器呈扁圆形，中间有一小穿孔。由于草鞋山遗址经过考古调查，这些文物的相继出土引起了相关部门的注意。

图二　陶纺轮

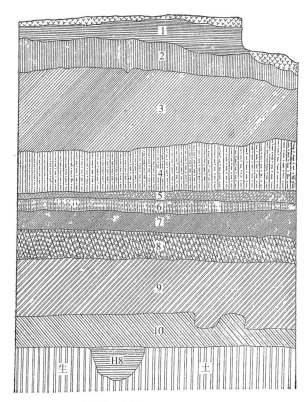

图三　草鞋山发掘地层剖面图

二　发掘与收获

根据上交文物等相关信息，草鞋山遗址于 1972 年 9 月进行试掘，1972 年 10 月至 1973 年 1 月[3] 和 1973 年 4 月至 7 月，南京博物院、南京大学历史系考古组教师、苏州博物馆和吴县文管会等单位组成考古队，两次对草鞋山遗址进行正式考古发掘。共发掘 1050 平方米，清理新石器时代木构居住遗址、灰坑 11 个、墓葬 209 座，出土玉、陶、石、骨器等 1100 件左右，草鞋山出土文物主要入藏南京博物院、苏州博物馆和苏州吴中区博物馆。

（一）江南地区史前文化传承

草鞋山遗址文化堆积厚达 11 米，可分十个文化层（图三），首次发现自新石器时代马家浜文化—崧泽文化—良渚文化直至春秋吴越文化的叠压关系，从而解决了太湖流域乃至长江下游古代文化发展的基本序列问题。

草鞋山遗址第八、九、十层属马家浜文化，第八、九层共发现墓葬 106 座。馆藏出土器物五件，

前两件出土单位见于简报。1. 夹砂红陶鼎（图四），出土编号 WCT102－19，马家浜地层出土，口径 10.2、腹径 13.6、高 12.6 厘米。纯手工制作，敛口，鼓腹，上腹部设一道宽檐，下腹渐收，圜底，

图四　陶鼎

底部承三个宽扁形足,足外附以一条附加堆纹,该
类典型陶鼎简报中共见三件。2. 红陶杯(图五),
出土编号 WCM170 - 1,口径 9.3、底径 8、高 13.8
厘米,圆唇,敞口,收颈,腹部微弧,下承矮圈足。
M170 为少女合葬墓,根据人骨测定推测一位约十四
岁,一位约十五六岁。草鞋山遗址第一二次发掘马家
浜文化层合葬墓共五座,另有 M43、M102、M154、
M156。3. 灰陶豆(图六),出土编号 WCM155 - 11,
口径 6、底径 8、高 14.1 厘米,直口,矮颈,鼓腹渐
收,细把,下接喇叭形足,为典型马家浜文化陶器。
4. 灰陶豆(图七),出土编号 WCT106 - 61,口径 9.1、
底径 7.2、高 15.5 厘米,唇口,微侈,鼓腹渐收,下
承圈足,圈足饰以镂孔圆形纹饰。5. 灰陶器盖(图
八),出土编号 WCM41 - 6,直径 9、高 3.2 厘米。圆
盘形,上设圆形捉手,捉手上置圆形及三角形镂空戳
印纹饰。

图六 豆

图五 陶杯

第五、六、七层属崧泽文化,发现墓葬 95 座。
第五文化层属崧泽文化向良渚文化过渡阶段,馆藏
相关出土器物两件。1. 玉玦(图九),出土编号
WCT704⑤,直径 5.4 厘米。2. 灰陶罐(图一○),出
土编号 WCT202⑤ - 6,口径 3.5、底径 4、残高 4.5 厘
米,敛口,折腹,下腹渐收,平底。该层出土器物较
少,极具代表性,这两件器物是对简报很好的补充。

图七 灰陶豆

图八 灰陶器盖

图九 玉玦

图一〇 灰陶罐

第六文化层发现墓葬 89 座，出土单位见于简报之相关器物六件。1. 红陶壶（图一一），出土编号 WCM59-2，口径 5、底径 4、高 6 厘米，该墓还出土石斧一件[4]。2. 灰陶高领罐（图一二），出土编号 WCM83-2，口径 8.3、底径 6.5、高 10.7 厘米。尖唇，直口，高领，鼓腹，下腹渐收，下承圆饼形底，平底微内凹。M83 为成年男性墓，还随葬穿孔石斧、陶豆各一件。3. 红陶壶（图一三），出土编号 WCM86-1，口径 4.4、底径 4、高 8 厘米，该墓还出土带盖陶壶一件[5]。4. 刻纹镂孔壶形器（图一四），出土编号 WCM88-5，口径 6.8、底径 10.6、高 18.2 厘米。直口，高颈，子母口，腹部向外微弧

出，平底。颈部饰以席纹间以镂孔星状纹饰，底部纹饰相同，推测为祭祀用器，作用特殊。M88 还出土玉璜一件，出土编号 WCM88-4（简报图版三2)[6]，根据随葬品推测 M88 墓主为崧泽文化社会级别较高者。5. 红陶器盖（图一五），出土编号 WCM99-11，直径 12.6、高 6.4 厘米，M99 还出土玉玦一件。6. 灰陶壶（图一六），出土编号 WCM112-10，口径7.2、底径 6、高 9.7 厘米，M112 为一儿童墓，还随葬陶鼎、豆各三件，罐四件，甑一件，装饰品玉璜二件，玉坠一件。

图一一 红陶壶

图一二 高领罐

图一三 红陶壶

图一六 灰陶壶

其他相关出土单位未见简报器物共计十六件，按出土单位排列如下。1. 灰陶杯（图一七），出土编号 WCM1-1，口径7、底径6.5、高11.4厘米。2. 夹砂陶鼎（图一八），出土编号 WCM1-5，口径30、高15.4厘米。厚唇，折沿，收颈，折腹设一凸棱，下承三足，三足残缺，器物部分修复。从 M1 出土器物形制来看，M1 为典型崧泽时期墓葬。3. 灰陶杯（图一九），出土编号 WCM12-5，口径8、底径

图一四 刻纹镂孔壶形器

图一五 红陶器盖

图一七 灰陶杯

8、高 18.4 厘米。4. 灰陶豆（图二〇），出土编号 WCM20 - 8，口径 21.5、底径 16.5、高 12.8 厘米。唇口内敛，豆盘外撇，直柄，下承圈足，豆柄部饰以镂空三角形、圆形刻划纹饰。5. 灰陶带盖罐（图二一），出土编号 WCM46∶5 - 2，口径 7.2、底径 7.5、高 12 厘米。6. 灰陶壶（图二二），出土编号 WCM95B - 7，口

径 6.2、底径 4.5、高 7.7 厘米。7. 灰陶罐（图二三），出土编号 WCM100 - 5，口径 5.5、底径 5.7、高 6.2 厘米。8. 灰陶罐（图二四），出土编号 WCM100 - 10，口径 6.5、底径 4.2、高 11.9 厘米。9. 红陶罐（图二五），出土编号 WCM106 - 4，口径 5.6、底径 5.7、高 8.7 厘米。10. 灰陶杯（图二六），出土编号 WCM108 - 1，口径 7.7、底径 5、高 10.3 厘米。11. 灰陶罐（图二七），出土编号 WCM110 - 1，口径 5.5、底径 7、高 15.2 厘米。圆唇，口微侈，细高颈，溜肩鼓腹，平底。12. 灰陶罐（图二八），出土编号 WCM113 - 1，口径 9.5、底径 8、高 13 厘米，圆唇侈口，高领，丰肩，折腹饰以一圈凸棱边，下腹内切，平底，上腹部饰以刻划纹饰，为典型崧泽文化器物。13. 灰陶罐（图二九），出土编号 WCM113 - 4，口径 7、底径 5、高 7.8 厘米。出土简报记录，M112、M115 属崧泽文化北区墓葬群[7]，推测 M113 亦属同期发掘的北区墓葬。14. 红陶罐形鼎（图三〇），出土编号 WCM116 - 1，口径 8、高 7.6 厘米，圆唇，敞口，收颈，折腹，下承三足，三足残缺。15. 灰陶罐（图三一）出土编号 T103 - 1，口径 6.2、底径 7、高 14.2 厘米，尖唇，侈口，束颈，斜腹向下，下腹部折腹渐收，下承圈足，圈足磨损，器物修复完整。16. 灰陶壶（图三二）出土编号 WC 采 - 5306，口径 5、底径 6、高 9.8 厘米。

图一八　夹砂陶鼎

图一九　灰陶杯

图二〇　灰陶豆

图二一　带盖罐

图二四　陶罐

图二二　灰陶壶

图二五　红陶罐

图二三　陶罐

图二六　灰陶杯

图二七　灰陶罐

图三〇　红陶罐形鼎

图二八　陶罐

图三一　灰陶罐

图二九　陶罐

图三二　灰陶壶

第六文化层出土陶器馆藏共计二十二件，其中鼎2件，罐9件，杯3件，壶6件，豆1件，器盖1件。实用器中以罐形器为主，可见其制作技术已经非常成熟；在出土文物较多，即等级较高的墓葬中（M59、M83、M88、M112），壶形器的出现率明显高出很多。

第七层发现墓葬6座（M117、M118、M119、M120、M121、M122），馆藏出土器物灰陶罐一件（图三三），出土编号WCM120-4，口径7、底径5、高8.3厘米，圆口，微侈，折腹圆润，下腹渐收，平底。该六座崧泽文化墓葬发现于T103位置[8]，器物特点属于马家浜类型到崧泽类型的过渡阶段，很有代表性，为研究该期文化提供了新的样本。

图三三　灰陶罐

另藏相关石器三件：1. 石斧（图三四），出土编号WCM2-8，长14.5、宽20.4厘米。2. 石钺（图三五），出土编号WCT202-9，长16.3、宽16.4厘米。3. 石斧（图三六），出土编号WCM3-7，长14.8、宽10.4厘米。

第三、四层属良渚文化，经南京博物院调查清理共清理发表墓葬八座，M78、M79、M80、T802M1、T303M1、M198、M199、M200。考古发掘的同时，文物工作者开展对1972年窑厂取土时出土器物的追缴工作。经调查发现，1972年在遗址偏北部位的中部、西部两个地点出土大量玉琮、玉璧、玉锥形器、陶器等，具体位置在T403和T603范围

图三四　石斧

图三五　石钺

图三六　石斧

内，编号M199、M200，为典型良渚时期墓葬，部分玉器为吴县文化馆征集、苏州文物商店征购。馆藏相关文物两件组：1. 玉纺轮一件（图三七）编号

011632，直径 3.7 厘米。2. 玉锥形器一组四件（图三八）编号 011637，长度 7.5—9 厘米不等，器身顶端圆锥形，中段光素无纹，尾端饰铤，上有一对钻小孔。玉质呈乳白色，有黄斑。形制与 M198 出土玉锥形器[9]相同，推测为配饰一组。

图三七　玉纺轮

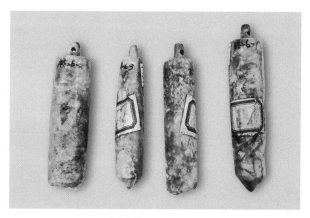

图三八　玉锥形器

（二）良渚玉琮

草鞋山遗址良渚文化的第二层 M198 中，苏州博物馆考古部参加发掘的同志首次在新石器时代墓葬中发现了玉琮，玉琮为外方内圆的长筒形，筒身分为 7 节，每节以四边为中线，刻有象征兽面的纹饰[10]。古籍资料记载，玉琮、玉璧是祭祀天地的重要礼器，过去由于缺乏地层对比，一直误将玉琮当作商代文物，草鞋山遗址的科学发掘终于解决了玉琮的断代问题。

草鞋山发掘时候，还有一件关于玉琮的趣事在当地流传[11]。1973 年第二次发掘的一天，眼尖的村民看到了挖掘人员清理出土了件烂泥包裹，外形像鞋子一样的文物，当时考古人员迅速又隐秘地把这件东西放进了工作室，而且其他考古人员都跟了进去。之前提到，老百姓都传说草鞋山就是仙人掉下来的一只玉草鞋变的，于是"草鞋山上挖到了玉草鞋"的"消息"不胫而走，当时很快就在村里沸沸扬扬地传开了，不一会儿整个唯亭镇上的人也都知道了，人们便争相来到草鞋山考古发掘现场，都想一睹传说了千年，心仪已久的那只"玉草鞋"的芳容。

在编修《唯亭镇志》时，相关人员多次走访夷陵山的老人，主编沈及走访了时任唯亭山陵北村大队书记的陆宗生。陆宗生全程亲历了这次挖掘，在发现"玉草鞋"的当天晚上，他特地进入考古队的工作室，提出很想看看挖出的那只"玉草鞋"。考古人员便拿出这件器物，并对他说，那是一只典型的良渚时期的文物，叫玉琮。玉琮外方内圆，两端尖平，体较窄小匀称，把它横过来看，确有点像一只女人的鞋子，大小差不多。只因挖掘人员是横着把它握在手里，看到的村民误以为这就是"玉草鞋"了。草鞋山的得名是否与玉琮有关，我们不得而知，但这件事在当时村民中间还引起了不小的轰动，可见老百姓对这片土地充满了眷恋，对当地文化有着很深的热爱。

我们所见到的苏州博物馆藏玉琮，现在苏州博物馆"晨光熹微"展厅独立柜陈列（图三九），出土编号 M199-9，高 31.2、射径上端 7.7、下端 6.0、孔径上端 5.6、下端 5.1 厘米。器物呈茶褐色，为上大下小的高方柱体，内圆外方，中空，孔系对钻而成，外分十二节，饰以简化人面纹四十八组。由于长期受沁，器身代表眼睛的小圆圈仅在第二节一面左侧处留存一个，直径 3.5 毫米。此器是草鞋山出土节数最多，器型最高的长琮。颜色茶褐色，尤其显得珍贵，为古代文献上所谓玄色玉[12]。

与该玉器颜色形制相类似的有上海博物馆藏玉

图三九　玉琮

琮[13]（图四〇），高 39.3，孔径 5 厘米，外分十五节。可见在良渚时期，此类玉琮存在是比较普遍的。该类玉琮也不能排除不是来自草鞋山遗址，第二次发掘时，南京博物院工作人员向当地公社干部与砖瓦厂工人和当地老农进行调查得知，1930 年至 1937 年，江苏省政府在唯亭镇陵北村，建设"模范新村"，由中国青年会负责。中国青年会于 1936 年春在草鞋山东南部开辟农场时，曾出土了一大批玉器，计有琮、璧、斧（钺）、镯、珠、管、锥形器等，具体位置在 M198 南约 30 米处，这些文物被青年会的军官取走，至今下落不明[14]。

图四〇　玉琮（上海博物馆藏）

（三）古水稻田

草鞋山遗址第十层出土了 6000 多年前，含炭化稻谷的土块（图四一）。由此 1992 年至 1995 年，南京博物院、日本宫崎大学、江苏省农科院、苏州博物馆、吴县文管会等单位合作，开展了古稻田考古工作。通过四期 1400 平方米的发掘，在马家浜文化土层中发现有灌溉系统的水田遗迹（图四二），证明太湖流域早在 6000 年前就有稻米生产。原始水稻田的揭示，为太湖流域系世界稻作起源地的确认提供了重要的实物例证。中外科研学者对草鞋山遗址各文化时期的稻种类型进行了仪器分析，得出了比较科学的结论，无论是何种方法都认定该地区各时期种植的稻种类型是粳稻[15]。

图四一　炭化稻谷土块

图四二　马家浜文化土层中带有灌溉系统的水田遗迹

三 后续发掘与研究

草鞋山遗址前两次发掘过后，唯亭砖瓦厂继续生产。1973 年后以南京博物院为首的考古调查仍在继续，馆藏器物两件：1. 战国黑皮陶双耳三足罐（图四三），出土编号 74WCJ20：12，口径 7.8、高 11.3 厘米。2. 石犁头（图四四），出土编号 74WC采－9，长 27.1、宽 20.4 厘米。1975 年在夷陵山西南部（即草鞋山）取土时又出土了春秋时期吴越文化的陶器数件[16]。随着考古发掘和文物普查的深入，当地村民的文物保护意识也有所增强，1977 年 5 月唯亭永久大队又向苏州博物馆上交新石器时代三角形石刀一件（图四五），编号 6310，长 23.7、宽 23.2、厚 1.2 厘米。

图四三　双耳三足罐

图四四　石犁头

图四五　石刀

苏州博物馆在 2008 年、2009 年第三次文物普查时，对草鞋山遗址进行再次试掘[17]，这部分出土文物苏州市考古研究所和苏州博物馆正在整理。本文所涉及之器物皆为苏州博物馆藏草鞋山遗址调查前后，第一、第二次发掘和 1974 年考古调查等相关出土文物，共计 42 件组：其中出土单位见于简报之相关器物 9 件组，其余为首次公布。

考古发掘以后，学术界对草鞋山遗址的研究一直没有停止[18]，现在草鞋山遗址是全国重点文物保护单位。2017 年 10 月，苏州博物馆联合苏州工业园区宣传部（文化事业局）召开了《草鞋山遗址的考古意义与当代社会价值国际学术研讨会》，与会专家从出土玉器研究[19]、水稻田分析[20]、大遗址保护[21]等方面阐述了对草鞋山遗址的深刻认识，深挖了草鞋山遗址的文化内涵，为即将建立的草鞋山遗址公园奠定基础，也将为阳澄湖国际旅游度假区提供最优质的旅游文化资源。

草鞋山遗址是江南地区从原始母系氏族社会到奴隶制末期的一部通史，我们相信，通过文博工作者的不懈努力，"草鞋山文化"定能更好地诠释苏州地区的全部史前文明。

最后非常感谢苏州市考古研究所孙明利副所长对本文的支持与帮助，谢谢。

注释：

[1] 1973 年 5 月 5 日，南京博物院汪遵国、曹者祉、李文明访问唯亭砖瓦厂工人严家成、徐阿大的调查记录。

[2] 人俊：《吴县发现新石器时代遗址》，《文物参考资料》1957 年第 3 期；南京博物院：《苏州市和吴县新石器时代遗址调查》，《考古》1960 年第 7 期。

[3] 吴文信：《吴县草鞋山遗址的发掘》，《光明日报》1973 年 6 月 6 日第 3 版《文物与考古》专栏。

[4] 南京博物院：《江苏吴县草鞋山遗址》，《文物资料丛刊（3）》，文物出版社 1980 年，第 20 页，图六一。

[5] 南京博物院：《江苏吴县草鞋山遗址》，《文物资料丛刊（3）》，文物出版社 1980 年，第 6 页，图一〇。

[6] 南京博物院：《江苏吴县草鞋山遗址》，《文物资料丛刊（3）》，文物出版社 1980 年，图版三。

[7] 南京博物院：《江苏吴县草鞋山遗址》，《文物资料丛刊（3）》，文物出版社 1980 年，第 8 页。

[8] 南京博物院：《江苏吴县草鞋山遗址》，《文物资料丛刊（3）》，文物出版社 1980 年，第 16 页，图三〇。

[9] 南京博物院：《苏州草鞋山良渚文化墓葬》，《东方文明之光——良渚文化发现 60 周年纪念文集》，海南国际新闻出版中心 1996 年，第 10 页。

[10] 南京博物院：《江苏吴县草鞋山遗址》，《文物资料丛刊（3）》，文物出版社 1980 年，第 1—24 页。

[11] 更多关于草鞋山的掌故，参考沈及：《草鞋山的传说》一文，最早发布于公众号"阳澄八景苑"。

[12] 南京博物院：《苏州草鞋山良渚文化墓葬》，《东方文明之光——良渚文化发现 60 周年纪念文集》，海南国际新闻出版中心 1996 年，第 1—17 页。

[13] 《上海博物馆》，文物出版社 1983 年，图版 127 上。

[14] 南京博物院：《苏州草鞋山良渚文化墓葬》，《东方文明之光——良渚文化发现 60 周年纪念文集》，海南国际新闻出版中心 1996 年，第 3、8 页。

[15] 汤陵华、佐藤洋一郎、宇田津彻朗、孙加祥：《草鞋山遗址古代稻种类型》，《草鞋山遗址考古与研究论文集》，苏州工业园区宣传部（文化事业局）、苏州博物馆 2017 年，第 81—85 页。

[16] 南波：《吴县唯亭公社夷陵山出土印纹陶、釉陶器物》，《文物》1977 年第 7 期。

[17] 苏州市考古研究所：《苏州草鞋山遗址抢救性考古发掘简报》，《草鞋山遗址考古与研究论文集》，苏州工业园区宣传部（文化事业局）、苏州博物馆 2017 年，第 25—37 页。

[18] 谷建祥、李民昌、汤陵华、丁金龙、姚勤德、邹厚本：《对草鞋山遗址马家浜文化时期稻作农业生产的初步认识（摘要）》，《农业考古》1998 年第 1 期；《草鞋山遗址发现史前稻田遗迹》，《农业考古》1996 年第 3 期；吴恩培：《草鞋山遗址的文化意义及其现状调查——兼及对该遗址保护、利用的若干建议》，《苏州市职业大学学报》2006 年第 1 期。

[19] 汪遵国：《太湖流域史前玉文化历程——苏州草鞋山出土的玉器》，《草鞋山遗址考古与研究论文集》，苏州工业园区宣传部（文化事业局）、苏州博物馆 2017 年，第 38—48 页。

[20] 邹江石、汤陵华、王才林：《苏州草鞋山遗址出土的古代稻田》，《草鞋山遗址考古与研究论文集》，苏州工业园区宣传部（文化事业局）、苏州博物馆 2017 年，第 86—90 页。

[21] 赵芊、沈志忠：《草鞋山遗址现状调查及保护对策》，《草鞋山遗址考古与研究论文集》，苏州工业园区宣传部（文化事业局）、苏州博物馆 2017 年，第 96—100 页。

临安青柯吴越国童瑜夫妇墓考论

崔世平　刘颖丝*（暨南大学历史学系）

内容摘要：根据墓志记载，位于临安市青柯村的两座吴越国墓葬分别为童瑜和其夫人骆氏之墓。童瑜先后追随曹圭、曹仲达父子和钱元璙，一生主要的军事和政治活动都在苏州地区，是守卫和治理吴越国北部边疆的功臣。童瑜是吴越国王钱镠的同乡，因而与钱氏、骆氏等杭州地区的地方豪族保持了婚姻关系。这种婚姻网络巩固了吴越国的统治基础。

关键词：吴越国　童瑜夫妇墓　苏州　婚姻网络

2008 年 7 月，浙江省考古研究所等单位联合发掘了两座五代时期的墓葬。两墓位于临安市锦城街道青柯村喻家头自然村村北的山坡上，坐北朝南，东西并列，相距 3.7 米。两墓均为砖室墓，结构基本相同，从前到后由斜坡墓道、墓门、甬道、前室、过道、后室等部分组成，为近似船形带有多耳室的砖砌券顶前后双室墓。两墓保存完整，清理出土了包括青瓷器在内的一批文物，其中 M1 出土了童府君墓志，M2 出土了骆氏夫人墓志，据志文可知两墓主是夫妻[1]。发掘报告附有墓志拓片和录文，墓志保存状况不佳，多处漫漶，录文也有错漏之处。本文对照拓片，进一步完善墓志录文，在此基础上对墓主生平进行考证，并对吴越国早期对北部边疆的经营和童氏与钱氏、骆氏等家族之间的婚姻网络略作论述。

一 墓志录文

因墓志漫漶严重，发掘报告所附录文将无法辨识的文字以"□"表示，本文照录；凡本文新辨识出的字，径以之替换相应的"□"，原录文误录之字也径改，不另说明；凡字体缺损但可辨识推定的字，在字外加边框。本文用"/"表示换行符号。

（一）童府君墓志

吴越国故随使左押衙东南面巡检都知兵马使金紫光禄大夫检校尚书左□□□□/守尚书吏部[2]河南童府君墓志铭/

昔汉楚争雄，良辅咸兴于丰邑；洎吴越称霸，贤臣尽出于锦乡。异□□□□□□/府君其人也。府君讳[瑜]，字莹之。曾祖讳□国，唐婺州功曹，人□□□□□□/度衙推、守金昌县令。府君之生也，修身立德，灭私向公，直□□□□□□□/人之言，有君子之行。敬事而信，出门如见大宾；行己也恭，到处不欺□□□□□□□/军前马上，不顾危亡。既用之则行，乃得之自是。营中和、文德之后，景福、乾[宁]□□□□□/前衔既以不存，此难备录。寻受节度正兵马使、银青光禄大夫、检校大□□□□□/大定全吴，选旧功臣，出提郡印，乃用良佐，共赞贤侯。于是府君□□□/□□□□云城厢虞侯兼御史大夫。是时五马初临，百城未肃，乃有神将直□□□□□/□□府君奋威拒敌，视死如归，戈春逆竖之喉，剑断狂童之颈。果擒□□□□□□/□府君之勇之功亦可尚矣。至光化二年夏五月，转左押衙权知子城使，□□□□□□/开平二年春三月，再转南城巡检使。黾勉从事，启塞顺时，不敢告□□□□□□□□/国子祭酒。其年复领海门防遏使，无往不利，允当则

* 崔世平，男，1979 年生，暨南大学历史学系副教授，主要研究方向：隋唐五代考古。刘颖丝，女，1996 年生，暨南大学历史学系硕士研究生，主要研究方向：历史地理学。

归。至于开平五岁□□□□□□/迁，及乎良牧云亡，嗣子继位。府君又辛勤戮力，缱绻一心，公平可称，风□□□□□/屈平，慕膻合亲于帝舜，遂则脱身虎口，归□龙颜。国王乃□□□□□□□□/哉。与众弃之，彼何人也。衔愤既雪，荷宠若惊。即乾化二年，授节度押衙□□□□□□/常侍。既显貂冠之贵，又专雄堞之权。道之将行，事无不济。其五年，加□□□□□/实谓当仁。至贞明四年，复转刑部尚书。落落良林，宜资广厦；堂堂□□□/□□□□□/两耀。大建雄国，克壮丕图，莫不内姓选于亲，外姓选于旧。即□□□□□/□□□□/再媾国姻，别加天眷。龙德二年首夏，迁随使押衙、金紫光禄大夫□□□□□/□恩，又转左押衙兼左仆射，联偏雨露，重沓丝纶。自祖亲□□□□□□□□/□荣。又自其年，恰当中夏，别承圣旨，出镇华亭，分国之忧□□□□□之□□□□□/□□纠绥得所，人怀畏爱，境绝逋逃，遂有政声，潜达□听。母归□□□□□□□/□□授苏州别驾，□归镇务，大冶人心。事既到头，荣亦知足，遂抗章□□□□□□□/□□遇尧洪大涨，禹力不支，因副急征，得去本任。已还□开门□□□□□□□/□□呜呼，风灯易灭，年命如斯，朝露难停，人生若此，□□□/□□□□□□□□/□官舍，享年六十有三。我圣上恩加勤奋，念及亲姻，有□□□□/□□□□□□□□□□□/□□□令公台泽侍中钧慈，各有送沾，莫□□□□□□/于人间生亦荣矣。其年九月十有八日归灵于安国县唐□□□□□□□□/渤海骆氏夫人，前台牧骆圆太傅女弟也，先一年即世。府君□□□/□□□生益彰先见，松罗有托，果谐同穴之期，琴瑟相和□负书□□□□□/□□以久矣。次曰彦怡，节度正十将充亲从军将兼监察御史，娶妇罗氏，有女□□

□□□□/节度散十将。其次曰彦升，懿父慈子孝，续莫大焉，兄友弟恭，咸和□□□□□/□□□保家之主。有女三人：长妻周氏，早年殂落；次适陈舍，近岁孀□□□□□□/□□宅使左右上直都指挥使金紫光禄大夫检校尚书左仆射兼□□□□□□□□/帝子金柯，糅德温恭，常重于妇。公及期幽显相殊，感伤□□□□□□□□□/昔莫问周旋。府君昆仲三人：兄曰瑜，弟曰琪，次曰建辉。雁序联荣□□□□□/府君相熟，睹胤子来情，既堕泪以请铭，为濡毫而述□□□□□/□□□□□□□□□/

天产哲人，时推伟德，生自帝乡，荣承国戚，洞晓风云，备谙□□。/狂童作孽，列士挟辀，以德报德，虽休勿休，成功遂事，嫉恶如□。/雄堞是司，貂冠擅宠，力功匡扶，术精擒□，八座双转，二揆重□。/自离厥任，已涉暮年，女尽从人，男皆及事，举族之荣，平生之□。/命如朝露何几几，身似浮云今已已，翠琰书传当代名。

（二）骆氏夫人墓志

大吴越国渤海郡县君骆氏夫人□□/

县君夫人曾祖讳深，祖讳昌，前杭州□□□□。/县君夫人惠蕴和风，玉标清德，显母□□□□彰，崔氏之芳猷益振，如以族传□□□□/价，分符千里，位列百城，显刘瑎□□□□□崇□向以德风，遂求秦晋之□□□□□/金紫光禄大夫检校尚书左仆射□州□□□/国之深谋□□君之大节□节□□□/帝王之乡国□祖祢之□□□□□/渥恩，累超官秩□□□□□□□□□□/骆氏县君诞生贤女□□/圣上择姻，皇情选懿，连翩□□□□□/王亲显庆而家山荣盛比谓□□□□□□□/司空宠践郡符别迎□□□□□□□□/征启佛永补而不佑。遂窆之□□□□□/钱唐县钱唐乡之官舍，享年六十□□□□□/次曰彦怡，节度正十将，系列朝□□□□/虽未在朝，尽沾官爵。幼曰彦□□□□□/文学周氏，前四载早亡。次适都虞侯□□□□/皇子、大明宫使、金紫光禄大夫检□□□□□/妇。有女孙伴姐，男孙宁儿、兴儿□□□□□/安厝于安国县唐兴乡之 旧 地□□□□□/□夜山无依□初忝□□□□□□□□/□命余述其铭，文拙词幽，难□□□□□□/□乡□嘉献□□□□□□/铭曰/道□□柔，义同生死。/贞姿玉□，积德□□。/门族□ 高，□□□□。/凋落而□，一□□□。

二　童瑜的生平与吴越国北部边疆

发掘报告指出 M1 的墓主姓童，字莹之，名已磨损不存。细看拓片，墓主名虽已磨损，但仍存有左半边斜玉旁之"王"和右半边上部之"人"，仅缺损右半边下部，推测当为瑜、玠、珍、珞、玢等字中的一个。而墓志又云"府君昆仲三人：兄曰瑜，弟曰琪，次曰建辉"，则可以确定墓主名瑜，是兄弟三人中的兄长。"瑜"意为美玉，与墓主的字"莹之"之意正相符。

墓主童瑜与其妻骆夫人，史书均未载。由志文"洎吴越称霸，贤臣尽出于锦乡……府君其人也"，可推知童瑜出自临安县衣锦乡，与吴越国王钱镠同乡。从其祖、父辈做过州县地方官吏来看，童氏应属于有实力的地方家族。童瑜曾任节度正兵马使、银青光禄大夫等职，钱镠"大定全吴"后，选旧功臣"出提郡印"，童瑜作为这位功臣的"良佐"，任"城厢虞候兼御史大夫"。

"大定全吴"，即平定苏州地区。按墓志叙述，钱镠"大定全吴"的时间在唐昭宗光化二年（899）之前。乾宁二年（895）二月辛卯，董昌在越州称帝，钱镠奉旨攻打越州，董昌求救于淮南杨行密，杨行密趁机派台濛夺取苏州，俘虏了吴越国的苏州守将成及。钱镠平定越州之后，命顾全武率领武勇都夺回苏州及

其所属城邑。"（光化元年九月）顾全武攻苏州，城中及援兵食皆尽，甲申，淮南所署苏州刺史台濛弃城走，援兵亦遁。全武克苏州，追败周本等于望亭。独秦裴守昆山不下，全武帅万余人攻之……益兵攻城，引水灌之，城坏，食尽，裴乃降"[3]。

当淮南兵围嘉兴时，嘉兴都将曹圭率兵环城固守二十个月，最终等到解围。在顾全武攻下苏州后，"（乾宁五年）冬闰十月，王以嘉兴都将曹圭权苏州制置使，寻命为本州刺史"[4]。《资治通鉴》卷二百六十一也载："闰月，钱镠以其将曹圭为苏州制置使。"[5] 而据《十国春秋》卷八十四《曹圭传》："天宝初（吴越国纪年，908 年），淮南兵复围姑苏，会正月望夜，圭及师鲁等盛陈烧灯之席，凡贼俘颂系者悉纵观之，以示从容。"[6] 说明当时苏州刺史仍是曹圭。可知"大定全吴"之后，钱镠就一直以曹圭担任苏州制置使、苏州刺史，童瑜应当就是跟随曹圭来到苏州，先任城厢虞候兼御史大夫，后因"奋威拒敌"之功，于光化二年（899）五月转任左押衙权知子城使，开平二年（908）三月又转任南城巡检使，先后负责子城、南城（即子城之外的大城，又称郭城，因位于子城之南，故称南城）的防卫、巡检事务。开平二年九月吴国周本、吕师造攻打苏州时，童瑜任南城巡检使刚半年，他应当也参与了守城抵抗。曹圭以善于守城著称，取得了嘉兴守卫战和苏州守卫战的胜利，童瑜在其麾下负责守城和巡检，也是守城的军事专家。

开平五年（911）后，"及乎良牧云亡，嗣子继位"。前揭《十国春秋·曹圭传》载曹圭"以浙西营田副使、检校太傅终于苏州"，但未详其去世年月，由童瑜墓志可知曹圭死于开平五年之后。曹圭之子曹仲达，"累授台、处二州刺史。文穆王立，命仲达权知政事，及建国，拜丞相，与沈崧、皮光业同秉国钧。忠献王即王位，仲达复摄行军府事"[7]。《十国春秋·曹仲达传》中提到他曾任台、处二州刺史，但未提及他继任苏州刺史。《吴越备史》卷一载：（乾化三年，即 913 年）"十二月，王命子传璙权苏州刺史。"[8] 从曹圭死后到乾化三年钱元璙权苏州刺

史之间的这段时期，为保持苏州稳定，苏州刺史应是由曹仲达继任的。可能曹仲达任苏州刺史的时间较短，随即转迁他州，故不见载，墓志可补史书之阙。

开平二年之后童瑜经过一次转迁，具体职务不明，仅知兼国子祭酒。同年，复领海门防遏使。既然童瑜直到开平五年仍在曹圭麾下效力，则可知他所领的海门防遏使也应归苏州刺史管辖。

《资治通鉴》卷二百七十载："（后梁贞明五年）秋，七月，吴越王镠遣钱传瓘将兵三万攻吴常州，徐温帅诸将拒之，右雄武统军陈璋以水军下海门出其后。壬申，战于无锡。"胡注曰："海门在今通州东海门县界，大江至此入海，遵海东南则太湖入海之口，舟行由此入太湖，可以达常州之东洲。"[9] 贞明五年（919）三月，"（钱）镠以节度副大使传瓘为诸军都指挥使，帅战舰五百艘，自东洲击吴"[10]，走的也是这条水路，即由常州东洲出海，然后由海门溯江而上。长江入海口有沙洲曰东布洲，又名东洲（与常州之东洲不同），后周显德中在此置海门县。《太平寰宇记》卷一百三十《淮南道八》载："本东洲镇，因洲升为海门县。"[11]《舆地广记》卷二十："海门县，本海陵之东境，周显德中置。"[12] 东洲控遏长江入海口，是名副其实的"海门"，吴越国的海门防遏使应即驻扎在此。开平五年（911）前，吴越国已设海门防遏使，而贞明五年（919）杨吴水军仍能下海门绕道入太湖，海门防遏使并没有发挥应有的作用。

志云"脱身虎口，归□龙颜"，又云"衔愤既雪，荷宠若惊"，似乎暗示童瑜可能受到某种挫折，但最终回到杭州，面见钱镠。次年即乾化二年（912），童瑜依然被授予节度押衙等职务，"又专雄堞之权"。从他此前和此后均任职苏州地区的情况看，这次任职之所可能仍是苏州或者隶属于苏州的某城。

乾化三年（913）钱元璙权苏州刺史。同光二年（924），"十一月，升苏州为中吴军，制授镇东军节度、检校太保兼中书令、大彭郡侯王子传璙充中吴军节度使"[13]。似乎钱元璙是同光二年才成为中吴军节度使。但朱玉龙《五代十国方镇年表》"苏州"条载："中吴军节度使、苏州刺史，后梁贞明初置。"又引《永乐大典》卷二三六九《苏州府志·牧守题名》曰："贞明三年三月，加官勋阶，以镇东节度副大使、江南管内都招讨、建武军节度、岭南道观察处置等使、检校太傅、守侍中、知苏州中吴军军州事、行邕州刺史系衔。"[14] 表明后梁贞明三年时已经有了中吴军，后唐同光二年之授可能是新朝重新确认。钱元璙从乾化三年（913）担任苏州刺史，贞明初升为中吴军节度使，任职至天福七年去世；其子钱文奉继任，直到宋开宝二年（969）去世[15]。

龙德二年（922），童瑜迁随使押衙、金紫光禄大夫，又转左押衙兼左仆射，随后于某年中夏出镇华亭县，"遂有政声"，后又授苏州别驾，逐渐从军职转为地方官员。随使，一般指跟随使者或节度使、观察使的官员。从童瑜出镇华亭和任苏州别驾的经历来看，他仕途后期依然没有离开苏州地区，因此，他任随使押衙和左押衙也应是在中吴军节度使钱元璙的使府中。

至此，我们对墓主童瑜的仕宦经历已经有了比较清晰的了解。童瑜先后追随曹圭、曹仲达父子和钱元璙，一生主要的军事政治活动都在苏州地区，是守卫和治理吴越国北部边疆的功臣。

《读史方舆纪要》卷二十四《苏州府》形容苏州之军事地理曰："唐末吴越与淮南争苏州，累战而后定，盖得苏州则三江、五湖可以为限，不然钱塘其能一日安乎？《防险说》：'吴郡越江而北可以并有淮南，涉海而南可以兼取明、越，泝江而上可以包举昇、润，渡湖而前可以捷出苕、浙。夫浙西为赋财渊薮，而吴郡又为浙西都会，天下大计，安可不以吴郡为先务哉？'"[16] 对吴和吴越两国来说，苏州地区都是边疆，是防卫核心地区或进一步扩张领土的前沿阵地，所以杨行密和钱镠曾经反复争夺苏州[17]。作为吴越国的北部边疆，苏州对吴越国有特殊意义。首先，占有苏州，能防止淮南军队由北向南进攻吴越腹地。其次，控制苏州和海门，可保障吴越国向中原朝贡海道的安全。贞明四年（918）十一月，徐温派刘信攻下虔州。"先是，吴越王镠常自虔州入贡，至是道绝，始自海道出登、莱，抵大梁"[18]。当然，苏州地区经济繁荣，对吴越国的财赋收入也非常重要。吴越国镇守苏州的大臣，前有曹圭、曹仲达父子，后有钱元璙、钱文奉父子。父子相继，应该是为了以人事的稳定保证军事政治的稳定。童瑜长期任职于苏州，也是这一政策的反映。

三　童氏家族的婚姻网络

据童瑜墓志，骆夫人为"前台牧骆圆太傅女弟"。《新唐书》、《资治通鉴》、《吴越备史》、《十国春秋》诸书皆载有骆团事迹，大致相同。骆团与钱镠一样，原来是董昌部下，属于杭州地区民间团练武装八都兵的军事首领。在平定刘汉宏之役中，骆团担任遏后使。《十国春秋》卷七十七："（光启）二年春正月，镠谓董昌曰：'除恶务去根本，不尔当为后患。愿以全师讨汉宏。'即日，以诸都兵马使阮结守梅市，监阵使钱爽守双童，遏后使骆团守平水，降将使章可周、唐晟、王公备等守兰头，江海游奕使崔则守羊石。"[19]

乾宁二年二月，董昌在越州称帝，钱镠率诸州兵围攻越州，董昌致犒师钱二百万和首谋者吴瑶及巫觋数人送于钱镠，钱镠引兵还。"时越州都指挥使马绰、指挥使骆团出降"[20]。六月，钱镠奉诏再次讨伐董昌，克越州郭城，董昌退保牙城。钱镠派骆团诱降董昌，已而杀之。《资治通鉴》卷二百六十"昭宗乾宁三年"载："戊戌，镠遣昌故将骆团绐昌云：'奉诏，令大王致仕归临安。'昌乃送牌印，出居清道坊。己亥，全武遣武勇都监使吴璋以舟载昌如杭州，至小江南，斩之，并其家三百余人，宰相李邈、蒋瑰以下百余人。"[21]

宋人陈耆卿所撰台州地方志《赤城志》卷四十《辨误门》载："今《壁记》载杜雄中和三年到任，至乾宁四年方称骆团继之。"[22]即《壁记》称乾宁四年骆团继台州刺史杜雄之任。而《十国春秋》卷七十七《吴越世家》载："（乾宁五年）春正月，王以越州指挥使骆团为台州制置使。"[23]可能骆团在钱镠平定董昌后，继续任越州指挥使，两年后被调任台

州，也像曹圭一样，先任制置使，然后升任刺史。虽然两种记载的时间相差一年，但骆团官职与骆夫人墓志所称"前台牧骆圆太傅"相符，可见骆夫人之兄骆圆就是史籍中的骆团，团、圆形意皆近而混。

综合两方墓志，可知童瑜夫妇应有三子三女。长子可能早亡，次子名彦怡，任节度正十将充亲从军将，另一子名彦升。有女三人，长妻周氏，次适陈舍，第三女嫁给了某钱氏王子，即所谓"再媾国姻，别加天眷"，"圣上择姻，皇情选懿"。因童瑜墓志将此婚事系于龙德二年之后，可知该王子是钱镠之子，骆夫人墓志称其为"皇子、大明宫使"。这并非童氏第一次与钱氏联姻。《吴越备史》卷一：武肃王钱镠"曾祖妣童氏，追封齐国太夫人"[24]。《吴越备史》卷一：（同光二年）"二月癸卯，金吾卫大将军置同正员、检校司空、明州刺史王子传瓘卒。瓘，王第八子也，母济南郡夫人童氏。"[25]钱镠之曾祖母为齐国太夫人童氏，钱镠本人娶济南郡夫人童氏，又为一子娶童瑜之女，可见童氏与钱氏同出一乡，三代联姻，渊源深厚。最初钱氏的婚姻圈应该是临安、杭州附近地方的豪族。如与骆团同时从越州归降钱镠的马绰，"余杭人也……初与武肃王俱事董昌……徐、许之乱，绰有发悬门功，武肃王遂命文穆王纳绰女，是为恭穆夫人"[26]。钱氏建国后子嗣众多，婚姻圈跨出乡里，扩大到需要拉拢的功勋人物，乃至为了政治目的与杨吴和中原王朝联姻。如曹圭之子曹仲达，本为歙州人，生于临平，与曹圭在苏州居住，"已而道过钱塘，武肃王奇其貌，遂以王妹俪焉"[27]。

童瑜墓志曰："昔汉楚争雄，良辅咸兴于丰邑；洎吴越称霸，贤臣尽出于锦乡。"将吴越国的锦乡贤臣比作汉高祖的丰沛故臣，应当是当时吴越国流行的一种观念，所以墓志撰者信手引来。童氏与钱氏、骆氏的联姻关系，实际上是吴越国地方豪族婚姻网络的一个缩影。这种错综复杂的乡里婚姻网络，对维护吴越国统治集团内部的团结和稳定有重要意义。乡里关系加上复杂的联姻网络，增强了吴越国核心统治集团的凝聚力。

综合两墓志，童瑜生卒年不明，骆夫人先童瑜一年即世，"遂窆之□□□□□钱唐县钱唐乡之官舍"，后安厝于安国县唐兴乡之旧地。因墓志文字残损，骆夫人如何窆之官舍难以理解，推测她卒于钱唐县之官舍后，临时停丧或权厝，一年后丈夫童瑜去世，遂与之合葬于安国县唐兴乡旧茔，即今临安市锦城街道青柯村之墓地。五代吴越国时，钱唐县与钱江县同为杭州治所，骆氏晚年应与子孙居住在杭州。据考古报告，两墓的墓砖上都有"丙戌"字样，五代吴越国时期"丙戌"年为后唐天成元年（926）。墓砖可能是建墓时才临时烧造，故墓葬的建造年代应为926年，而童瑜可能也是这一年去世的。

童瑜墓与骆夫人墓结构基本相同，均为前后双室带多耳室的船形砖室墓，前室西侧的浅龛中放置墓志。这种船形墓在五代吴越国地区特别流行，是具有地域特色和地方传统的墓葬形制。目前发现的船形墓基本都与吴越国王室或功臣有关[28]，童瑜夫妇墓的发现，为这一葬俗又增添了一个例证。

注释：

［1］浙江省文物考古研究所、杭州市文物考古研究所、临安市文物馆：《临安青柯五代墓葬发掘报告》，收入浙江省文物考古研究所等《晚唐钱宽夫妇墓》，文物出版社2012年，第118页。

［2］"守尚书吏部"五字位于墓志第二行末尾，应为插入第一行之后的内容，也可能是为了使"河南童府君墓志铭"八字位于行首故意为之。

［3］〔宋〕司马光编著，〔元〕胡三省音注：《资治通鉴》卷二百六十一，中华书局1956年，第8517—8518页。

［4］〔清〕吴任臣撰，徐敏霞、周莹点校：《十国春秋》卷七十七《吴越世家》，中华书局1983年，第1063页。

［5］《资治通鉴》卷二百六十一，第8519页。

［6］《十国春秋》卷八十四《曹圭传》，第1230页。

［7］《十国春秋》卷八十六《曹仲达传》，第1247页。

［8］〔宋〕钱俨：《吴越备史》卷一《武肃王》，《五代史书汇编》第十册，杭州出版社2004年，第6208页。

［9］《资治通鉴》卷二百七十，第8846页。

［10］《资治通鉴》，卷二百七十，第8843页。

［11］〔宋〕乐史撰、王文楚等点校：《太平寰宇记》卷一百三十，中华书局2007年，第2568页。

［12］〔宋〕欧阳忞撰、李勇先、王小红校注：《舆地广记》卷二十《淮南东路》，四川大学出版社2003年，第591页。

［13］《吴越备史》卷一《武肃王》，同光二年十一月条，《五代史书汇编》第十册，杭州出版社2004年，第6213页。

［14］朱玉龙编著：《五代十国方镇年表》，中华书局1997年，第517页。

［15］《十国春秋》卷八十三《钱元璙传附文奉传》，第1197页。

［16］《读史方舆纪要》，中华书局2005年，第1156页。

［17］关于杨吴与吴越对苏州的争夺，何勇强《钱氏吴越国史论稿》（浙江大学出版社2002年）、胡耀飞《唐宋之际苏州军政史研究》（《苏州文博论丛》第4辑，文物出版社2013年）等有较多论述。

［18］《资治通鉴》卷二百七十，第8836页。

［19］《十国春秋》卷七十七《吴越世家》，第1049页。

［20］《吴越备史》卷一，第6183页。

［21］《资治通鉴》卷二百六十，第8488页。

［22］〔宋〕陈耆卿：《赤城志》，文津阁《四库全书》，商务印书馆2005年，第165册，第729页。

［23］《十国春秋》卷七十七《吴越世家》，第1063页。

［24］《吴越备史》卷一，第6171页。

［25］《吴越备史》卷一，第 6213 页。

［26］《十国春秋》卷八十四《马绰传》，第 1226 页。

［27］《十国春秋》卷八十六《曹仲达传》，第 1247 页。

［28］相关研究有张玉兰《晚唐五代钱氏家族墓葬初步研究》，《东南文化》2005 年第 5 期；郑以墨《五代吴越国墓葬制度研究》，《东南文化》2010 年第 4 期；陈元甫《五代吴越王室贵族墓葬形制等级制度探析》，《东南文化》2013 年第 4 期等。

新出张敬舆墓志与唐玄宗时史事发微

王庆昱（陕西师范大学人文社会科学高等研究院）

内容摘要：张敬舆事迹不见于史书记载，其墓志的出土提供了新的材料。通过对张敬舆墓志的解读，大致了解了其家族世系等相关情况，同时张敬舆的仕宦生涯，也为我们展现了盛唐时期官员升迁的典型案例。张敬舆墓志的出土，不仅可以补充其家族相关情况，也有助于补充史阙。

关键词：墓志　刺史　文官　迁转

《洛阳流散唐代墓志汇编续集》收录有唐玄宗时期张敬舆墓志一盒，根据描述可知墓志长、宽均为97.5厘米，志文35行，满行36字[1]。志主张敬舆不见于传世史书记载，然其以宿卫获得入仕资历，最终跻身于高层文官行列。可以说张敬舆的仕宦生涯，在唐代属于成功的一类。根据志文记载来看，张敬舆家族在初唐为世家大族，仕宦显赫，但是不见于史书记载。因而张敬舆墓志的出土，为我们了解唐玄宗时期的一般士人的仕宦经历，提供了新的材料，同时张敬舆墓志的出土，在一定程度上也起到补充传世史书记载之缺，为研究方便，以《洛阳流散唐代墓志汇编续集》的录文为基础，抄录如下[2]：

大唐故义王傅南阳张府君墓志铭并序
礼部尚书席豫撰
左拾遗席巽书
公讳敬舆，字敬舆，南阳西鄂人也。轩辕之胄，有文在手，左弓右长，以字成张，因得其姓焉。后因官太原，又为祁人也。高祖伯珍，唐朝佐命功臣，开府仪同三司。曾祖伟度，屯田郎中、东莱太守。当拨乱之际，方识忠良；处承平之时，尤推政绩，唐实录载矣。祖万顷，晋陵郡别驾。考景慎，侍亲不仕。庞统高才，终闻展骥；曾参至行，本自因心。考妣赵郡李氏，父玄素，通川郡石鼓县令。胄实参华，道不偶俗。安卑下位，为时所嗟。公弱不好弄，髫年知礼。专经下帷，升堂入奥。宿卫附学，孝廉擢第解褐，判登甲科。授丹阳郡曲阿主簿，四载升进，改魏郡昌乐尉。三载以清白迁京兆府云阳尉。又以才能理剧，锥不处囊。制摄长安尉。又以离宫改葺，使奏判官。有功迁河清县丞。未几以府君寝瘵弥留，辞官侍疾。居家二载，丁府君忧。号泣无时，哀毁逾制。服阕，补益府兵曹掾，时本府长史兼采访使窦怀贞坐啸推贤，辂轩藉佐，以能见用，分按巴梁。课奏第一，拜监察御史。无何，以使主谴累，贬益府仓曹。未上，改广陵郡江都县令。弦歌周月，邑人大理，复拜监察御史。岂唯直指无回，抑乃方书见用，迁殿中侍御史兼东京留台。铁冠埋轮，则豺狼当路；绣衣持斧，则朝廷侧目。迁户部员外，转本司郎中，遂委公董逋逃勾隐没。能声甚著，迁左司郎中。皇上以神州务殷、赤县难理，亲择茂宰，遂迁洛阳令。公乃革故弊，创新术，奸人敛迹，豪右折首，迁光禄少卿。且虞卿再征，三珪遽执；马安四至，九棘坐迁。除济阴郡太守，改江陵郡长史，转清河郡太守。或邑居齐鲁，入礼义之乡；或地处荆蛮，当枭离之俗。公乃随事设教，观风为法。其俗不觉而易，其政不严而理。爰因会计，献括户、安人策数条。圣上美之，编诸恒典，遂见征用，迁户部侍郎。属江汉无年，黎人乏食，委公为赈给使，复除江陵郡长史。下车数日，又以公学行通深，迁太子右庶子。在官二载，又以分忧寄重，除绛郡太守、荥阳太守。凡履历台省，中外递迁。五十余年廿五政，美声善迹，不可胜纪。理绛郡、荥阳郡，犹江陵、清河也。且卓茂以德化见求，邓彪以才名获用，遂迁义王傅。于是西园雅宴，正陪飞盖之乐；东逝驰波，屡有阆川之欢。常愿避荣去职，有慕挂冠。辞老频有诚请，天心允从。遂遇疾以天宝三载九月十一日薨于河南府河南县道德里私第，春秋七十有九。呜呼哀哉！公蕴德怀才，秉忠行孝。及襄帷侯服，步玉礼闱。遥思顾复之慈，愿展哀荣之赠。表章频请，神鉴未回。或甘露降于邑中，灵芝生于舍下。福应若此，余可知焉。夫人颍川陈氏，怀淑顺之仪，禀温柔之德。闺门之内，人无闲言。享年卌，先君而逝。高祖叔达，陈义阳王，唐侍中、江国公。祖贞，水部郎中。考季江，吴郡吴县令。兄义，秘书监、恒王傅。外叔祖窦怀贞，左仆射。则帝子帝孙，既贤且哲。宴会于室，则见聚星之文；遇盗于梁，遂有过庭之训。衣冠礼乐，代所钦矣。启彼旧茔，同归新穴。以天宝三载十一月廿三日祔葬于河南县梓泽乡西邙原，礼也。吴江之剑，一夕还并；潘岳之鱼，重泉再合。嗣子沚，前光禄寺丞；次子沐，平原郡蓨县令；次子溢，平原郡将陵县尉。莫不从事以忠，居家以孝。袁安之后，曰逢曰汤；杨震之胤，惟彪惟秉。咸执丧过礼，栾棘居心。投我故交，乃为铭曰：

堂堂茂族兮谔谔英贤，挺生稀代兮偶运千年，宦因忠达兮名以孝传。六典郡兮仁风扇矣，三执宪兮秋霜凛然。凡所在位，目牛无全。天道茫茫，哲人云亡。白驹何速，玄夜何长。朝发高堂，暮归窀穸。千秋万岁，音容永隔。唯有令名，存之贞石。

天宝三载岁次甲申十一月廿三日壬午建

一　家族史事考

根据志文记载："公讳敬舆，字敬舆，南阳西鄂人也。"可知志主张敬舆，出自南阳张氏。根据相关研究可知唐代张氏郡望有十三、四个，南阳张氏在唐贞观时期已经形成，开元天宝时期张氏郡望有十三个，南阳张氏位列其中[3]。实际上张敬舆的祖居地，根据志文记载："后因官太原，又为祁人也。"可知其家族出自太原。关于张氏的姓氏来源，《元和姓纂》、《新唐书·宰相世系表》都有叙述，此不赘述。

张敬舆以"遂遇疾以天宝三载九月十一日薨于河南府河南县道德里私第，春秋七十有九。"可知张敬舆卒于唐玄宗天宝三载（744），享年79岁，中国传统上记载年龄为虚岁，可知其去世时为78周岁，也就是生于唐高宗乾封元年（666）。张敬舆出自南阳张氏，但是最后其卒于洛阳，根据墓志记载"以天宝三载十一月廿三日祔葬于河南县梓泽乡西邙原，礼也。"可知最后其也葬于洛阳。冻国栋先生认为唐代旧士族迁徙有向两京集中的态势，基本上在天宝时期接近尾声[4]。根据志文记载："高祖伯珍，唐朝佐命功臣，开府仪同三司。"可知张伯珍为唐朝佐命功臣，然张伯珍不见于史书记载。志文记载张氏出自太原，然张敬舆去世以及葬地都在洛阳。故而推测其家族也当是在唐朝初年迁往两京地区。张敬舆去世于天宝初，最后又葬于洛阳，可见天宝时期其家族当已经定居洛阳，而不见其记载原来的祖居地太原。

根据志文记载："曾祖伟度，屯田郎中、东莱太守。当拨乱之际，方识忠良；处承平之时，尤推政绩，唐实录载矣。"屯田郎中为从五品上，主要执掌天下屯田之政令[5]。黄正建先生把唐代屯田分为三个阶段，第二个阶段主要是在边疆地区的军屯[6]。从"当拨乱之际，方识忠良"来看，这一时期主要是在边疆地区实行的军屯。一般我们以一代三十年来看，张伟度当生活于唐高宗时期，其担任莱州刺史也当在此时，然不见于史书记载，故而可补《唐刺史考全编》。张伟度的事迹见于唐实录，然后世并没有记载。张伟度生活于唐高宗、武则天时期，根据相关研究可知唐高宗实录先后修了四次，武则天实录修过三次，其实录到宋代时期仍有记载[7]。然两唐书都没有记载张伟度的仕宦，也许与部分实录战乱被毁以及删减等有关。

众所周知，唐高宗统治后期，武则天开始涉及朝政，唐高宗去世后，武则天实际执掌朝政，后来建立武周政权。张敬舆家族出自唐初开国勋臣，这一时期也当受到冲击。史载："太后自徐敬业之反，疑天下人多图己，又自以久专国事，且内行不正，知宗室大臣怨望，心不服，欲大诛杀以威之。"[8]我们看志文记载："祖万顷，晋陵郡别驾。考景慎，侍亲不仕。"其祖父张万顷担任常州（晋陵郡）别驾，唐代别驾的品级从四品到五品不等，但是很长一段时间里别驾都是闲散官员[9]。其父张景慎没有入仕。陈寅恪先生认为武则天当权之后，庶族地主地位上升，原来的关陇士族地位逐渐下降。从墓志来看，张敬舆家族在武则天时期，其地位处于下降的态势。虽然张景慎没有入仕，但是其夫人出自赵郡李氏，志文载："父玄素，通川郡石鼓县令。"可见李氏的父亲李玄素担任过县令，从品级上比别驾低，但是别驾一开始设置时只是作为闲置，权力不大。

张敬舆的夫人出自颖川陈氏，志文记载："夫人颖川陈氏，怀淑顺之仪，禀温柔之德。"陈氏出自南朝陈朝皇族，其家族在唐朝开国初也跻身于关陇集团上层，志文记载："高祖叔达，陈义阳王，唐侍中、江国公。祖贞，水部郎中。考季江，吴郡吴县令。兄义，秘书监、恒王傅。外叔祖窦怀贞，左仆射。"陈氏的外叔祖父是窦怀贞，窦怀贞在唐中宗时期官拜宰相。然看张敬舆家族、陈氏家族，在武则天、唐中宗时期，仕宦不显。

张敬舆有三子，根据志文记载："嗣子泏，前光禄寺丞；次子沐，平原郡蓨县令；次子溢，平原郡将陵县尉。"从其子担任官职来看，当是初入仕不久。

通过对张敬舆家族史事的简单考释，可见其家族在唐建国之时，得以跻身关陇集团上层，在唐高宗后期至唐玄宗即位之前，仕宦不显。张敬舆在唐玄宗时期，仕宦显赫，得以跻身高层文官之列，其子也都入仕，由此可见张敬舆家族为士族出身，家族仕宦较为显赫。

二 张敬舆仕宦考

张敬舆一生仕宦五十多年，其卒于天宝初，入仕当在武周政权建立之初。志文记载："宿卫附学，孝廉擢第解褐，判登甲科。"张敬舆"宿卫附学"，可见最开始其也是以"三卫"获得出身，后又参加科举考试解褐。孙正军先生认为"三卫"只是获得出身，介于官民之间[10]。吴宗国先生说唐代有荫者，再通过学馆或者科举，文武正式分途，这样升迁较快[11]。关于唐代孝廉科，学者多有讨论，龚延明先生认为唐太宗时期孝廉科为制科，一直延续到安史之乱之时[12]。平判入等在唐高宗武则天时期开始设立，吏部主持每年进行[13]。可见张敬舆以门荫入仕，后又入学馆学习，以孝廉科释褐，被吏部铨选中，以平判入等甲科，获得出身，从之后的仕宦来看，升迁还是比较快的。

张敬舆获得出身后，根据志文记载："授丹阳郡曲阿主簿，四载升进，改魏郡昌乐尉。三载以清白迁京兆府云阳尉。"县主簿从从八品上到从九品上根据县的级别不等[14]。唐代入仕之后，一般要经过四考，一年一考，才能迁转[15]。张敬舆四年由主簿升任县尉，三年之后升任云阳县尉。唐代京畿县尉地位高，一般是士人累迁之后才能担任，一般地方县尉是士人释褐后的官职[16]。魏郡也就是魏州，为大都督府。天宝时期改州为郡，张敬舆去世于天宝初，故按照当时的情况，称州为郡。云阳县为京畿县，地位较高。由此可见张敬舆入仕之后，仕宦较为顺利。我们知道京畿县与地方县的县尉人员不同，赤县有六个县尉，一般上县是两个，中下就有一个，县尉主要是分判六曹，并不是主盗贼一种职能[17]。

根据志文记载："又以才能理剧，锥不处囊。制摄长安尉。又以离宫改葺，使奏判官。有功迁河清县丞。"长安县与万年县同为赤县，一般担任赤县县尉者，未来仕途较好。张敬舆在担任云阳尉的时候，表现较好，得以担任长安尉，但不是正式担任。唐代使职大量设置，宁志新先生认为是唐代官职的缺陷提供了温床，并且认为使职具有效率高针对性强等优势[18]。可见修整离宫，张敬舆担任判官，后有功迁任县丞。张敬舆担任的当为皇朝特使判官，事闭既罢。一般都是士人担任，以后有机会迁转到更高的官位[19]。然张敬舆只是迁任为县丞，可见其担任判官当为临时性，并且时间不长。张敬舆这一时期当处于唐中宗神龙反正之后，"春，正月，壬午朔，赦天下，改元。自文明以来得罪者，非扬、豫、博三州及诸反逆魁者，咸赦除之"[20]。

根据志文记载："服阕，补益府兵曹掾，时本府长史兼采访使窦怀贞坐啸推贤，辎轩藉佐，以能见用，分按巴梁。课奏第一，拜监察御史。无何，以使主谴累，贬益府仓曹。"张敬舆在担任清河县丞时，辞官服丧，两年后担任益州都督府兵曹掾。时益州都督府长史为窦怀贞。《新唐书》载："韦后败，斩妻献其首，贬濠州司马，再徙益州长史，乃复故名。"[21]可见张敬舆担任益州都督府兵曹掾是在唐睿宗第二次在位时期。唐睿宗第二次即位后，也大赦天下，"己巳，赦天下，凡韦氏余党未施行者，咸赦之"[22]。在益州都督府兵曹掾，张敬舆考课第一，得以担任监察御史。然窦怀贞"与太平公主谋逆，既败，投水死，追戮其尸，改姓毒氏"[23]。张敬舆由于受到窦怀贞牵累，担任益州都督府仓曹参军，志文载："无何，以使主谴累，贬益府仓曹。"唐玄宗通过先天政变，铲除太平公主势力，最终得以掌握最高权力[24]。

根据志文记载："未上，改广陵郡江都县令。弦歌周月，邑人大理，复拜监察御史。"可见其没有担任益州都督府仓曹参军，而是担任江都县令，由于政绩较好，又担任监察御史，当在唐玄宗即位之初。这一时期御史台进行了改组，一改之前一部分在地方任职，一部分在中央任职的情况[25]。根据志文记载："岂唯直指无回，抑乃方书见用，迁殿中侍御史兼东京留台。铁冠埋轮，则豺狼当路；绣衣持斧，则朝廷侧目。"殿中侍御史不是由吏部铨选，一般都是长官推荐，官位虽然不高，但是职望很高，属于中层文官[26]。

担任殿中侍御史之后，张敬舆迁转至郎官，志文记载："迁户部员外，转本司郎中，遂委公董通逃勾隐没。能声甚著，迁左司郎中。"张敬舆担任户部员外郎、户部郎中、左司郎中可补《唐尚书省郎官石柱题名考》，张忱石先生据《张敬舆墓志》做了考补[27]。唐代郎官的品级不算高，员外郎六品，郎中五品，但是郎官是由皇帝除授，属于清要官，在中层文官中处于最上层，是士人愿意担任的职位[28]。郎官属于清要官，与一般地方刺史相比，士人更愿意担任郎官[29]。然张敬舆担任郎官之后，担任了洛阳县令，志文载："皇上以神州务殷、赤县难理，亲择茂宰，遂迁洛阳令。公乃革故弊，创新术，奸人敛迹，豪右折首，迁光禄少卿。"洛阳县属于赤县，并且地位仅次于长安、万年，一般都是仕宦条件最优越的士人担任[30]。并且在唐代有大批士人从郎官担任赤县县令，作为迁转官，前途也十分不错[31]。唐玄宗即位之后，就召见了京畿县令，"冬，十月，辛卯，引见京畿县令，戒以岁饥惠养黎元之意"[32]。张敬舆担任洛阳令之后，迁转为光禄少卿，很显然是不错的。由于张敬舆相关史事不见于传世史料，其担任光禄少卿的情况，也不见于《唐九卿考》，可补一则光禄少卿之缺，时间当为开元初。

在担任了光禄少卿之后，张敬舆迁转地方担任刺史。唐代州刺史是高官中最多的一个群体，也是最庞杂的群体[33]。志文载："除济阴郡太守，改江陵郡长史，转清河郡太守。"济阴郡也即曹州，张敬舆担任曹州刺史在开元中，江陵郡也即荆州，荆州是大都督府，张敬舆担任荆州大都督府长史也是荆州刺史，清河郡也即贝州，张敬舆担任贝州刺史，此三任刺史皆不见收录于《唐刺史考全编》，可补阙。

根据志文记载："圣上美之，编诸恒典，遂见征用，迁户部侍郎。属江汉无年，黎人乏食，委公为赈给使，复除江陵郡长史。下车数日，又以公学行通深，迁太子右庶子。在官二载，又以分忧寄重，除绛郡太守、荥阳太守。凡履历台省，中外递迁。"张敬舆在地方担任三任刺史后，迁转为户部侍郎。其实在唐玄宗即位之初，就十分注意京官与地方刺史的选任，"春，正月，壬申，制：'选京官有才识者除都督、刺史；都督、刺史有政迹者除京官，使出入常均，永为恒式'"[34]。根据严耕望先生的《唐仆尚丞郎表》[35]来看，张敬舆担任户部侍郎当在开元后期，据墓志可补户部侍郎一人。之后又担任赈给使、荆州刺史，可补《唐刺史考全编》。绛郡也即绛州、荥阳郡也即郑州，张敬舆先后担任两州刺史，可补《唐刺史考全编》。张敬舆先后在上州和都督府任职，赖瑞和先生认为唐代对地方刺史的任命，一方面考虑州府的地位，另一方面也考虑委派的刺史，唐代重视京师、近畿地区以及战略要州以及财赋丰厚之州[36]。从张敬舆担任的州来看，确实属于上州以及重要的都督府。最后张敬舆以诸王傅致仕，志文载："且卓茂以德化见求，邓彪以才名获用，遂迁义王傅。"

张敬舆一生历官二十五任，五十余年，最终得以跻身高层文官。张敬舆入仕正是武则天武周政权建立之时，在其前二十年的仕宦中，先后经历了神龙政变、先天政变。唐玄宗即位后，政局开始稳当，张敬舆正是在唐玄宗开元时期，逐渐从中层官员，迁转至高层，最终在天宝初以诸王傅致仕，最后辞世于洛阳。通过对张敬舆相关事迹的考察，使我们可以一窥唐玄宗统治时期的官员迁转，同时也为我们展示了一个相对比较成功的士大夫的仕宦生涯。

注释：

[1] 毛阳光：《大唐故义王傅南阳张府君墓志铭》，《洛阳流散唐代墓志汇编续集》，国家图书馆出版社 2018 年，第 324 页。

[2] 毛阳光：《大唐故义王傅南阳张府君墓志铭》，《洛阳流散唐代墓志汇编续集》，国家图书馆出版社 2018 年，第 325 页。

[3] 郭锋：《唐代士族个案研究——以吴郡、清河、范阳、敦煌张氏为中心》，厦门大学出版社 1999 年，第 46 页。

[4] 冻国栋：《中国人口史·隋唐五代时期》复旦大学出版社 2005 年，第 323 页。

[5] 〔唐〕李林甫等撰、陈仲夫校：《唐六典》卷七《工部卷》，中华书局 1992 年，第 222 页。

[6] 黄正建：《唐代前期的屯田》，《人文杂志》1985 年第 3 期。

[7] 谢贵安：《中国已佚实录研究》，上海古籍出版社 2011 年，第 82—90 页。

[8] 〔宋〕司马光：《资治通鉴》卷二〇三《则天武后垂拱二年三月条》，中华书局 2011 年，第 6553 页。

[9] 胡忠兵：《唐代府州别驾初探》，《文史杂志》2017 年第 1 期。

[10] 孙正军：《官还是民：唐代三卫补吏称"释褐"小考》，《复旦学报》（社会科学版）2013 年第 4 期。

[11] 吴宗国：《唐代科举制度研究》，北京大学出版社 2010 年，第 17 页。

[12] 龚延明：《唐孝廉科置废及其指称演变》，《历史研究》2012 年第 2 期。

[13] 吴宗国：《唐代科举制度研究》，北京大学出版社 2010 年，第 91—93 页。

[14] 〔宋〕欧阳修、宋祁：《新唐书》卷四九下《百官四下》，中华书局 1975 年，第 1318—1319 页。

[15] 王勋成：《唐代铨选与文学》，中华书局 2001 年，第 90 页。

[16] 赖瑞和：《唐代基层文官》，中华书局 2008 年，第 107 页。

[17] 赖瑞和：《唐代基层文官》，中华书局 2008 年，第 155 页。

[18] 宁志新：《唐代使职若干问题研究》，《历史研究》1999 年第 2 期。

[19] 赖瑞和：《唐代中层文官》，中华书局 2011 年，第 446—447 页。

[20] 〔宋〕司马光：《资治通鉴》卷二〇七《唐中宗神龙元年正月条》，中华书局 2011 年，第 6695 页。

[21] 〔宋〕欧阳修、宋祁：《新唐书》卷一〇九《窦怀贞传》，中华书局 1975 年，第 4100 页。

[22] 〔宋〕司马光：《资治通鉴》卷二〇九《唐睿宗景云七月己巳条》，中华书局 2011 年，第 6553 页。

[23] 〔宋〕欧阳修、宋祁：《新唐书》卷一〇九《窦怀贞传》，中华书局 1975 年，第 4101 页。

[24] 唐雯：《唐国史中的史实遮蔽与形象建构——以玄宗先天二年政变书写为中心》，《中国社会科学》2012 年第 3 期。

[25] 〔英〕崔瑞德：《剑桥隋唐史》，中国社会科学出版社 1990 年，第 318 页。

［26］赖瑞和：《唐代中层文官》，中华书局 2011 年，第 92 页。

［27］张忱石：《唐尚书省郎官石柱题名考补考》，中华书局 2018 年，第 133、147、3 页。

［28］赖瑞和：《唐代中层文官》，中华书局 2011 年，第 136—138 页。

［29］赖瑞和：《唐代中层文官》，中华书局 2011 年，第 162 页。

［30］赖瑞和：《唐代中层文官》，中华书局 2011 年，第 225 页。

［31］赖瑞和：《唐代中层文官》，中华书局 2011 年，第 233 页。

［32］〔宋〕司马光：《资治通鉴》卷二一〇《唐玄宗开元元年十月辛卯月条》，中华书局 2011 年，第 6805 页。

［33］赖瑞和：《唐州府定位和刺史的职望与选任》，《唐代高层文官》，联经出版公司 2016 年，第 473 页。

［34］〔宋〕司马光：《资治通鉴》卷二一一《唐玄宗开元二年正月条》，中华书局 2011 年，第 6812 页。

［35］严耕望：《唐仆尚丞郎表》，上海古籍出版社 2007 年，第 685—687 页。

［36］赖瑞和：《唐州府定位和刺史的职望与选任》，《唐代高层文官》，联经出版公司 2016 年，第 473 页。

唐张万顷墓志补正及其遗物

程 义 姚晨辰（苏州博物馆）

内容摘要：对张万顷墓志的考释做了新的修订，志主不是参加安史之乱的张万顷，并补充了同出的陶俑信息。

关键词：唐 墓志 张万顷 安史之乱

拙文《张万顷墓志考释》写成后曾呈诸师友请益，有师友以为这个张万顷可能不是安史之乱中全活宗室颇多的张万顷，而是另一位同名之人，后来也没再详查即刊出[1]。后偶与仇鹿鸣兄谈及，他发来两条资料，方恍然大悟，确非一人。这两条资料如下：

A《全唐文人物小传正补》：《汇编续集》天宝〇〇五、《补遗》第三辑《唐故绛州龙门县尉严府君（仁）墓志铭并序》，天宝元年十二月"前邓州内乡县令吴郡张万顷撰，吴郡张旭书"。《全唐文补编》卷四〇《恒岳题名》，天宝四载十月十六日"博陵郡诸军事守（下缺）军使张万顷"题，此则其天宝元年至四载仕历[2]。

B《全唐诗人名汇考》：《谢张法曹万顷小山暇景见忆》《旧唐书·杨慎矜传》："天宝六载十一月……二十五日，诏杨慎矜、慎余、慎名并赐自尽……使监察御史颜真卿送敕至东京，殿中侍御史崔寓引慎名，命河南法曹张万顷宣敕示之。"同书《肃宗纪》："（乾元元年十月己未）以濮州刺史张方须为广州都督、五府节度使。"《全唐文》卷三四一颜真卿《秘书省著作郎夔州都督府长史上护军颜公（勤礼）神道碑》云，颜颋"充张万顷岭南营田判官"。《册府元龟》卷七〇〇："张万顷为广州刺史，上元二年，以赃贬巫州龙溪县尉员外置。"知《旧纪》"方须"乃"万顷"之讹[3]。

墓志云："自居于吴……不坠先范，能读诗书，年廿一，明经擢第，授越州鄮县尉，转襄州襄阳县尉，征为集贤院学士，拜邓州内乡县令，改宣州溧阳县令，授义王府掾，转太府丞朝散大夫，太子洗马，又拜泗颍二州刺史，充本州防御使，又为元帅参谋。春秋七十有七，染疾而殁于越州之客舍。……既当寇难之时，乃有忠勤之效。想卿勉力，以副朕怀。……夫人吴县君，同郡陆氏。"

原考释以为"张万顷曾为两州刺史，并且在安史之乱结束后受到皇帝的嘉奖，照理不应被史官忽略，在正史中应有一定的记载。循此思路在正史和《刺史考全编》中检索，果然有一张万顷。据郁贤浩先生考证，张万顷曾于天宝十四载（755）安史之乱爆发前任博陵郡太守，十二月被安史集团任命为河南尹，至德二载（757）收复东都，因张万顷安抚百姓，全活宗枝，而被肃宗褒奖，并授以濮阳太守，乾元元年（758）改为广州都督，五府节度使，上元元年（760）因贪污被贬为巫州龙标县尉员外安置。另据《旧唐书》卷一〇五《杨慎矜传》，天宝六载（747）张万顷为河南法曹。河南府法曹参军，正七品下。在同一时间段，同一事件中出现两个同名人物，这个概率非常低。因此，我认为这两人可能是一个人。志主死于宝应元年（762），享年77，推得志主生于垂拱二年（686）。在安史之乱中有忠勤之效，受到了皇帝的嘉奖。但在安史之乱初期，志主到底有何表现，任何职，没有明确记载。在颍、泗刺史之后，又任何职？为何又死于越州客舍？墓志也未有明确交代。"

因为这两个人时代基本一致，也都经历过安史之乱，活动轨迹也有重合，所以大家就将两个张万顷混为一谈，也就导致很多难以理解的问题。李德辉也犯了同样的错误，也把吴郡张万顷和博陵军使张万顷混为一谈了。原来志主是吴郡张万顷，任博陵郡太守的是安史之乱中全活宗室的张万顷。这个张万顷曾于天宝十四载（755）安史之乱爆发前任博陵郡太守，十二月被安史集团任命为河南尹，至德二载（757）收复东都，因张万顷"安抚百姓，全活宗枝"，而被肃宗褒奖，并授以濮阳太守，乾元元年（758）改为广州都督，五府节度使，上元元年（760）因贪污被贬为巫州龙标县尉员外安置。另据《旧唐书》卷一〇五《杨慎矜传》，天宝六载（747）张万顷为河南法曹。另据《颜真卿颜勤礼碑》"颐，仁孝方正，明经大理司直，充张万顷岭南营田判官"，则张万顷例兼营田一职。志主张万顷则是吴郡张万顷，是《汇编续集》天宝〇〇五墓志的撰写人。在安史之乱中"有忠勤之效"，就是墓志中"拜泗颍二州刺史，充本州防御使，又为元帅参谋"这段经历。吴郡张万顷死于宝应元年，这时候正是广平王和郭子仪收复两京之际，他作为元帅参谋收到褒奖是应该的。唯一不解的是他为何死于越州官舍这一点？宝应元年他已经是 77 岁高龄，如果要回吴郡，沿运河水路即可到达。越州更在吴郡之南，所以死于越州官舍可能另有原因，但我们已无法考证了。

现在我们已经明白在安史之乱时期，有两个叫张万顷的人，并且都和安史之乱有关，一个是吴郡张万顷，一个是河南尹张万顷。吴郡张万顷就是志主，其经历如下：垂拱二年（686）生，二十一岁明经及第，授鄠县尉——转襄阳尉——征为集贤院学士——（天宝元年）（742）内乡县令——溧阳县令——义王府掾——太府丞——太子洗马——拜泗颍二州刺史，充本州防御使，又为元帅参谋——宝应元年（762）卒；河南尹张万顷因为没有墓志出土，所以经历就不太清楚，简单勾勒如下：开元中进士——天宝四年（745）博陵郡诸军事（据李德辉）——天宝六载（747）河南法曹——天宝十四载（755）博陵郡太守——天宝十四载十二月伪河南尹——至德二载（757）濮阳太守——乾元元年（758）广州刺史、都督，五府节度使，营田使——上元元年（760）巫州龙标县尉员外安置。这里面有个比较奇怪的问题，如果按李德辉对恒岳题名的理

解和补充，张万顷的题衔在 745 年已是博陵诸军事守（）军使张万顷，而 747 年又成了正七品的河南法曹，755 年又到了博陵郡。这显然有些不合理！查陈尚君《全唐文补编》卷四十，恒岳题名原文为："博陵郡诸军事守（下缺）军使张万顷。奉（下缺）四载十月十六日。"但李德辉径直不顾阙文，将其补为"天宝四年"。按照一般官员的迁转规律，恒岳题名的年份应该补为天宝十四载，至少缺掉了"天宝十"三字。他估计是被叛军从博陵裹挟至东都洛阳，因为他曾担任过河南法曹对洛阳情况熟悉，所以被任命为河南尹。

《全唐诗》存张万顷诗三首：其一《东溪待苏户曹不至》："洛阳城东伊水西，千花万竹使人迷。台上柳枝临岸低，门前荷叶与桥齐。日暮待君君不见，长风吹雨过青溪。"其二《登天目山下作》："去岁离秦望，今冬使楚关。泪添天目水，发变海头山。别母乌南逝，辞兄雁北还。宦游偏不乐，长为忆慈颜。"其三《送裴少府》："夕膳望东周，晨装不少留。酒中同乐事，关外越离忧。座湿秦山雨，庭寒渭水秋。何当鹰隼击，来拂故林游。"三首是一人所做，还是分属两人，还是另有其人？作者到底是吴郡张万顷，还是另一个张万顷？根据这二人的仕宦经历分析，我觉得《登天目山》是墓主的可能性比较大，因为他是吴郡人，死于越郡客舍，说明他对江浙一带比较熟悉。诗里提到秦、楚、天目山，适合他的一生经历有关。而《送裴少府》《东溪待苏户曹不至》，则是曾任伪河南尹的张万顷。洛城、东周都是东都洛阳的代称，河南尹张万顷两度为官洛阳，以诗文一派祥和的氛围推测，二诗均作于安史之乱以前。《全唐文》卷三四一所收《对举方正者判》之作者张万顷，应是墓主张万顷，可能是指"征为集贤院学士"一事。

因为吴郡张万顷墓是一个残墓，我馆工作人员赶到时只剩一个墓底了，所以没有详细的发掘记录，只抢救回了残留文物。为进一步深入，把该墓的遗物公布出来，如下：

陶俑共计约 17 件，均为红陶模制，细部再二次

刻画,可辨形制者有5件,分别是:①陶骆驼1件,残,长35,高42厘米。双峰驼,头部高昂,做嘶鸣状,背部驼一囊,前腿根部有一圈凸起的毛,蹄足,长方形踏板(图一)。②幞头胡俑1件,脚部残,高41厘米。立姿,头略抬,双手捧于胸前,高鼻深目,大耳。戴高幞头,前倾,较浑圆,身穿圆领长衫,腰束带,衣纹刻画而成(图二)。③幞头胡俑1件,一足残损,高30厘米。立姿,双手捧于胸前,高鼻深目,大嘴。戴高幞头,分瓣明显,略前倾,身穿高领长衫,腰束带,衣纹刻画而成(图三)。④幞头翻领俑1件,手部残,高30厘米。立姿,双手相叠置于身体左侧,高鼻深目,脸部圆浑。戴高幞头,前倾,身穿大翻领长衫,腰束带,衣纹深塑(图四)。⑤幞头男俑1件,残损严重,高约30厘米。立姿,双手捧于胸前,宽袍大袖,高鼻深目,幞头分瓣明显(图五)。其余12件陶俑,残损严重,已不可修复,仅仅可以看出大概轮廓,多为立姿男俑(图六至八)。

图二　男俑　　　　　　图三　男俑

图一　骆驼俑

图四　男俑　　　　　　图五　男俑

图六　男俑

图七　残俑

图八　残陶俑

这批陶俑的形制和中原地区同期陶俑非常接近，应该是北方凶肆产品。特别是这批胡俑，应该是时代较晚的一批了。因胡人而起的安史之乱，对唐帝国造成了致命的打击，因此朝野对胡人态度急剧转变，胡风开始淡出，胡俑也就慢慢被汉人俑替代了。随葬俑群按照基本的组合规律，至少应该还缺 4 件祖思祖明和当圹当野，也就是我们常见的镇墓兽和天王俑。张万顷曾任汝颍等州刺史，刺史是四品以上高官，他的葬事，在《丧葬令》里有明文规定。可惜唐令早亡佚，学者们努力恢复，基本恢复了相关条文。我依据文献和考古发现曾将《丧葬令诸明器条》复原为："诸明器，三品以上九十事，五品以上六十事，九品以上四十事。当圹、当野、祖明、（祖思）、诞马、偶人，其高（不过二尺余）；其余音声队与童仆之属，威仪服玩，各视生之品秩所有，以瓦木为之，其长率七寸。"[4]据此，这个墓的陶俑应该是 60 件，目前仅残留一半。其立俑的高度均在 30 厘米左右，这个符合《通典》"四神驼马及人不得尺余"的记载。

注释：

［1］程义：《新出唐〈张万顷墓志〉考释》，《碑林集刊》总第 17 辑，三秦出版社 2011 年。

［2］李德辉：《全唐文作者小传正补》卷四〇六张万顷条，辽海出版社 2011 年，第 462 页。

［3］陶敏：《全唐诗人名汇考》卷二三六至卷二三九钱起条，辽海出版社 2006 年，第 422 页。

［4］程义：《唐令丧葬令诸明器条复原的再探讨》，《中原文物》2012 年第 5 期。

《史记吴太伯世家疏证》序

张学锋（南京大学）

司马迁撰《史记》一百三十篇，除十《表》、八《书》外，作为人物传记的本纪、世家、列传计一百十二篇。与后世历代纪传体史书相比，司马迁在作为主权者传记的帝王《本纪》和作为个人传记的《列传》之间安排了《世家》，专门记述封建诸侯的世系。三十篇《世家》中，又大致可以分为两类：一类是西周以来传统的封建世家群体，计有吴、齐、鲁、燕等十六家，这些诸侯在春秋战国时期先后发展成割据一方的强国；另一类是从第十八篇的《外戚世家》到最后一篇的《三王世家》，记录的对象主要是西汉建国后部分恢复封建制时出现的王侯。而介于两类之间的《孔子世家》和《陈涉世家》两篇，可视为前后之间的过渡。《世家》的前十六篇与后十二篇在叙述风格上有着很大的差异。与人物形象饱满、语言丰富生动、行为充满活力的前十六篇相比，后十二篇远不够精彩。这是因为《世家》原本应该叙述封建诸侯国成长、发展、衰亡的历史，而汉代以后虽有封建之名却无封建之实，所谓的"世家"，已沦为集权制下的高级官僚群体，自身谋求发展壮大的时代已成历史。欧阳修撰《新五代史》时虽然追求古义，将十国君主列为"世家"，但这更多的是在王朝正统观念下的一种安排，其实与薛居正《旧五代史》将十国君主列为"僭伪列传"没有本质上的区别。

《吴太伯世家》是三十篇《世家》的首篇，叙述了春秋末期称霸一时的吴国的历史。司马迁将《吴太伯世家》置于《世家》的首篇，自有其道理。司马迁在《太史公自序》中给出了这一卷的写作提纲："太伯避历，江蛮是适；文武攸兴，古公王迹。阖庐弑僚，宾服荆楚；夫差克齐，子胥鸱夷；信嚭亲越，吴国既灭。嘉伯之让，作《吴世家》第一。"

不难看出，他在撰写之前已经确定了太伯奔吴、封建吴国、阖闾称霸、夫差克齐、勾践灭吴等五个重点叙述对象。可见《吴太伯世家》虽然应该是一部系统的吴国史，但司马迁选取的仅是其中的几个重要片段。至于为什么要将《吴太伯世家》置于首篇，司马迁自己也做了说明，即意在"嘉伯之让"，赞扬吴太伯、仲雍避贤让国这一足以垂范后世的义举。

而必须对这一义举做出赞扬的理由，司马迁在《吴太伯世家》卷末的"太史公曰"中也表达了出来："孔子言：'太伯可谓至德矣，三以天下让，民无得而称焉。'"可见是基于孔子的价值判断。加上"延陵季子之仁心，慕义无穷，见微而知清浊"，传说中吴王寿梦之子延陵季子的让国故事，更让司马迁在扬清抑浊的价值判断下将吴国的历史置于《世家》的首篇。

在赞扬太伯、仲雍避贤及季子让国的义举之外，还有一些因素可以考虑，如战国秦汉时期普遍流行的历史传说。《左传》哀公十三年（BC482年）七月辛丑条记述黄池会盟时，"吴晋争先。吴人曰：'于周室我为长。'晋人曰：'于姬姓我为伯。'"可见，至少在今本《左传》成书定型的战国时期，吴国为"周室之长"的说辞已经广为人们所知，而这样的说辞，必定会进入司马迁撰写《吴太伯世家》的资料范围。司马迁在《吴太伯世家》卷末的"太史公曰"中称："余读春秋古文，乃知中国之虞与荆蛮句吴兄弟也。"交代了他自己将历史传说确定为历史"真相"的文献依据，即基于"春秋古文"。

司马迁所据的古文《春秋》到底为何物，我们不得而知，或许可归为汉初以后出现的古文经系统。就现存的《春秋》及其"三传"文字来看，《春秋经》没有直接涉及太伯奔吴的内容，与吴国相关的叙述均出自《左传》。从吴国历史的整体性而言，《史记》是集大成者，之后出现的《越绝书》《吴越春秋》等文献大多以《史记》的叙述为骨干，虽然做了进一步的弥合和丰富，但基本框架和内容均未超出《史记》。

由于《史记》在中国历史文献中难以撼动的地位，传统史学在叙述吴国历史时，无一不将之奉为圭臬，并一直影响到今天的吴国历史、吴文化及江南地域文化研究。研究者之间，尤其是江南地方学者，在研究江南历史与地域文化时，百变不离其宗，均以太伯、仲雍奔吴为吴国历史的起点，就吴国的建国时间，吴国的存续时间，苏州为吴文化的发源地，甚至就太伯、仲雍奔吴的第一站，吴王陵墓寻踪，苏、锡、常、镇争抢吴文化中心地，太伯奔吴与丝绸之路，人工运河泰伯渎的开凿及其在中国大运河文化中的历史地位等等，写出了难以计数的文字。

然而，不得不说，以上的这些努力大多缺乏准确的资料依据，缺乏对先秦历史尤其是激荡的春秋历史的总体把握，相信司马迁《吴太伯世家》及后续的《越绝书》《吴越春秋》等文献中留下的都是史实，并因此囫囵吞枣，全盘接受。

夏、商、西周三代的传承，是后世意义上的王朝革命，还是军政及祭祀联盟势力的消长？长期接受西周文明熏陶的周边族群，在进入春秋以后又是如何逐步踏上文明化道路的？为什么产生齐桓公、晋文公、秦穆公、楚庄王、吴王阖闾、越王勾践这些春秋霸主的国家均位于西周文明核心区域的周边？中国古代社会又是如何遵循人类发展史的规律，从分散走向统一的？等等，这些都是先秦历史的重大课题。具体到吴国，吴人到底是一个什么样的族群？所谓的"吴国"，又是一个什么样的政体？《吴太伯世家》在叙述太伯、仲雍奔荆蛮建立句吴后，为什么只留下空白的世系，直到第十九代寿梦时才有事迹可循？为什么寿梦在春秋末期突然出现，且一反中原传统自称王号？吴国的强盛为什么又是昙花一现？等等，这些又都是吴国历史及吴文化研究中不得不回答的问题。

已故日本学者宫崎市定在七十余年前的著作中，注意到了春秋五霸各国与西周文明在制度上的差异，通过对五霸诸国与周王朝在姓氏、婚姻等制度层面上的比较分析，指出"五霸皆夷狄"。换言之，五霸诸国与周王室属于不同的系统，春秋五霸的登场，实际上就是"夷狄的文明化"过程。这一学说给我们理解中国古代社会的历史演变以及吴国历史提供了一个独到的视角。

在先进的西周文明熏陶下走向文明的过程中，尤其是在与中原诸侯交往直至争霸的过程中，身处"夷狄"的吴、越、楚、秦、齐、晋，将自己的祖先附会成中原圣王贤君的苗裔，对内更能增加自己的信心，对外则能逐渐赢得中原诸侯的认同。吴人将自己的祖先附会为"周室之长"的太伯、仲雍，一方面与吴人记忆深处的迁徙历程有关，另一方面与寿梦时期与中原诸侯交往中所受到的触发有关，尤其是与寿梦之子季札在中原各国的游历活动有关。季札是吴王寿梦第四子，在兄弟四人中最具贤名，寿梦意欲立季札为王，但季札坚决辞让，这与太伯、仲雍避贤出奔的故事如出一辙。《吴太伯世家》全文4600 余字，关于季札，司马迁就写了 1020 余字，用大量的篇幅记载了季札游历中原各国的经历，并对季札不愿为王的行为大加赞赏。可见，季札不愿为吴王之事，与太伯、仲雍让位的故事联系到一起，很可能是这场造史运动的契机。但在中原诸侯看来，吴人及吴国作为"蛮夷"的事实是难以改变的。寿梦时期还自称"孤在蛮夷，徒以椎髻为俗"，寿梦之后的几代吴王都在不断地重构自己的祖先记忆，到夫差凭军事实力与中原诸侯在黄池会盟与晋国争先时，虽已敢堂而皇之地自称"于周室我为长"，但中原诸侯依旧视其为"夷"，吴国也因"夷德轻"而遭到中原诸侯的轻视。即使如此，吴人内部"周室之长"这一祖先记忆和认同应该说已基本完成。

司马迁的史学贡献是多方面的，其中最大的一点，就是为统一的国家撰写了一部统一的历史。之所以这么说，是因为司马迁把中原地区周边的族群都视为中原王朝的分支，原本都应该是一家人。说到匈奴，司马迁说他们的祖先是夏后氏的苗裔；说到朝鲜，司马迁认定其最早的国王卫满是燕国人；说到越王勾践，司马迁将之视为大禹的苗裔；秦国和楚国则都是圣王颛顼的苗裔，齐国则是周文王之师姜子牙的子孙；讲到江南的吴国，司马迁认为是周太王长子太伯与次子仲雍建立的国家。通过对吴人、吴国族属，文化源流及吴王"夷式名"等问题的研究，我们不难发现吴人没有自己的文字，语言上也与中原截然不同；在考古学文化上，吴是南渡的淮夷，与周王室在族群血缘上并不一致。吴人、吴国的始祖传说，是在春秋这一特殊历史发展时期产生的附会。

司马迁史学中的大一统思想，其实并非是其个人的想象，相当程度上是春秋以来东亚大陆文明发生剧变、以中原华夏为中心逐渐构筑起中国文明、最终实现秦汉大一统这一历史事实的真实反映。这也正是从分散走向统一这一古代社会发展的一般轨迹。

然而，在近代考古学成立之前，人们无法怀疑《史记》《越绝书》《吴越春秋》等文献的说法。基于传统文献，囿于传统认知，很多历史真相是难以究明的，必须由我们当代人基于新的历史资料，立足于人类历史发展的基本原理来重新认识。

上文提到的新资料，主要是指遗址、墓葬、出土遗物等考古学资料。随着地下出土资料的不断涌现，相关研究的不断深入，吴人及吴国历史的真相也得以逐渐浮出水面。笔者的专业虽是汉唐考古与历史研究，但吴地作为乡邦故里，也一直是我的关注所在，因此曾不避跨界之嫌，对吴人、吴国的历史进行过思考，目前有了以下一些初步认识：（1）吴人南迁前的居地在江淮之间，是淮夷或徐夷、群舒的一支。（2）这支淮夷从居巢（今巢湖周边）附近南迁过江，经鸠兹（今芜湖）、姑熟（今当涂）、湖熟（今南京南郊），在今宁镇地区留居千余年，并由此向周边扩展，形成所谓的"湖熟文化"，因此近年来湖熟文化又被称为"先吴文化"。（3）春秋中晚期寿梦时期，逐渐走向文明的吴人，在与中原诸侯交往的同时，开始向东南发展，与太湖平原的越人邂逅，经争战、融合，实现了从吴、越分治到吴越"同气共俗"。（4）吴人迁徙的

沿途，留下了鸠兹、姑熟、湖熟及姑苏、胥山、胥江、胥河等地名，由此推测，吴人首领及核心群体所到之处或所居之都就被称为"ko-so"或"ku-su"，吴国最晚期的都城即为"姑苏"。（5）基于吴国青铜武器铭文吴王名号前常见"姑娄"（姑發）、"姑娄"（姑發）、"姑娄"（姑鮭）等可读为"ko-so"或"ku-su"的文字，推测"ko-so"或"ku-su"在指称吴都的同时或可作为吴王的姓氏。

以上诸点，都是本着历史发展的基本原理，基于历史文献和考古资料得出来的观点，尤其是第（5）点，更是本书作者程义在对苏州博物馆新入藏吴王余眜剑研究的基础上得出来的。对于我们的观点，学界、社会当然是赞否两论，但是，赞成也好，批评也好，这样的现象正是吴国历史与吴文化研究摆脱传统束缚，迎来新生的表征。

以上这些观点目前都还是初步的，零星的，想要得出更有深度的、完整的意见，目前还为时尚早，因为在这之前还有很多基础工作尚未完成，其中最重要的就是吴国史料的整合。这里所说的史料绝不止于传世的历史文献资料，更多的是考古资料。

《史记》叙述的时代，既包括《尚书》《春秋》等古典已经叙述了的古代，也包括此后整个百家争鸣的时代。吕不韦主持的《吕氏春秋》，以十二纪、八览、六论的分类方法，试图对当时所有的知识进行网罗，司马迁的设想其实与《吕氏春秋》非常接近，也是以时代和地域为经纬，写出了可称得上是百科全书的《史记》。对近代史和当代史的叙述，作为太史公，司马迁当然可以利用国家的藏书和档案，但对于久远的历史，很多资料是来自民间的传说，这些传说，经过他的搜集和筛选被编入了《史记》，因此《史记》尤其是其中的人物传记，故事性和肢体语言尤其丰富。司马迁撰写《史记》，并不像后人想象的那样他是要撰述一部历史著作，他只是采用了历史著作的形式，对自己认为值得传至后世的东西进行了忠实的记录，《吴太伯世家》的成篇亦然。对于《史记》的"甚多疏略，或有抵牾"，在新资料

出土以前，研究者只能在文献的字句上有所斟酌，至于所述内容，则无从入手。

利用新资料对历史文献展开探讨的成果近年来已出现不少，如丁晓珉《楚世家新证》、陈家宁《史记殷周秦本纪新证图补》、张志鹏《吴越史新探》、刘光《出土文献与吴越史专题研究》等年轻一代学人的著述尤其值得关注。吴国历史的研究也出现了新的局面，一些关键问题都有了深入探讨。但这些资料的集结和成果都还相对零散，利用起来有一定的困难。

本书作者程义，在考古学研究的重镇西北大学修完本科、硕博士课程，在王维坤教授的指导下以《关中地区唐代墓葬研究》获得博士学位，有着深厚的历史考古学的专业素养。又长期在张懋镕教授的指导下研习青铜器，在金文研究上也有深厚的造诣。应聘到苏州博物馆并在南京大学从事博士后合作研究阶段，接触到了较多的吴国青铜器与吴文化研究，立志钻研江南早期历史，近年来，先后发表了《苏州博物馆新入藏吴王余眜剑初探》《"姑苏"新考》《再论吴国历史的三个基本问题》《太伯奔吴诸说平议》等相关论文，在新资料的基础上，对吴人及吴国历史有了较深的认识，而《史记吴太伯世家疏证》（以下简称"《疏证》"）正是其力图将吴国历史的研究推向纵深的关键一步。

半个多世纪以来，不仅在吴越故地，在河南、陕西、山西、湖北、山东、安徽、江西等地也都发现了数量不少的与吴国历史相关的铭文铜器。近年公布的《上海博物馆藏战国楚竹书》《清华大学藏战国竹简》两批楚简，虽然不是科学的考古发掘所得，但其内容对于研究吴国历史意义重大，而长年来零星发现的简帛资料也颇有补正吴史的作用。《疏证》即在最大程度上利用了这些资料，对《吴太伯世家》所载内容进行了广泛的注释。

《疏证》首先以《吴太伯世家》原文为纲，以《春秋经》《左传》等传世文献及金文、简帛等出土文献为目，对迄今所见吴国史料进行集成。其次立"疏证"一目，对原文出现的地名、人名、史事等酌情注释；就相关问题介绍既有研究成果，并陈述作者自己的见解。因此，书名虽采用了"疏证"这一传统文献学的表述形式，但其内容已远远超出传统文献学的范畴，已然是一部吴国历史研究的"集解"。《疏证》的出版，不仅会对吴国历史及吴文化的研究，甚至对中国古代史的研究会产生巨大的推动，而且对古文献的整理工作也会产生较大的影响。

《疏证》的这种呈现形式，与传统的以书校书的文献整理成果已大不相同。以中华书局新点校本《史记·吴太伯世家》为例，新点校本与旧点校本之间几乎一字未改，足见传统的文献校勘方法已经走到了极限。另一方面，近年来出现的文献学整理新动向却非常值得关注。这一新动向就是在以书校书的基础上，将文本以外的资料也纳入文本的注释范围。这样的尝试从金子修一主编《大唐元陵仪注新释》、以窪添庆文为首的东洋文库中国古代地域史研究班编《水经注疏译注》（渭水篇上，渭水篇下，洛水、伊水篇）、李晓杰主编《水经注校笺图释》等文献整理成果中可窥一斑。这些成果在注释历史文献时，在文本之外，还吸纳了历史图片、历史地图、出土文字资料、地面文物、现场考察图文记录等，为读者呈现了一个崭新的视域。此外，东潮《〈魏书·东夷传〉的世界：邪马台国的考古学》、梁云《西垂有声：〈史记·秦本纪〉的考古学解读》更是将大量的考古出土资料活用到了历史文献的研究之中。笔者近年也在完善《建康实录》文本的基础上，力图结合六朝建康城的城市遗址、墓葬资料等地下出土遗物及地面遗存，将能够图示化的内容尽可能通过空间分布的形式呈现出来，让《建康实录》这部传世文献以一种全新的面貌展现给读者。而程义的《史记吴太伯世家疏证》，无疑是这一学术发展动向中的又一新作。

张学锋

2020年6月30日

清代明孝陵的政治象征及其地位变迁

——兼论太平天国战后的修缮保护*

董圣兰（南京大学历史学院）

内容摘要：明清鼎革之际，明孝陵成为明遗民寄托政治认同及追溯前朝记忆的符号。至清朝入关，统治者极为重视明孝陵在安抚民心及重塑新旧正统传承的重要地位，多次亲自拜谒。太平天国战争时明孝陵长期处于双方交战的前线，破坏严重。战后清政府及江南地方官积极组织善后事宜，修缮明孝陵亦在议程之内，勘估维修费用需白银20万两。然此时江南社会百废待兴，善后经费捉襟见肘，只能于极小范围内略加修整，前后仅用银750余两。战后明孝陵的修缮过程，展现出至晚清时朝廷疲于应付各类社会危机，对明孝陵的政治象征地位的重视程度明显下降。至清末，伴随资产阶级革命力量"排满"思想的发酵，明孝陵的政治象征意义再次发生转变。

关键词：清代　明孝陵　政治象征　太平天国战争修缮

明清鼎革之际明孝陵成为政权正统的象征，福王监国前亲自前往祭奠，明遗民亦将亡国别恨寄托于此。清朝入关后妥善处置明孝陵的历史定位，通过"历史化""再符号化"及"镜鉴"模式的记忆重构过程，超越满汉界限，极力靠拢儒家文化，作为异族政权逐渐汇入中华文明主流谱系，已为学界所知[1]。然以往学界较多关注明孝陵作为明太祖朱元璋的陵寝逐渐演化为政治公共空间，被各类政治团体争夺或利用，时间多为清前期，而对清中后期明孝陵的状况涉及不足。实际上太平天国战争期间明孝陵作为两方拉锯的前线阵地破坏甚大，战后清政府与地方官府组织修缮事宜，试图恢复到战前状态，终因经费不足而作罢，仅仅修整部分建筑。笔者试从官方文书、地方志、文集及其他文献资料，还原清政府于太平天国战后修缮明孝陵的历史渊源及角力过程，以冀从侧面展现出晚清时朝廷疲于应对各类社会危机，难以兼顾。

一　鼎迁礼隆：明孝陵的政治象征意义

自朱元璋入葬，明孝陵逐渐成为政治正统的象征。建文元年（1399）朔，建文帝亲诣孝陵上香，并规定"每岁圣旦、正旦、孟冬、忌辰酒果行香，清明、中元、冬至太牢致祭"，即所谓五小祭三大祭[2]。燕王朱棣靖难攻入南京，驻扎龙江，亦先谒孝陵，后即位称帝。朱棣之所以亲谒孝陵，绝不止于"瞻望钟山，仰怀陵寝"祭奠父亲，更多是昭示正统地位[3]。迁都后，明朝历代帝王除明武宗于正德十五年亲谒孝陵外均派遣诸王、大臣致祭。至明亡，福王朱由崧"展谒孝陵，祭享殿"，"江南闻变，各怀危惧，至是民忻忻有固志"[4]。祭奠孝陵对于安定民心效果显著，孝陵成为民众对近三百年明王朝的集体记忆。顺治十六年六月，郑成功亲率大军攻破镇江后祭奠明太祖与崇祯皇帝。"十五，先以吉服祭太祖，次以缟服祭先帝，色俱用白，望之如荼。祭毕，大呼高皇帝者三，将士及诸军俱泣下。"[5]然郑氏北伐南京仍以失败告终，至康熙元年（1662）永历帝被杀，反清复明势力再难与清廷抗衡，但许多士大夫甘做遗民，隐居不仕。

明遗民时常拜谒孝陵，抒发对国仇家恨的哀思，如顾炎武前后多次拜谒明孝陵，皆有诗为纪之[6]。顾炎武"念山陵一代典故，以革除之事，实录、会典并无纪述，当先朝时，又为禁地，非陵官不得入，

* 本文为2020年江苏省研究生科研创新计划人文社科项目"太平天国战后南京重建与社会变迁"（KYCX20-0016）阶段性成果。

其官于陵者，非中贵则武弁，又不能通谙国制"，仔细考察明孝陵的形制、方位，绘《孝陵图》以惠后人[7]。太仓人陆世仪于明亡后隐居讲学于桴亭书院，作《江宁谣》描述清初明孝陵的破败场景。"门阙犹存宫殿废，野翁担粪自浇蔬。天坛享殿迥成荒，牧竖樵童上下狂。拾得殿头黄瓦子，夏天权作枕头凉。酒肆茶坊处处开，迎宾馆客巧安排。不愁风雨柴薪少，自有钟陵杂树来。"[8]孝陵内宫殿大多损坏严重，部分门阙尚存，但不再是违禁圣地，樵牧毫无忌讳，多有游人前来，乃至童子随意捡取散落黄瓦权作枕头，四周酒肆茶坊随处可见。

选择仕清的部分汉族士大夫也时常借谒孝陵抒发故国异代之悲，如贰臣太仓人吴伟业《秣陵口号》："易饼市傍王殿瓦，换鱼江上孝陵柴。无端射取原头鹿，收得长生苑内牌。"[9]人们捡取殿上瓦换饼，砍伐陵中柴易鱼，也可随意射取长生苑中的鹿，凸显前朝物换星移、繁华不再。生于鼎革之后的圣人后裔孔尚任谒明孝陵作《拜明孝陵二首》，亦慨叹"酸心稍有旧臣来""萧条异代不同悲"[10]。时至康熙二十七年，早于顺治十二年中进士并授翰林院侍读的湖广黄陂人王泽弘依旧自称"垂白孤臣"，于陵前诉说"今拜孝陵唯一哭，此生难报是君恩"[11]。

清朝统治者极为重视明孝陵作为正统合法性继承的重要地位。顺治元年（1644）五月，摄政王多尔衮祭明太祖，祭文中称："流寇李自成，颠覆明室，国祚已终。予驱除逆寇，定鼎燕都。惟明乘一代之运以有天下，历数转移，如四时递禅，非独有明为然，乃天地之定数也。"[12]清廷宣称明朝亡于流寇且国祚已终，并将明太祖神牌纳入"历代帝王庙"，并于律法中加以保护，规定："历代帝王陵寝。凡历代帝王陵寝及先圣先贤忠臣烈士坟墓所在有司当按护守，不许于上樵采、耕种及牧放牛羊等畜。违者杖八十。"[13]

清朝统治者也充分认识到明孝陵是笼络江南士人的重要平台，康熙皇帝分别于康熙二十三年（1684）、二十八年（1689）、三十八年（1699）、四十四年（1705）、四十六年（1707）前后五次亲自拜

谒，以展示新政权对前朝的优待。康熙二十三年十月，康熙皇帝第一次南巡时称赞明太祖为"开创令主，功德并隆"，并谕令两江总督、江苏巡抚："督令地方各官，不时巡察，务俾守陵人役用心防护，勿致附近旗丁居民仍前践踏。所有春秋二祭，亦必虔洁举行。"[14]康熙三十八年，康熙帝第三次南巡，命修缮明孝陵，并书"治隆唐宋"匾额。雍正二年（1724）二月，寻访时任直隶正定府知府的明太祖后裔朱之琏"以承祀事"[15]。

乾隆皇帝效法其祖父，于乾隆十六年（1751）、二十二年（1757）、二十七年（1762）、三十年（1762）、四十五年（1780）、四十九年（1784）六次南巡均亲至明孝陵拜谒。乾隆十六年三月，乾隆皇帝"祭明太祖陵，行三跪九叩礼"，并题匾"开基定制"[16]。至乾隆五十年（1785），其再次谕令称赞"明太祖为一代开创之主"，并对自己历次南巡亲祭的用意加以说明："用彰隆礼胜朝之意。"[17]王焕镳《明孝陵志》论及清帝祭奠孝陵时称："清代诸帝，犹时时谒陵，或遣官祭祀，其旨意固殊焉"，已意识到清朝祭祀意图并不完全一致[18]。康熙前期政权未稳，躬谒明孝陵是确立正统地位的必要举措，安抚江南士人心态，实现与明王朝的正统交接。而乾隆时政局相对安定，清朝统治已然牢固，亲祭主要目的在于维持现有统治秩序的稳定。

清朝统治者的做法成效显著，得到江南士人的积极回应。江南丹徒人张玉书称"以当代万乘之尊，特诣胜国山陵，亲致拜奠，礼文隆渥，逾于常祀，是乃千古盛德之举"，"垂白之叟、含哺之氓，罔不感仰圣仁，至于流涕"[19]。清代著名学者赵翼、钱大昕对清帝亲祭举动称赞有加，赵翼称："圣代深仁到九幽，玉鱼金碗护林邱。……居民共说春秋节，每见祠官祀典修。"[20]钱大昕云："圣代存宽大，遗墟禁牧樵。隧无金碗出，火未玉衣烧。"[21]此举还得到后世学者的充分认可，梁启超曾论及清朝帝王"以悍挚阴险之奇才，行操纵驯扰之妙术"[22]。美国学者杜赞奇也认为："清朝皇帝在使自己被接受为合法天子方面毫无疑问获得了成功。"[23]

二 烽火围城：太平天国与明孝陵

咸丰三年（1853）一月二十八日，太平军兵临南京城下。天王洪秀全亦充分认识到明孝陵在反异族中的政治作用，随即亲率文武百官亲谒明孝陵，并宣《祭明太祖陵寝文》，如下所示。

> 不肖子孙洪秀全率领皇汉天国百官，谨祭于吾皇之灵曰：昔以汉族不幸，皇纲覆坠，乱臣贼子皆引虎、引狼以危中国，遂使大地陆沉，中原板荡。朝堂之地，行省之间，非复吾有，异族因得以盘踞。灵秀之胄，杂以腥膻，种族沦亡，二百年矣。秀全自惟凉薄，不及早除异类，慰我先灵。今藉吾皇在天之灵，默为呵护，群臣用命，百姓归心。东南各省，次第收复，谨依吾皇遗烈，定鼎金陵。秀全不肖，以体吾皇之心与天下附托之重，东南既定，指日北征，驱除异族，还我神州。上慰吾皇在天之灵，下解百姓倒悬之急，秀全等不敢不勉也。敢告。[24]

洪秀全将朱元璋视为驱逐外族的精神领袖，申诉其反清目的在于"驱除异族，还我神州"。二月初十日，太平军攻克南京，改为天京，定都于此，颁布《即位告天下诏》，明言"朕太祖高皇帝以布衣取天下"。洪秀全自称"朕以天潢嫡派"，"为中外所推，招集忠良后裔，起事粤西"[25]。此后太平天国诏书中充分利用这一政治符号，多次提及"朕祖洪武，扫荡群夷""我明朝""朕太祖高皇帝"等字眼[26]。《清史稿》中也记载洪秀全破金陵城后，随即拜谒明太祖陵，举行祀典，并颁祝词，其中有言"不肖子孙洪秀全得光复我大明先帝南部疆土，登极南京，一遵洪武元年祖制"[27]。

当然，不少学者认为洪秀全一向不赞成天地会反清复明，主张目前可见部分太平天国文献或为伪造，如《即位告天下诏》《讨满清诏》为咸丰三年天地会伪托洪秀全所作[28]，《祭明太祖陵寝文》或出于清末反清革命党人黄小配所著《洪秀全演义》[29]。关于洪秀全入金陵城后祭祀明太祖的真伪

问题，笔者将另文考证。

太平军建都后，又分兵攻占镇江、扬州，形成以天京为中心，以镇、扬为犄角，以长江为纽带的防御体系。明孝陵所在紫金山"壤结句容，为内通苏、常要道"，为双方必争之地。咸丰三年（1853），清廷钦差大臣向荣领一万人驻扎在紫金山麓，称江南大营，琦善则领兵驻扎于扬州城外为江北大营，合围南京。咸丰三年二月十八日，向荣抵达江宁县板桥，省城业已失守，随即"查看近城扎营处"，"查夏龙淳化镇一带，地势宽敞，进攻较易，兼可扼贼窜扰苏常之陆路"。随即"统兵绕从秣陵关一带，驰往东路"，"度地扎营"[30]。二十七日，清军"至距孝陵里许"，至三月初"逼至孝陵一带扎营"，周围建有多个清军营盘[31]。三月初九日，太平军"各营大炮极多"，清军抛掷火球、火罐等，双方交战场面极为惨烈。十三日四更，清军"趁月袭烧贼营"，"忽见钟山前五营一齐火起，孝陵享殿亦燃。"是日，清军攻占钟山及报恩寺太平军营[32]。

如此军事要地，太平军必然不肯放弃，双方在孝陵卫一带展开争夺战。咸丰五年（1855）末，太平军为解镇江之围，围困江南大营。至咸丰六年（1856）四月，按李秀成自述曾攻破孝陵卫满汉营寨二十余个，"独剩向帅左右数营"[33]。五月，太平军击溃江南大营，向荣败退丹阳。据同治《上江两县志》，灵谷寺僧曾掩埋"忠骨七千有奇"，"其对面散葬者千余，在寺界内，皆六年五月大营忠骸也"[34]。所掩埋尸骨身份已难以辨认，地方志编纂者亦已认识到"官耶，民耶，兵耶，贼耶，盖俱有焉"，战况之惨烈可见一斑。

是年八月，向荣病死，江南提督和春接任钦差大臣，督办江南军务。江南大营趁天京事变重整旗鼓，攻陷溧水、句容、镇江等地。张国樑率江南大营主力驻扎与紫金山孝陵卫一带，"由此转北，自龙脖、神策门、太平门、乌龙山直达江滨与水师联络，则为张玉良、周天培、冯子材三镇，连营三十五座"[35]。至咸丰十年（1860），太平军第二次攻破江南大营。自咸丰三年至十年，清军与太平军长时间

于此拉锯作战，明孝陵破坏严重，地面木结构建筑
毁坏殆尽。

据上述向荣奏折称，咸丰三年三月十三日夜清
军炮袭太平军营时，明孝陵享殿被焚毁。晚清诗人
何绍基于同治三年（1864）作《金陵杂述四十绝
句》，描述战后南京萧条破败场景，"全荒十大功臣
庙，未敢催夷到孝陵"，言太平军入城后破坏南京城
内外诸多庙宇，但并未刻意毁坏明孝陵[36]。而事后
清朝君臣却将损坏明孝陵的过失完全推卸给太平军。
咸丰四年，曾国藩率湘军奉旨剿匪，发布《讨粤匪
檄》，声讨洪秀全种种逆行："士不能诵孔子之经，
而别有所谓耶稣之说、《新约》之书，举中国数千年
礼义人伦、诗书典则，一旦扫地荡尽。……粤匪焚
郴州之学官，毁宣圣之木主，十哲两庑，狼藉满地。
嗣是所过郡县，先毁庙宇，即忠臣义士如关帝、岳
王之凛凛，亦皆污其宫室，残其身首。以至佛寺、
道院、城隍、社坛，无庙不焚，无像不灭。"[37]曾国
藩在檄文中斥责洪秀全变名教、毁祠庙，却故意遮
蔽明孝陵一节。

同治三年七月，清廷谕令曾国荃"前往明太祖
孝陵致祭"，并称"咸丰三年，贼匪窜陷江宁，曾据
向荣奏称，明陵享殿被焚"，又称"前因逆焰鸱张，
未获以时展祀，缅怀前朝陵庙，良用恻然"[38]。此
谕中，朝廷试图掩盖清军焚毁明孝陵的事实，将罪
责归于太平军。成书于同治十三年（1874）的《上
江两县志》云："癸丑之乱，享殿毁，龟亡，樵牧靡
禁，合抱之木，今皆濯濯。"[39]光绪十七年（1891），
《申报》亦言："自发逆盘踞时，将陵寝前之宫殿、
梳妆楼、朝房屋宇均被焚毁无存，即四面围墙亦俱坍
塌，仅余石人、石马站立两旁。"[40]

尽管仅太平军单方面破坏明孝陵为朝廷有意诋
毁，但明孝陵在战争中严重毁坏却是不争事实。李
鸿章四弟李蕴章之子李经达作诗描述太平天国战后
明孝陵损坏惨重，难复旧观。

> 呜呼中叶黄巾乱，围城烽火青松枯。
> 至今遗制沦消歇，悲风落日涵长榆。

石马无声缺左耳，残碑字灭苍藤纡。
揭来瞻拜一惆怅，沧桑何处询麻姑。
守陵屋败秋风破，萧然妇子黄茅居。
故宫榛莽隔城望，女墙枯树哑啼乌。
年年秋草江山绿，金陵佳气无时无。[41]

清末"维新四公子"陈三立曾作诗记述战后明
孝陵的场景。"驱车越荒城，独寻兵戈后。陂陀满新
冢，疏邪拱秀柳。……五德不代母，历数催坏久。
兴亡阅石马，舜跖亦何有。暮色合郊原，顾影循墙
走。莫问康熙碑，毁剥溷蜗蝸。"[42]两者均以缺耳石
马、少字残碑等物象描写孝陵经战争摧残之后的破
落，字里行间悲凉萧索，气氛压抑。太平天国战争
前后绵延十四年，清军与太平军长期在紫金山一带
拉锯作战，交战双方均未有意破坏，但明孝陵依然
因战火波及毁坏惨重。

三 浩劫之后：明孝陵的修缮与保护

同治三年（1864）七月十一日，湘军全面包围天
京之际，朝廷即谕令内阁派曾国荃前往明孝陵致祭。

> 江宁前明太祖陵寝，本朝每岁春秋致祭，
> 并于江宁地方官内专委一人，修理倾圮，设有
> 陵户加意防护，所以敬礼前代者，极为优渥。
> 咸丰三年，贼匪窜陷江宁，曾据向荣奏称，明
> 陵享殿被焚。前因逆焰鸱张，未获以时展祀，
> 缅怀前朝陵庙，良用恻然。现在红旗奏捷，攻
> 拔名城，地方已臻底定。而兵燹之余，庙貌倾
> 坏，若非重加缮治，殊不足以肃禋祀而昭优礼，
> 著派曾国荃前往明太祖孝陵致祭。其有应行修
> 葺之处，著曾国藩一面查明情形，迅速奏闻，
> 一面督饬地方官酌量兴修，务令完固整齐，用
> 副隆礼，胜朝有加，无已至意。[43]

上述谕令强调清朝历代均对孝陵敬护有加，却
因太平军占领南京不得按时祭祀。胜利在望之际，
祭祀并修缮明孝陵"肃禋祀而昭优礼"，为当务之
急。朝廷派浙江巡抚衔留办金陵军务曾国荃前往致
祭，命两江总督曾国藩奏报应行修缮之处，并著地

方官酌量修缮。

七月十九日，天京陷落，标志太平天国战争告终，清政府随后开展各项善后事宜。曾国藩收到谕令，一面"咨请抚院部曾亲往致祭"，一面札饬善后局"查勘倾坏情形，应如何迅速兴修，具详覆奏"[44]。嗣后曾国荃札敕金陵善后局办理致祭事宜，"所有一切祭品、祭文等件，应由该局会同江宁府查明仪式注，敬谨办理"[45]。是年九月二十日黎明，曾国荃奉诏致祭。

然善后局并没及时覆奏，曾国藩于十月十三日、十二月初三日两次催促善后局尽快勘察详报"孝陵损坏情形及勘估工料数目"，"毋得稍延"[46]。总理金陵善后局李榕会同按察使黄润昌、道台李鸿裔、带领局内委员候补官员陈栋、吴启英以及泥木工匠、守陵人等前往明孝陵查勘，并于十二月十二日向曾国藩呈报损坏情形，"旧时基址仅存台门寝门一座，其陵前之御碑亭、享殿、前后厦门、屋宇、墙垣，概行倾毁"。金陵善后局还依据不同步骤，对修缮过程有所筹划。

> 本司等悉心筹议，此项工料，应自本地造办者，以烧砖、石灰两件为大宗；应自他省采办者，以享殿梁柱为大宗，板片、木牌次之。应请札派工程局员，在于本地招集匠役，开设砖、灰二窑，如法造办。并请派员前赴湖南、江西两省，采办享殿大木及杂用板片、木牌、琉璃砖瓦等件。半年之后，各种集有成数，届时另请遴委监司大员，专驻工程局，督率兴工，仍一面收买营垒砖石，新旧间用。搬运人工，辅之以守城兵勇，应省应费，期于修理综核，因地制宜，庶收事半功倍之效。[47]

善后局把所需工料按来源分为本地造办和他省采办，并将修缮过程分为前后两期，前期主要造办或采办工料，后期选派官员驻工程局督工兴修，还计划用兵勇承担部分搬运任务，以图节省。善后局亦向曾国藩呈报估量工料数目，象形琉璃砖瓦、城砖、方砖及

各类木料估价需 16559.6 两，石料需银 8970 两，各式工匠 8 万余工，且油漆匠工，修砌殿墙、盖瓦、墁地等工，木匠工并未列入。因"金陵兵燹之后，人民初复，百物腾贵"，工匠在场丈量估算，约需银二十余万两[48]。曾国藩批复其本人估计银数为十二万两，善后局所估二十万过于浮夸，并命善后局"大加删减"，"不可任听工匠，多为铺张"[49]。后因克复初期，百废待兴，修缮明孝陵事宜因财力所限一再搁置，"拟俟修城、挑河各工完竣，再行筹办"[50]。

同治八年（1869），御碑倒塌，两江总督命金陵善后工程局派人修缮，"以昭崇敬"。候补知县朱之干前往修缮，五月二十六日竣工，工程局拨用料物值 3157 文不计总数，共支钱 140062 文[51]。按当时银钱比价 1：1750，143219 文约合纹银 81.8 两[52]。其中工钱 118750 文，采办物料钱 21312 文，工钱约占总支钱数 83%。

同治九年四月，上元县民人程长松禀请八旗营马匹"践食田禾"。旗营善后委员炳丞元会同上元县令张开祁亲至孝陵卫查看，发现"陵寝围墙倒塌，若不设法阻拦，陵寝必遭践踏"，两江总督马新贻命善后工程局派专员估算修缮费用。朱之干再次前往明孝陵考察，言："查勘明陵围墙，厚有八九尺许，倒塌缺口甚多。按照旧制，补砌工费不赀。若就围墙外口，凡倒塌处接砌二尺厚砖墙，并陵寝前面添砌塞口，墙中装粗木栅栏门一道，以资启闭，而便拦阻，约估经费需银二千金之谱。"马新贻认为并非紧要工程，"暂从缓办"。

至同治十一年十二月，江苏巡抚张树声署理两江总督批开"明陵围墙倒塌，缺口甚多，该处逼近马厂，自应赶紧酌量兴修，以咨保护"，明孝陵围墙倒塌再次提上日程[53]。此次修缮包括新造守陵住房三间、补砌外围墙、添做栅栏，以及清理甬道瓦砾、土渣，补墁砖路，竖砌御碑等，统共支用湘平银 742.749 两，除拨用物资，实支湘平银 686.479 两[54]。湘平银为晚清至民国湖南等地所用银两衡量标准，后在全国其他地区亦有使用，湘平库平比为 1：0.969。湘平银 686.479 两约合库平 665.198 两。

同治十四年（1888），据《申报》载奥匈帝国亲王曾游历南京，并在译员曹顺甫、龚佩卿陪同下"游朝天宫、明太祖陵"[55]。光绪十七年（1891），俄国太子尼古拉（即后来的尼古拉二世）来华，途经南京。清廷谕令地方官："所有应办行台，供张一切，均须从丰预备，以伸款治，而固邦交。"署理两江总督沈秉成收到命令，即刻会同江宁布政使瑞璋办理。"所需珍玩、桌几、铺垫等物，均仿西式照办外，又修帅制署戏台，轮奂一新，以便延太子在节署设宴观剧。"沈秉成思虑俄国太子或"诣皇陵游玩"，"恐不足以壮观瞻"，考虑着手修缮明孝陵。曾仰楷等人勘察后，上报："地方广阔，工程浩大，约估重修非数十万金不能竣事。即小修，亦须数万金。"沈秉成"实无巨款可筹"，只好作罢[56]。至光绪二十九年，署理两江总督张之洞祭明孝陵，上元、江宁两县知县"率人役在陵前结彩悬灯，以便恪恭将事"[57]。不过此次仅为一时装扮，并未涉及修缮事宜。

上述可见，太平天国战后修缮明孝陵的主要年份为同治八年与同治十二年，前后总支银746.998两，远低于同治三年估算二十余万两，且修缮范围甚小。民国王焕镳《明孝陵志》就此慨叹"（明孝陵）已非昔日之观"[58]。明孝陵规模及建筑不复战前，但并非朝廷主观放弃修缮与保护。宣统元年（1909）六月，两江总督端方派人制定《特别告示碑》，分别用日、德、意、英、法、俄六国文字告诫外国人游览明孝陵时切勿涂画损坏，其内容译成中文为："鉴于明孝陵内御碑及附近古迹历年破坏、毁损情况严重，端方总督大人下令树立围栏对其加以保护。游人越栏参观或可能对前述御碑及陵区古迹造成损坏之行为，一律禁绝。"[59]直至清末，朝廷及地方政府均依然以时展祭，并相继出台条规约束游人的破坏行为。

按常理，明孝陵的重建工程即得到皇帝的谕令，理应顺利开展，但是城内"凡祠庙、衙署、堤堰、桥梁之属，举煨夷之无留遗"，诸项重建接踵而至，纷繁复杂，很难兼顾。同治三年（1864）七月成立的金陵善后局承担主要的善后工作，"凡事涉抚绥安集者，皆隶焉"，经费十分紧张。"初以善后大捐为大宗"，捐款告罄后，仅"恃金扬一成善后厘捐、后湖鱼菱租等"，不敷支用。曾国藩接到修缮明孝陵上谕，先后三次札饬善后局。善后局实地勘察后，初步估计约需修缮银二十万两白银。朝廷财政极度紧缺，不得已将修缮事宜推后，此后修缮仅限于补填围墙栅栏、修建守陵人房屋等，前后花费不过库平银750两，远小于最初估算。纵而观之，太平天国战后明孝陵的修缮状况，深受社会大环境的影响，是晚清朝廷财力短缺、无力回天的生动表现。

四 结语

自朱元璋入葬，明孝陵即为正统的象征符号，在明清鼎革之际尤其明显，遗民多通过祭奠明孝陵寄托对前朝的哀思。新政权亦充分认识到明孝陵的重要象征意义，出于收拢民心、巩固政权的需要多次亲诣祭奠，宣读祭文，三跪九叩，礼遇已极。按时祭奠、及时修缮前朝陵寝，被日渐视为国家繁盛、百姓安居的象征。

太平天国兴起打破了清王朝表面上的升平局面，前后持续十四年，耗费巨大。战后朝廷极力恢复社会秩序，积极组织善后事宜，修缮明孝陵亦为规划之中。然而当时社会千疮百孔、百废待兴，善后经费严重短缺，用于其他紧要工程尚不敷用，罔论修缮前朝陵寝。即便延至多年之后，亦不过补修围墙栅栏及守陵人房屋等少量工程。晚清朝廷及地方政府难以修缮明孝陵，绝非主观意愿，而是时局所限。战后重建、洋务、新政等工程迭出，中国传统社会逐渐迈出向近代化转型的步伐，诸多尝试背后均需要巨额财力支持，而西方列强不断侵害中国权益，连年战乱，且须偿付赔款，清政府难堪重负。除财力局限外，战后明孝陵修缮艰难也与其政治象征意义日益消减息息相关。清中期以来，政权日益稳固，除天地会等极少反清组织隐藏于民间外，安抚遗民、巩固政权的需求不再，明孝陵的象征意义不复清初，朝廷的重视程度自然随之下降。

至清末，伴随资产阶级革命力量的兴起，"排满"思想日益高涨，社会离心力不断加剧，明孝陵的政治象征意义再次发生转变，成为革命党人开展革命运动的象征符号，朱元璋"扫荡胡元"成为激励革命党人的精神寄托。中华民国成立后，孙中山随即率新政府人员拜谒明孝陵，发布《祭明太祖文》《谒明太祖陵文》，向世人昭示革命党人反满革命的胜利以及新政权的政治合法性来源。

注释：

[1] 李恭忠：《康熙帝与明孝陵：关于族群征服和王朝更替的记忆重构》，《南京大学学报》2014 年第 2 期；李坚怀：《论明孝陵记忆场中的朱元璋形象建构》，《福建师范大学学报》2017 年第 3 期；罗晓翔：《神圣空间与世俗权力：孝陵与明代南京的城市政治》，《江苏社会科学》2018 年第 6 期。

[2] 《大明会典》卷九十《礼部四十八·陵坟等祀·陵寝》，《续修四库全书》第 790 册，上海古籍出版社 1995 年，第 585 页。

[3] 〔清〕徐学聚：《国朝典汇》卷七《朝端大政·陵寝》，北京大学出版社 1993 年，第 565 页。

[4] 〔清〕谈迁：《国榷》卷一百一，崇祯十七年五月戊子条，中华书局 1988 年，第 6081 页。

[5] 〔清〕计六奇：《郑成功入镇江》，《明季南略》卷十六，中华书局 1984 年，第 486 页。

[6] 〔明末清初〕顾炎武：《恭谒孝陵》《再谒孝陵》《闰五月十日恭谒孝陵》，《亭林诗集》卷二，《清代诗文集汇编》第 42 册，上海古籍出版社 2010 年，第 578、581、587 页。

[7] 〔明末清初〕顾炎武：《孝陵图有序》，《亭林诗集》，《清代诗文集汇编》第 42 册，上海古籍出版社 2010 年，第 583 页。

[8] 〔清〕陆世仪：《江宁谣》，《桴亭先生诗集》卷五，《续修四库全书》第 1398 册，上海古籍出版社 1995 年，第 587 页。

[9] 〔清〕吴伟业：《秣陵口号》，《吴诗集览》卷十二上《七言律诗二之上》，《续修四库全书》第 1397 册，上海古籍出版社 1995 年，第 68 页。

[10] 〔清〕孔尚任：《拜明孝陵》，《孔尚任诗文集》，汪蔚林编，中华书局 1962 年，第 145 页。

[11] 〔清〕王泽弘：《鹤岭山人诗集》卷七，《清代诗文集汇编》第 101 册，上海古籍出版社 2010 年，第 546 页。

[12] 《清世祖实录》卷五，顺治元年五月癸未条，《清实录》第 3 册，中华书局 1986 年，第 65 页。

[13] 《大清律例》卷十六《礼律·祭祀·祭享》，《景印文渊阁四库全书》第 672 册，台北商务印书馆 1983 年，第 620 页。

[14] 《清圣祖实录》卷一百十七，康熙二十三年十月己未条、甲子条，《清实录》第 5 册，中华书局 1986 年，第 224、227 页。

[15] 《清世宗实录》卷十六，雍正二年二月丙辰条，《清实录》第 7 册，中华书局 1986 年，第 274 页。

[16] 《清高宗实录》卷三百八十五，乾隆十六年三月壬午条，《清实录》第 14 册，中华书局 1986 年，第 58 页。

[17] 《清高宗实录》卷一千二百二十五，乾隆五十年二月壬寅条，《清实录》第 24 册，中华书局 1986 年，第 425 页。

[18] 〔民国〕王焕镳编：《明孝陵志》卷四《谒祭》，王韦等点校，南京出版社 2018 年，第 60 页。

[19] 〔清〕张玉书：《圣驾诣明太祖陵颂有序》，《张文贞公集》卷一，《清代诗文集汇编》第 159 册，上海古籍出版社 2010 年，第 388 页。

[20] 〔清〕赵翼：《题明太祖陵》，《瓯北集》卷一，《清代诗文集汇编》第 362 册，上海古籍出版社 2010 年，第 17 页。

[21] 〔清〕钱大昕：《过明孝陵》，《潜研堂诗集》卷一，《清代诗文集汇编》第 364 册，上海古籍出版社 2010 年，第 502 页。

[22] 梁启超：《新民说·论私德》，《梁启超全集》第 1 册，北京出版社 1999 年，第 715 页。

[23] （美）杜赞奇：《从民族国家拯救历史：民族主义与中国现代史研究》，王宪明等译，社会科学出版社 2003 年，第 48 页。

[24] 《祭明太祖陵寝文》，罗邕、沈祖基辑：《太平天国诗文钞》上册，商务印书馆 1931 年，第 4 页。1934 年修订本删去此文。

[25] 《即位告天下诏》，沈祖基辑：《太平天国文钞》，沈云龙主编：《近代中国史料丛刊》第 72 辑，台北：文海出版社第 86—88 页。

[26] 《讨满清诏》，沈祖基辑：《太平天国文钞》，沈云龙主编：《近代中国史料丛刊》第 72 辑，台北：文海出版社第 77—79 页。

[27] 《清史稿》卷四百七十五《列传二百六十二·洪秀全》，第 42 册，中华书局 1977 年，第 12867 页。

[28] 罗尔纲：《太平天国的文书》，《太平天国史丛考甲集》，生活·读书·新知三联书店 1981 年，第 206 页。

[29] 罗尔纲指出，"此檄见于清朝末年反清党人黄世仲著的《洪秀全演义》，大约就是黄世仲伪造来鼓吹反清革命的"。罗尔纲：《太平天国的文书》，《太平天国史丛考甲集》，生活·读书·新知三联书店 1981 年，第 203、206 页。刘浦江：《太平天国史观的历史语境解构——兼论国民党与洪杨、曾胡之间的复杂纠葛》，《近代史研究》2014 年第 2 期。

[30] 〔清〕向荣：《救援金陵迟误请旨治罪折》，咸丰三年二月二十日自丹阳发，中国史学会主编：《太平天国》第 7 册，《中国近代史资料

丛刊》，上海人民出版社 1957 年，第 70—71 页。

[31] 向荣：《连日进攻金陵获胜折》，咸丰三年三月初二日自江宁土城发，中国史学会主编：《太平天国》第 7 册，《中国近代史资料丛刊》，上海人民出版社 1957 年，第 75 页。

[32] 〔清〕向荣：《夺获钟山折》，咸丰三年三月十六日自钟山发，中国史学会主编：《太平天国》第 7 册，《中国近代史资料丛刊》，上海人民出版社 1957 年，第 89 页。

[33] 李秀成：《李秀成自述》，太平天国历史博物馆编：《太平天国文书汇编·附录》，中华书局 1979 年，第 494 页。

[34] 同治《上江两县志》卷十八《咸丰三年以来兵事月日》，《中国地方志集成》江苏府县志辑第 4 册，江苏古籍出版社 1991 年，第 395 页。

[35] 《何桂清等书札》，江苏人民出版社 1981 年，第 62 页。

[36] 〔清〕何绍基：《金陵杂述四十绝句》，《东洲草堂诗钞》卷二十六，《续修四库全书》第 1529 册，上海古籍出版社 1995 年，第 83 页。

[37] 〔清〕曾国藩：《讨粤匪檄》，《曾文正公全集》第 16 册，大达图书供应社刊行，1936 年，第 276 页。

[38] 《清穆宗实录》卷一百九，同治三年七月己酉条，《清实录》第 47 册，中华书局 1986 年，第 394 页。

[39] 同治《上江两县志》卷三《考·山·钟山》，《中国地方志集成·》江苏府县志辑第 4 册，江苏古籍出版社 1991 年，第 81 页。

[40] 《钟阜春声》，《申报》1891 年 4 月 2 日（光绪十七年二月二十四日）。

[41] 李经达：《谒明孝陵》，《滋树室遗集》，《明孝陵志》卷七《艺文》，王韦等点校，南京出版社 2018 年，第 175 页。

[42] 陈三立：《雨霁游金陵》，《散原精舍诗集》，《明孝陵志》卷七《艺文》，王韦等点校，南京出版社 2018 年，第 176 页。

[43] 《清穆宗实录》卷一百九，同治三年七月己酉条，《清实录》第 47 册，中华书局 1986 年，第 394 页。

[44] 《两江总督曾札饬江宁善后局查饬明孝陵倾坏情形如何兴修札》，同治三年九月初三日，《明孝陵志》卷五《守缮》，王韦等点校，南京出版社 2018 年，第 100 页。

[45] 《浙江巡抚留办金陵军务一等伯曾札敕金陵善后总局办理祭明陵祭品祭文》等件札，《明孝陵志》卷四《谒祭》，王韦等点校，南京出版社 2018 年，第 64 页。

[46] 《两江总督曾札催金陵善后总局估勘兴修明孝陵札》，同治三年十月十三日；《两江总督曾再札委金陵善后总局估勘兴修明孝陵札》，同治十二年初三日，《明孝陵志》卷五《守缮》，王韦等点校，南京出版社 2018 年，第 101、102 页。

[47] 《金陵善后总局禀复估勘孝陵绘具图折呈》，同治三年十二月十二日，《明孝陵志》卷五《守缮》，王韦等点校，南京出版社 2018 年，第 103 页。

[48] 《金陵善后总局禀复估勘孝陵绘具图折呈》，同治三年十二月十二日，《明孝陵志》卷五《守缮》，王韦等点校，南京出版社 2018 年，第 102—110 页。

[49] 《两江总督曾批金陵善后总局江宁布政使万启琛等统领钧字全军前浙江盐运使李榕禀估勘孝陵绘具图折呈》，同治三年十二月十六日，《明孝陵志》卷五《守缮》，王韦等点校，南京出版社 2018 年，第 110 页。

[50] 《清穆宗实录》卷一百九，同治三年七月己酉条，《清实录》第 47 册，中华书局 1986 年，第 394 页。

[51] 《金陵善后工程局咨金陵善后总局修建明陵御碑报册》，同治八年六月十七日，《明孝陵志》卷五《守缮》，王韦等点校，南京出版社 2018 年，第 111—113 页。

[52] 林满红：《嘉道钱贱现象产生原因——"钱多钱劣论"之商榷》，《中国海洋发展史论文集（五）》，台北中研院中山人文社会科学研究所，1993 年，第 359—360 页。

[53] 《金陵善后工程局咨金陵善后总局钞录禀批勘估兴修明陵围墙咨》，同治十一年十二月十九日，《明孝陵志》卷五《守缮》，王韦等点校，南京出版社 2018 年，第 113—114 页。

[54] 《善后工程局委员造呈监修明陵房屋、围墙、添做栅栏工程领用木植料物各款银钱细数清册》，同治十二年六月十三日，《明孝陵志》卷五《守缮》，王韦等点校，南京出版社 2018 年，第 115—121 页。

[55] 《江南文闻谈剩》，《申报》1888 年 9 月 21 日（光绪十四年八月十六日）。

[56] 《钟阜春声》，《申报》1891 年 4 月 2 日（光绪十七年二月二十四日）。

[57] 《白门春柳》，《申报》1903 年 3 月 1 日（光绪二十九年二月三日）。

[58] 〔民国〕王焕镳编：《明孝陵志》第五《守缮》，王韦等点校，南京出版社 2018 年，第 100 页。

[59] 《特别告示碑》，今立于明孝陵文武方门外。

东物西渐：美国俄克拉荷马城的中国瓷器

顾年茂（北京师范大学历史学院）

内容摘要： "大航海时代"以来，全球流动的物质不仅是从一个地方移动到另一个地方，而且它们是有目的地进行跨文化和跨政治边界地交换，青花瓷是东物西渐代表性物质。1885年魏特森霍夫犹太家族来到俄克拉荷马，通过经营石油等生意，成为俄克拉荷马城的富裕家族。2000年魏特森霍夫家族捐赠给俄克拉荷马大学艺术馆的藏品是克拉拉、马克斯、弗朗西丝三人特殊视觉实践的活动，他们的艺术经验与日常视觉经验密切相关，根本上是由个人、家庭与社会环境综合决定。魏特森霍夫家族藏品的展厅中，青花瓷是独具魅力的造型艺术，展现出广博深厚的中国文化，青花瓷绘表现出中国传统诗画对"意境"和自然的追求，与印象派画作、英国乔治王时代艺术风格家具交融共生，创造出清新素雅、意境深邃、中西交汇的文化场域。

关键词： 东物西渐 青花瓷 魏特森霍夫 时代之眼 中国文化

众所周知，瓷器在中国物质文化、中西文化交流中占有十分重要的地位。世界上较为综合性的博物馆几乎都藏有中国瓷器，在美国不仅东岸的纽约大都会博物馆和西岸洛杉矶盖蒂艺术中心藏有大批珍贵中国瓷器，而且在美国远离东西海岸的中部内陆州的博物馆也藏有中国瓷器。笔者交流学习的俄克拉荷马大学就藏有该州魏特森霍夫（Weitzenhoffer）犹太家族2000年捐赠的一批中国瓷器。

一 东物西渐与青花瓷

"大航海时代"以来，先前区域间的人员往来和经贸活动开始向全球拓展，人类进入了真正的"世界史"阶段[1]。亚洲与欧洲、美洲与欧洲等各区域与国家间进行了人类历史上前所未有的物质交流。近五百年来东西方物质流动大体可分为15—18世纪的1.0版贸易时期；19—20世纪的2.0版贸易时期；2001年中国加入世界贸易组织（WTO）以来东西方物质交流的第三期。2001年中国加入WTO后"中国制造"成为全球耳熟能详的词汇，无论欧洲、美洲、大洋洲、非洲，还是亚洲各领国，中国物品几乎实现了"飞入寻常百姓家"。历史上，礼物和有价值的商品不仅是从一个地方"移动"到另一个地方，有目的地从一个地方交换到另一个地方，它们是有目的地在文化和政治边界上交换[2]。"全球物质"研究极大地受益于物质文化研究领域的发展[3]，文本书籍和思想文化是理解全球时代跨文化交流的关键，但越来越多地与包括物品在内的各种其他历史材料一起进行解释。

因此，珍贵礼物或普通物品在不同政治区域与边界地大规模流动与长期地接触，表明了近现代世界不同文化间交往的一个重要方面，尤其可能有助于打破欧洲、亚洲、美洲、非洲与全球历史之间的壁垒。大航海时代后的两三百年间，中国许多物质在欧洲人眼中有着特殊的魅力。许多源自亚洲特别是中国的物品无缝地融入了欧洲的物质文化[4]。这种交流经常涉及在商业方面，事实上它们还会是东西方外交和物质文化方面的全球联系[5]。早期现代世界中边界权力的文化建构时，瓷器、茶、印花棉布、玉米、土豆、咖啡、糖等是早期现代世界帝国野心和复杂信息的连接器和载体，并成为全球价值体系谈判的工具。咖啡、瓷器、糖、印花棉布、茶叶、漆器等是突出的代表，而瓷器在1700年以前是中国所垄断的物品[6]。

16—18世纪3亿件中国瓷器流入欧洲[7]，1600年后，欧洲的各国君主从葡萄牙国王到俄罗斯沙皇都染上这种时尚——瓷疾（la maladie de porcelaine）[8]，此种瓷器风尚从国王逐渐蔓延到贵族、乡绅、富家，最后到普通民众[9]，这种中国瓷器时尚大约持续了150—200 年。随着欧洲各国瓷器厂的崛起，中国瓷在世界市场开始没落，标志性的事件是 1791 年英国东印度公司停止从中国进口大宗瓷器[10]，1788 年伦敦柯芬园上演的某出戏中有首歌唱到："无需再从中国，带进瓷器／英国瓷器，在此。"[11]文学词汇能反映出中国瓷器命运的部分史实和欧洲瓷器崛起，然而到了 19 世纪晚期仍然中国瓷器流入欧美，俄克拉荷马大学艺术馆所藏瓷器就是 19 世纪中期出口到欧美的瓷器。

中国瓷器到了欧洲除了日常生活使用外，中国瓷器装饰房间也成为一种时尚，17—18 世纪的欧洲上层社会家中陈列中国瓷器，配上乔治王时代艺术风格的家具，饰以青花，使得房间内到处垂柳青花丝穗，许多国王都有专门的瓷器陈列室或瓷宫。此种室内布置风格至今在欧美社会常常见到。其中，青花瓷以其胎质细腻，釉质滋润，白地衬以蓝色纹底，以釉下彩绘图案为装饰，给人清新素雅的美感，使得青花瓷常常作为家庭室内或公共空间的装饰品[12]。

二　俄克拉荷马州与魏特森霍夫家族

20 世纪初俄克拉荷马成为美利坚合众国的一个州。1906 年 6 月 16 日的授权法案允许俄克拉荷马成为联邦州，接着成立政府机关，1907 年 11 月 16 日第一位由民众选举的州长宣誓就职。今天的俄克拉荷马州位于美国中南部，北面是堪萨斯州、南面是德克萨斯州，东北部是密苏里州，西边新墨西哥州。俄州的东部东南部以欧扎克高原和沃希托山脉为主，南部是克萨斯州延伸的平原，北部和中部是平原，西端是德克萨斯州最北部地形狭长似煎锅手柄的锅柄平原区地延伸。四季分明、气候宜人、自然资源丰富，石油和俄克拉荷马曾长期在美国其他州看来几乎是同义词[13]，至今仍有像切萨皮克能源公司（Chesapeake Energy Corp）这样世界著名的能源公司。

1820 年代俄克拉荷马地区的矿产、石油等资源开始为人所知，但是大规模的开采是在 1872 年铁路开通后，1901 年在俄克拉荷马地区东北部的塔尔萨的红叉河（Red–Fort），开始有第一个较大规模石油商业生产加工。1905 年在塔尔萨南部 19 公里的格伦池（Glenn pool）开采石油，使得俄克拉荷马州的石油很快引起全美国的注意。很长一段时间内几乎每年在俄州都发现新的、大储量的石油[14]。

1872 年俄克拉荷马开通铁路后，伴随着资源的开发和生产，经济开始快速发展。美国全国的经济社会飞速发展，人口增长 63%，从 1870 年的 38558000 增长到 1890 年的 6300 万[15]。同一时期，德克萨斯州（俄克拉荷马的南部）从 819579 增长到 2235527，人口几乎增长了三倍；堪萨斯州（俄克拉荷马北部）人口从 356399 增长到 1428000，近增长了四倍[16]。该区域原本 5 个文明化土著印第安部分的土地，经过种种途径渐渐为迁移至此的人口所占领或购买。魏特森霍夫家族也是在此人口迁移浪潮下来到今天的俄克拉荷马地区。

1885 年魏特森霍夫（Weitzenhoffer）犹太家族第一代人来到俄克拉荷马，至今有四代人。根据 1993 年 10 月 26 日魏特森霍夫家族第三代、著名的戏剧家和戏剧制片人马克斯·魏特森霍夫（Aaron Max WeitzenhofferJr）接受阿琳·雅可比（Arlene Jacobi）采访的资料[17]，和 2006 年俄克拉荷马大学魏特森霍夫家族艺术学院学生特雷文·库珀（Trevin S Cooper）以马克斯·魏特森霍夫的口述录音作为主要资料的硕士论文中[18]，我们可以知道：魏特森霍夫家族是来自奥地利裔犹太人，1885 年奥地利来到美国，主要是因为不喜欢奥地利的政治环境[19]。魏特森霍夫一家从纽约入境，本是农民的魏特森霍夫知道西部有许多空旷的土地，便坐火车前往西部，在印第安人土地上列克星敦市[20]定居下来[21]。同时期来到俄克拉荷马还有不少其他的犹太人。马克斯·魏特森霍夫的祖父从土著印第安人购买到土地，在俄克拉荷马开始经营酒馆和酿酒坊生意，生育了八个子女[22]。

魏特森霍夫家族第二代亚伦·马克斯·魏特森霍夫 1895 年出生，1913 年读完高中后没有进入大学，部分原因是 1907 年印第安人土地归入新成立的俄克拉荷马州后，因为禁酒令，魏特森霍夫家的酒馆和酿酒坊被迫关闭[23]，生活拮据，亚伦开始学做生意。1924 年亚伦和兄弟欧文（Irvin）、马克（Mark）开始用俄克拉荷马州的州监狱囚犯生产工人的工装裤，生意发展迅速。1935 年罗斯福总统改革美国劳动法，监狱囚犯只能被作为特殊劳工，欧文·魏特森霍夫和马克·魏特森霍夫转移服装生意到密西西比州和哥伦布市。亚伦·魏特森霍夫把主要精力转移到和朋友欧尼·戴维斯（Ernie Davis）做石油生意，欧尼·戴维斯是哈罗德·戴维斯石油公司（Harold and Davis Oil Company）的共同所有人。1936 年，亚伦·魏特森霍夫购买了 A. J. 哈罗德的所有权，与戴维斯成立新的达文石油公司（Davon Oil Company，Aaron 和 Davis 名字的组合），石油生意很快非常成功，公司至今仍然在俄克拉荷马城经营[24]。1940 年后，魏特森霍夫家族成为俄克拉荷马州相当富裕的家族。

亚伦的妻子克拉拉·罗森塔尔（Clara Rosenthal）1912 年出生在富庶的美国德裔犹太人家庭[25]，1932 年卫斯理大学英语专业毕业后，成为父亲亨利·罗森塔尔的私人秘书，当时这是非常少见的。一次在亨利·罗森塔尔的引荐下，亚伦·马克斯·魏特森霍夫与克拉拉·罗森塔尔相识，1938 年，亚伦·马克斯·魏特森霍夫与见识不凡的克拉拉·罗森塔尔结婚[26]。

亚伦和克拉拉唯一的儿子马克斯·魏特森霍夫1939 年出生在俄克拉荷马城，俄克拉荷马大学毕业后离开俄克拉荷马城，一直在纽约从事制作戏剧和创作戏剧，两次获得纽约戏剧界最高奖项，成为著名的戏剧家和戏剧制作人。20 世纪 90 年代中后期回到俄克拉荷马城和俄克拉荷马大学教书。马克斯·魏特森霍夫的第一任妻子弗朗西丝·魏特森霍夫（Frances Weitzenhoffer）是著述颇丰的艺术史专家[27]，两人第一次相见是在华盛顿特区赫希洪博物馆（Hirshhorn Museum）；婚后生活幸福，有各自的事业，工作之余都对埃及的艺术和建筑感兴趣，两人多次去埃及参观，热爱埃及古代灿烂文明[28]。1991 年，

马克斯的妻子弗朗西丝因病去世。2000 年，克拉拉·魏特森霍夫与马克斯·魏特森霍夫把珍藏的印象派画家的画作、中国青花瓷器和英国乔治王时代艺术风格的家具等作为礼物捐赠给俄克拉荷马大学，并要求学校原封不动地陈列出魏特森霍夫家里原来的样式。

图一　魏特森霍夫家族藏品展厅[29]

图二　亚伦、克拉拉画像与两个瓷盆

今天俄克拉荷马大学艺术馆一楼大厅北侧的展览中，印象主义的画作、中国青花瓷和英国乔治王时代

艺术风格的家具综合在一起，在灯光下呈现出中西方文化与美学交融共生的独特文化场域。

三　认知风格与时代之眼

俄克拉荷马大学艺术博物馆所藏中国青花瓷器是中西社会关系的沉淀。一方面瓷器工匠制坯烧制、瓷绘工匠作画；另一方面，有人要求他制造它，为瓷绘工匠制造提供资金，并且在他制造之后，估计会以某种方式使用它。双方都在不同的制度和惯例（商业、宗教、感知、经验和广义的社会感）中开展工作，并影响了他们共同创造的形式[30]。克拉拉·魏特森霍夫捐赠的中国青花瓷器，并不是直接从中国定制，而是从欧美艺术品市场购买。印象派画作、英国乔治王时代艺术风格的家具和中国青花瓷器等交易行为则是积极主动的，我们可以称克拉拉、马克斯、弗朗西丝为客户。这些行为不只是一种美学欣赏，更是一种商业关系，而今天俄克拉荷马大学艺术馆中魏特森霍夫家藏品是这些经济行为在印象派画作、家具、瓷器中得到了具体体现。金钱是艺术史、东西方物质文化交流中非常重要的因素。它不仅表现客户愿意花钱在瓷器上，而且交接的细节和陈列的搭配物品上都起作用。

1993 年的采访中，马克斯·魏特森霍夫说道，亚伦·魏特森霍夫和克拉拉魏特森霍夫都不是积极的宗教信徒和锡安主义者，甚至反对犹太复国主义，但又给联合犹太人募捐协会大额资助[31]；魏特森霍夫一家有宗教信仰，但在家里不大谈起宗教[32]。魏特森霍夫家族长期在俄克拉荷马、加州、纽约和伦敦工作生活，更认同自己是美国人[33]。亚伦·魏特森霍夫认为很幸运在俄克拉荷马赚了许多钱，对俄克拉荷马有道德义务，并说"在哪儿赚的钱应该回馈给当地人"[34]。某种程度上，购买印象派画作、中国青花瓷等艺术品是魏特森霍夫家花钱的乐趣和美德的表现机会，这初看起来比较不可思议，但对于一个非常有钱的人，尤其是像魏特森霍夫家族这样的人来说，将钱花在艺术品上，适当的时候捐赠给公众是一种必备的美德和乐趣，同时也包含回馈社会的初衷。

对于魏特森霍夫家族而言，购买印象派画作、中国青花瓷器和英国家具主要用途是用于看：它们是克拉拉、弗朗西丝专为家人和潜在的俄克拉荷马城民众设计的，是克拉拉、弗朗西丝为热爱的人和感激的俄克拉荷马所设计的。克拉拉、弗朗西丝夫希望通过"看"，以期获得令人愉悦的心情和令人难忘的印象，甚至包含有名可图的激励。

一般说来，物体将光的图案反射到眼睛上。光通过瞳孔进入眼睛，被透镜聚集，然后投射到眼睛后部的视网膜屏幕上。视网膜上是神经纤维网络，使光通过细胞系统到达数百万个受体，即视锥细胞。视锥细胞对光和颜色都敏感，它们通过将有关光和颜色的信息传递给大脑来做出响应[35]。虽然每个人的眼睛有同样的生物构造，但却有不同的视觉感知。人们通过光看见观看的对象，大脑随之运用天生的技巧和经验来解释，而每个人都有不同的经验、不同的知识和解释的技巧[36]。但在"看"的实践活动中，总有许多是共通的、绝大多数的经验都是相同的。比如图三[37]，我们都可以看见这幅画中有瓷器、桌子、楼梯、椅子和油画；可以判断大瓷碗高度和桌子两边大约相等的距离。

图三　魏特森霍夫家族藏品西边入口

进入魏特森霍夫家族藏品展厅桌子上的大瓷碗是博大辉煌古代文明中国代表性的物质文化，以其特殊的视觉和物质形式强化了俄克拉荷马州民众参观时候的中国印象和中国观念。图四的视觉感知有一个东物西渐的历史背景。青花山水卧足碗的图案有：山、水、人物、动物、台阁、院落、平房、古树、小舟、桥、围墙、窗户等，整个碗色泽清丽，四周青花也像漂浮在釉面上，没有下沉的感觉。历史背景为青瓷山水卧足碗的外形感知增加了两个重要的因素。第一，参观者知道青花山水卧足碗的制造带有表现文化的目的，看到该瓷碗时候，参观者会回想起与之前代表性瓷器瓷绘图案，并会归纳它属于哪一种。这种观看经验相对抽象，并且需要分析代表性的青花瓷器，存在于观看者的文化，人们可能很难去表达出来。第二，先前的经验很重要。而俄克拉荷马州魏特森霍夫家族的社会网络、文化交往与20世纪欧美社会十分接近，以至于收藏很多中国青花瓷都是理所当然的，并且不会产生强烈的误解，魏特森霍夫家族更接近欧洲和美国东西岸的文化圈。魏特森霍夫家族对于中国青花瓷的理解，更多是魏特森霍夫家族自身所能带给青花瓷和青花瓷绘图案的理解。

图四　青花山水卧足碗

1938年亚伦·魏特森霍夫和克拉拉·魏特森霍夫结婚后，开始了到欧洲的蜜月旅行，游览参观各处主要的文化古迹和博物馆。19年之后，1957年马克斯·魏特森霍夫高中毕业，亚伦和克拉拉送马克斯跟着学生团到欧洲去旅行参观。欧洲文化巡游，给魏特森霍夫一家真实的文化体验和认识欧洲。魏特森霍夫一家两代人对欧洲著名的城市、剧院、博物馆等都较为熟悉。克拉拉还叮嘱马克斯参观一些欧洲文化经典，如圣马可广场。

1957年马克斯·魏特森霍夫在欧洲很多地方写给父母亲亚伦、克拉拉的信中说道："这是我见过的最美的地方。"[38]马克斯游览伦敦的时候，7月6日在伦敦埃文河畔的斯特拉特福看《尤利乌斯·凯撒》（Julius Cesar）戏剧，马克斯·魏特森霍夫回忆道："这是我看过的最伟大的戏剧。"[39]魏特森霍夫家族原本就是德裔和奥裔美国人，两代人又曾经分别巡礼欧洲，欧洲文化景观和艺术都给特森霍夫家族留下深刻印象。此外，1939年马克斯出生后，亚伦和克拉拉每年带着马克斯去加州去东岸纽约城市度假或居住几个月[40]。克拉拉与纽约著名的大卫·芬德利艺术画廊有较深交往[41]。综上所述，魏特森霍夫家族不仅与欧洲文化氛围联系紧密，而且与英美社会主流的文化艺术圈有深入的交往。因而有必备的中国青花瓷观看经验和视觉感知能力。

图四青花山水卧足碗瓷绘中人与景的背景知识，如果魏特森霍夫不知道瓷绘中以写意形式进行装饰的山水人物图形，那将很难了解青花瓷绘中发生了什么。正如有人指出的那样，如果欧美人士毫无中国知识的基础，那么青花瓷可以很好地成为认识中国的媒介，将吸引着人们某种真诚的欣赏与喜爱。这并不是以为其他的典籍或者物质很差地表征中国文化，这意味魏特森霍夫家人和俄克拉荷马人可以依靠青花瓷和青花瓷绘迅速地识别中国文化和艺术常见的主题，从而使人们能够以日常接触的方式来观看中国艺术文化和了解中国人追求的精神世界，以便拥有者或观看者来改变和调整已有的中国印象和中国观念。在这种情况下，青花瓷对我们中国文化在欧美文化中传播与接受有多种用途：首先，用来吸引参观者直接参与认识中国和中国文化的媒介，

青花瓷的形状、图案、母题和用色成为传递文化信息重要的物质载体；第二，青花瓷陈述了这样一个事实，全球时代青花瓷器已经是全球之物，世界上几乎每个地方都在制作瓷器和使用瓷器；第三，青花瓷绘有助于记录和传播中国普通民众所拥有的属性，瓷绘工匠运用写意的青花造型手法表现对生命、对自然的感悟与认识，而中国文人画大都借景抒情，抒发个人的"胸中逸气"[42]。它有助于记录中国古代神话、传说、故事，而这些青花瓷是许多人日常接触的物品。

某种程度上，亚伦、克拉拉、马克斯、弗朗西丝等魏特森霍夫家族的人有相当高的全球意识，观念是与绘画风格、青花瓷、英国乔治王时代艺术风格的家具相匹配的人。在文化交流中，有一类很有修养的人，尽管他们不是艺术家、鉴赏家，但已经学会了广泛的文化兴趣，包括一系列与画质、物质有关的词语和概念。魏特森霍夫家族对画作、青花瓷、家具等物体有意识地进行视觉评估，不单印象派画作、青花瓷、家具等物质本身，更是对亚伦、克拉拉、马克斯、弗朗西丝的生活方式进行视觉评估。

"我想我的父亲有个态度，那就是他并不希望我经历他曾经经历的，所以我想他是非常开心的。我的意思是，像一些父母一样，他从未说过'为什么你要做这些？为什么你不去做些有用的事或其他的事情？'我的父亲非常开心。他让我做我想做的。"[43]"我觉得你不应该从事那个事情。你最好待在纽约。那儿是属于你的地方。"[44]

魏特森霍夫家有自由宽松的环境，拥有开放性的生活态度和艺术范畴。这里便涉及魏特森霍夫家的认知风格，魏特森霍夫家人日常生活使用的物品会被带入视觉刺激，例如印象派画作、英国的乔治王时代艺术风格的家具。文章中谈论重点当然不是乔治王时代艺术风格家具、印象派画作，但是互为配饰和相互配景的物品对于魏特森霍夫家族购买中国青花瓷也是很重要的因素。实际上，这意味着中国青花瓷只占魏特森霍夫家全部购买物品价值的一小部分，这是我们现在最感兴趣的。在收藏中国青花瓷的人群中，不仅是人与人之间不可避免有差异，而且还有群体之间的差异。某种职业导致一个人在购买、使用或欣赏的物品时会进行特别有效的区分。

魏特森霍夫家族的艺术品公共陈列过程中，特别是早期陈列在家的时候，有许多参观者是有特殊视觉习惯的潜在人群，魏特森霍夫家族自身就是这样潜在人群。魏特森霍夫家族成员处理石油公司事务、到美国东西岸度假、制作戏剧和与艺术界密切交往[45]；所有这些活动都与魏特森霍夫家人收藏中国青花瓷器和英国乔治王时代艺术风格家具相关。克拉拉·魏特森霍夫和马克斯·魏特森霍夫都有很强的商业能力，克拉拉则更支持马克斯的兴趣爱好和戏剧事业发展，成为魏特森霍夫家族的持家人[46]，克拉拉、马克斯和弗朗西丝都有较高的艺术修养，特别是弗朗西丝有研究印象派艺术史专著《哈弗梅耶家族：印象派来到美国》[47]。印象派作品、中国青花瓷器和英国乔治王时代艺术风格家具迎合了三人的共同艺术美感和视觉体验。影响魏特森霍夫家视觉体验的心理是可以变化的，这种可变的体验文化是相对的，由影响他们经验的社会环境所决定。

四 结论

中国传统艺术家注重意境，自然事物中充满人生的主体意识与情感，正如王维在《山水诀》所言："凡画山水，意在笔先。丈山尺树，寸马分人。远人无目，远树无枝。远山无石，隐隐如眉；远水无波，高与云齐。此是诀也。"[48]而青花瓷绘与传统文人画有着内在一脉相承的联系。同时，瓷绘图案有来自瓷绘工匠，具有最大的特征泥土气息，普通民众的审美需求与之是相契合的，使得瓷器成为雅俗共赏的物质载体。

图一、图二、图五、图六中的青花瓷胎体轻薄，纹饰图案小舟、云气、洞石、石桥等纹饰，画面布局丰满，有浓淡色阶的变化。青花瓷器和青花瓷绘，形式多样、生动传神，瓷绘图案表现出中国传统诗画对"意境"和自然的追求，与印象派画作、英国乔治王时代艺术风格家具交融共生，创造出清新素雅、意境深邃、中西交汇的文化场域，将长期地影响俄克拉荷马城民众的中国印象、中国观念和传播中国文化。

图五　印象派大师皮埃尔·奥古斯特·
雷诺阿的画、家具、烛台与青花盘

图六　青花山水盘

注释：

[1]　"商品流通是资本的起点。商品生产、商品流通和发达的商品贸易流通，即贸易，是资本产生的历史前提。16 世纪现代世界贸易和世界市场的建立揭开了资本的现代生活史。"见马克思、恩格斯：《马克思恩格斯全集》第 42 卷，中共中央马克思恩格斯列宁斯大林著作编译局编译，人民出版社 2016 年，第 131 页；吴于廑主编：《十五十六世纪东西方历史初学集》，武汉大学出版社 2005 年，第 1—2 页；吴于廑：《吴于廑文选》，武汉大学出版社 2007 年，第 49、59 页；刘家和：《如何理解作为世界史的古代史》，见刘家和：《史苑学步：史学与理论探研》，北京大学出版社 2019 年，第 194、195、198、199 页。

[2]　ZoltanBiedermann, Anne Gerritsen, Giorgio Riello edited, *Global Gifts：The Material Cultural of Diplomacy in early Modern Eurasia*, Cambridge：Cambridge University Press, 2018, p. xv.

[3]　Anne Gerritsen, Giorgio Rielloedited, *Writing Material Culture History*, London：Bloomsbury Academic, 2015. Anne Gerritsen, Giorgio Rielloedited, The global lives of things：the material culture of connections in the early modern world, London：Routledge, 2016. Kerenharveyedited, History and Material Culture：A Students Guild to Approach Alternative Sources, London：Routledge, 2009. LeoraAuslander, "Beyond Words," American Historical Review 110, No. 4（2006）, p. 1015–1044. Arthur Asa Berger, What Objects Mean：An Introduction to Material Culture, Walnut Greek, California：Left Coast Press, 2009, 该书俄克拉荷马大学 Daniel C. Swan 教授赠送给我，特此感谢。

[4]　Maxine Berg, editor with Felicia Gottmann, Hanna Hodacs, Chris Nierstrasz, *Goods from the East*, 1600—1800：*Trading Eurasia*, p. 1.

[5]　Maxine Berg, *Luxury and Pleasure in Eighteenth – Century Britain*, Oxford：Oxford university Press, 2005, 特别是第二章《来自东方之物》。Maxine Berg, editor with Felicia Gottmann, *Hanna Hodacs, Chris Nierstrasz, Goods from the East*, 1600—1800：*Trading Eurasia*, London：Palgrave Macmillan, 2015. ZoltanBiedermann, Anne Gerritsen, Giorgio Riello edited, *Global Gifts：The Material Cultural of Diplomacy in early Modern Eurasia*, Cambridge：Cambridge University Press, 2018. Frank Trentmann, *Empire of things：How we become a world of consumers, from the fifteenth century to the Twenty – First*, New York：harper Publishers, 2016. Emily Erikson, *Between Monopoly and Free Trade：The English East India Company*, 1600—1757, Princeton：Princeton University Press, 2014. Adam Clulow and Tristan Mostert edit, *The Dutch and English East India Companies：Diplomacy, Trade and Violence in Early Modern Asia*, Amsterdam：Amsterdam University Press, 2018. 罗伯特·芬雷：《青花瓷的故事》，郑明萱译，海南出版社 2015 年。

［6］1709 年神圣罗马帝国萨克森公国的迈森硬质瓷器是欧洲制造的最早瓷器，详见拙作：《东物西渐：中国瓷器在德国——以 18 世纪初期德国迈森瓷器为中心》，《岭南文史》2019 年第 3 期。

［7］孙机：《中国古代物质文化》，中华书局 2014 年，第 294 页。

［8］罗伯特·芬雷：《青花瓷的故事：中国瓷的时代》，第 27 页。

［9］罗伯特·芬雷：《青花瓷的故事》，第 312 页。

［10］Maxine Berg, *Luxury and Pleasure in Eighteenth - Century*, p. 52 – 75，128 – 149.

［11］Gaye Blake Roberts, "To Astonish the World with Wonders'：Josiah Wedgwood Ⅰ 1730—1795." *English Ceramic Circle* 16/2，1007，p. 156 – 74. 转引自罗伯特·芬雷：《青花瓷的故事》，第 335 页。

［12］冯先铭先生等前辈陶瓷大家都曾研究过青花瓷，近几年万明老师发表了好几篇青花瓷文章，见万明：《明代青花瓷的展开：以时空为视点》，《历史研究》2012 年第 5 期；万明：《明代青花瓷崛起的轨迹——从文明交融走向社会时尚》，《故宫博物院院刊，2008 年第 8 期；万明：《青花瓷的参与：16—18 世纪中欧景观文化的交融》，《安徽师范大学学报》（人文社会科学版）2014 年第 6 期。另参见孙晶：《青花里的中国风：17 世纪荷兰代尔夫特陶器的模仿与本土化之路》，《清华大学学报》（哲学社会科学版）2019 年第 2 期等。2019 年 10 月 5 日笔者在华盛顿国会图书馆阅读和参观时，国会图书馆 1 楼纪念品入门一侧单独摆放着一只产自景德镇的青花瓷。

［13］Arthur H. Doerr, 'Industry and Labor', in *Oklahoma, a guide to the Sooner State*, edited by Kent Ruth and the staff of the university of Oklahoma Press, Norman：University of Oklahoma Press, 1958，p. 46.

［14］Arthur H. Doerr, 'Industry and Labor', in *Oklahoma, a guide to the Sooner State*, p. 46 – 47.

［15］Arthur H. Doerr, 'Industry and Labor', in *Oklahoma, a guide to the Sooner State*, p. 32.

［16］Ibid，p. 32.

［17］该资料来自纽约公共图书馆美国犹太人委员会威廉·威纳口述史图书馆，详见：Max Weitzenhoffer：A. Max Weitzenhoffer：［interview］ https：//digitalcollections. nypl. org/items/2363aca0 – 02e4 – 0131 – 12e6 – 58d385a7b928# （2019 年 10 月 11 日阅）。

［18］TrevinS. Cooper, *A history and critical analysis on the independent producing career of A. Max Weitzenhoffe*, Degree of Master of Arts, University of Oklahoma, 2006.

［19］Max Weitzenhoffer：A. Max Weitzenhoffer：［interview］，p. 4.

［20］今天属于美国肯塔基州。

［21］见 TrevinS. Cooper, *A history and critical analysis on the independent producing career of A. Max Weitzenhoffe*, p. 12. Max Weitzenhoffer：A. Max Weitzenhoffer：［interview］，p. 4 – 5.

［22］Max Weitzenhoffer：A. Max Weitzenhoffer：［interview］，p. 6.

［23］TrevinS. Cooper, *A history and critical analysis on the independent producing career of A. Max Weitzenhoffe*, p. 12.

［24］TrevinS. Cooper, *A history and critical analysis on the independent producing career of A. Max Weitzenhoffe*, p. 13.

［25］罗森塔尔犹太家族 1790 年来到美国，资料来自俄克拉荷马大学艺术馆打印的介绍资料。

［26］TrevinS. Cooper, *A history and critical analysis on the independent producing career of A. Max Weitzenhoffer*, p. 14.

［27］Max Weitzenhoffer：A. Max Weitzenhoffer：［interview］，p. 24 – 25.

［28］Ibid，p. 36.

［29］如无特殊说明，文中图片均是 2019 年 8 月 2 日下午笔者参观俄克拉荷马大学艺术博物馆时候拍摄。

［30］参考了巴克桑德尔论述 15 世纪意大利的绘画，详见 Michael Baxandall, *Painting and Experience in Fifteenth - century Italy：A primer in the social history of pictorial style*, New York：Oxford University Press, 1988，p. 1.

［31］Max Weitzenhoffer：A. Max Weitzenhoffer：［interview］，p. 37.

［32］Ibid，p. 8 – 9.

［33］Max Weitzenhoffer：A. Max Weitzenhoffer：［interview］，p. 35.

［34］Ibid. p. 37.

［35］Michael Baxandall, *Painting and Experience in Fifteenth - century Italy：A primer in the social history of pictorial style*, p. 29.

［36］Ibid，p. 29.

［37］图三是魏特森霍夫家藏品的西边入口处的陈列。

［38］Trevin S. Cooper, *A history and critical analysis on the independent producing career of A. Max Weitzenhoffe*.

［39］Max Weitzenhoffer：A. Max Weitzenhoffer：［interview］，p. 22.

［40］Ibid，p. 10.

［41］Ibid，p. 15.

［42］郑军等编绘：《中国青花瓷器纹饰艺术》，人民美术出版社2009年，前言部分。

［43］Max Weitzenhoffer：A. Max Weitzenhoffer：［interview］，p. 13.

［44］Ibid，p. 14.

［45］1960年亚伦·魏特森霍夫在马克斯·魏特森霍夫在俄克拉荷马大学读书期间因病去世，魏特森霍夫家主要是克拉拉和马克斯、弗朗西丝，马克斯和弗朗西丝没有子女；1991年弗朗西丝因病去世后，2001年马克斯娶了Ayako Philadelphia，两人育有一子一女。

［46］1960年亚伦去世后，克拉拉没有再婚，2000年去世。

［47］FrancesWeitzenhoffer，*The Havemeyers：Impressionism Comes to America*，New York：Harry N. Abrams，1986.

［48］王维:《山水论》，见俞剑华:《中国古代画论类编》，人民美术出版社2000年，第596页。

清末知识分子对治国安邦方略的探索

——对《校邠庐抗议》的再解读

胡　栩（西藏民族大学民族研究院）

内容摘要：《校邠庐抗议》问世百余年在近代思想界有一定的影响，也一直被学术界所关注，文章从《校邠庐抗议》的创作缘起、主要思想以及历史影响这三个角度对《校邠庐抗议》进行了再解读，肯定了其探索治国安邦方略的价值及精神，同时也对其中一些争议性问题进行辨析。

关键词：《校邠庐抗议》　创作缘起　主要思想影响

引言

《校邠庐抗议》是清末思想家冯桂芬的一部政论集，内容涉及政治、经济、社会、教育、军事、外交等各个领域，集中反映了作者变革社会的思想，是研究冯桂芬思想的主要文献。这部作品孕育于晚清风云激荡、国家变动时期，其中对于民族危机的警觉与忧患，对于治国安邦的方略的探索，放在当下，仍然具有很突出的意义。今天重新研读冯桂芬的著作及创作《校邠庐抗议》的心路历程、时代背景，对于研究鸦片战争后至维新变法运动的兴起以及当时社会经济、政治、思想文化等各方面的社会变迁有一定的价值。以下从《校邠庐抗议》创作的缘起、主要内容及思想以及对当时晚清社会及后来的影响等方面来辨析一下该著作。

一　冯桂芬生平及写作《校邠庐抗议》的缘起

冯桂芬，又名仪凤，字林一，号景亭，亦写作景廷、敬亭，又自号邓尉山人，生于嘉庆十四年（1809），卒于同治十三年（1874）[1]。

冯桂芬的家乡是江苏省吴县（今苏州），属于苏州府。苏州交通便利、物产丰富，在明清两代是最繁华的城市之一。冯桂芬出身于一个累世经商的家族，道光二十年（1840）考中进士，先后被授翰林院编修、国史馆协修等职，虽有潘世恩、林则徐等恩师提携，但在宦海浮沉，终不是很得志。自咸丰八年（1858）冯桂芬北上候缺，到京时已逾期开缺，在京候补年余。因劝捐而遭人弹劾，冯桂芬对仕途心灰意冷。在以后的岁月中，虽然曾国藩等人多次上奏荐举，冯桂芬总以体弱多病为辞，再也没有出任过实质性的官职。

《校邠庐抗议》成书于冯桂芬为躲避太平天国起义而暂住上海之时。"咸丰十年（1860），太平军攻克苏州，冯桂芬避居上海，没有多少事情可做，身体不好，时常生病"[2]。他便把平时思考所得，整理成书："桂芬读书十年，在外涉猎于艰难情伪这三十年，间有私议，不能无参以杂家，佐以私臆，甚且羼以夷说，而要以不畔于三代圣人之法为宗旨。志此者有年，一官无言责，怀欲陈之，而未有路。乃者乡居，偶一好事，创大小户均赋之议，辄中金壬所忌，固宜绝口不挂时政，重以衰病逡巡，无用世之望，惧遂泯没，爰以避地暇日，笔之于书，凡为篇四十……"[3]

书名为何取为"校邠庐抗议"？"抗议"，冯桂芬自称是沿用《后汉书·赵壹传》："即位卑言高之意。"但《后汉书·赵壹传》并无"抗议"一词，只有"抗论"，原文为："下则抗论当世，消弭时灾。"（《后汉书》卷八十下《赵壹传》）[4]冯桂芬借用这个词，表示自己虽然位卑但仍言高。赵壹的个性和遭遇，与冯桂芬颇为相似，冯桂芬对东汉历史研究颇深，他以"抗议"为书名，并揭明典故出自《后汉书·赵壹传》，多少有些以赵壹自况的意思[5]。

分析冯氏《校邠庐抗议》一书成书的背景，大致可从这样几个角度考虑：

其一，清末王朝统治危机的日益暴露：清末自鸦片战争以来经历了被迫割地、赔款、开通商口岸、协定关税、部分失去司法主权等事件（具体内容见《南京条约》及其附件），清朝从上而下遭受到一定程度的震荡与冲击。尤其是经历第二次鸦片战争（1856—1860），《天津条约》（1858）和《北京条约》（1860）的先后签订，使得西方列强的侵略势力由沿海伸向内陆，中国的主权进一步丧失，在内忧外患夹击下清廷的统治危机进一步暴露出来，对国家前途命运比较敏感的知识分子的忧患意识日益明显。冯桂芬写定《校邠庐抗议》时，正是中国在第二次鸦片战争中战败，《北京条约》签订后，冯桂芬书名中用"抗议"二字，似乎含有对清廷一味妥协外交政策的不满之意。

其二，个人生活环境及经历的影响：纵观冯氏一生生活轨迹，除了在京城做过一段时期的官员外，他的家乡苏州这座城市与之思想的形成有不解之缘。苏州在明清时期是中国最繁华的都市之一，交通便利、人文荟萃、商品经济活跃、人们接受新鲜事物较为便捷。除了自幼在苏州受到良好、正统的儒学教育的影响以外，后来一些促使冯桂芬写成《校邠庐抗议》的经历均与苏州有一定的联系，例如：他在道光三十年（1850）有机会进京得到同乡前辈潘世恩（潘世恩是咸丰皇帝的师傅）的力荐，不幸其父冯智懋去世，按照规制，冯桂芬需要回籍守制[6]，冯桂芬在守制期间又恰逢太平天国农民战争的爆发（1851），冯桂芬接到江苏巡抚许乃钊特旨，与当地在籍官员同办劝捐、团练、抵抗太平军[7]。在这期间，冯桂芬关注到两个问题：均赋、遣勇。这些为以后写《校邠庐抗议》中有关经济和军事的内容提供了一定的实践经验。

其三，冯桂芬所处时代的一些有影响的汉族地主官员及知识分子（多为其师友）对其思想的影响：冯桂芬一生交际广泛，虽然本人担任实质性的行政官员时间不长，但是与当时朝廷中许多思想较为开明，能够学习西学的官员私交深厚。例如：林则徐是冯桂芬的老师，并且对其多有提携，还曾把自己

在京任职时所撰写的《北直水利议》交给冯桂芬编校；魏源在编写《海国图志》时受到过冯桂芬的批评指正，并且写了《跋〈海国图志〉》，《海国图志》的"师夷"的思想在《校邠庐抗议》中有所发展[8]（例如："采西学"、"制洋器"等观点）。林则徐、魏源都是能够开眼看世界的知识分子，具有在当时比较开阔的眼界和胸襟，冯氏与之珍贵的交集都为冯氏以后撰写《校邠庐抗议》起到了一定的启发借鉴作用。

总之，正因为有上述多种原因，再加之冯桂芬在1860年躲避上海一隅有一个相对安静闲适的写作环境，同时感时忧世，便有了将自己多年积累的思想付诸文字的想法和实践环境，于是就有了《校邠庐抗议》的问世。

二 《校邠庐抗议》的主要内容和思想分析

《校邠庐抗议》由《上篇》、《下篇》、《附录》三部分组成，凡54则主张（上篇22则、下篇20则、附录12则）[9]，涉及政治、经济、外交、军事、教育、文化等多个方面。针对当时清朝社会出现的各种积弊提出了作者心目中的"济世良方"。其中比较突出的有这样几方面的内容。

其一，整顿吏治类。如：《公黜陟议》、《汰冗员议》、《厚养廉议》、《省则例议》、《改捐例议》等章节都是针对晚清官场腐败盛行、选拔人才机制落后、卖官鬻爵现象蔓延、官僚机构臃肿、人浮于事、行政效率低下等弊病提出自己的医治方法。

"今试泛论取人者，将重文字乎，将重才德乎？则必曰才德重矣。将重一二人之私见乎，将重千百人之公论乎？则必曰公论重矣。然而自汉以来，取人之法，荐剡策试百其途，要不外试之以文字，举之以数大臣，岂不以才德虚而无据，公论散而无纪，不得不舍之而凭文字、凭私见哉？而不知其断不足以得人也。人第知刘蕡下第，江东不知，为文字之不足凭，夫岂知通籍后之黜陟，乃并不足凭之文字而无之。自枚卜以下，无非取人于容貌语言奔走之间，例举之而例用之，虽公论皆知为斗筲无足算者，年迁岁擢，无何而参鼎铉，无何而拥节旄，比比皆

是。士大夫平居论说，从不闻曰某德可大贵，某才可大贵，但闻曰某命某相可大贵。夫至言命、言相，而效其可睹矣。于乎！奚怪其不能得人哉。欲求变计，非虚者实之、散者一之不可。"（摘自《公黜陟议》)[10]

从这篇内容来看作者是希望考官学政皆由公举，根据每个人的特点加以使用，能够充分发挥其才能，而且采取众人的意见选拔人才比用一次考试选拔人才要合理。可以看出冯桂芬在设计这套选官制度时是借鉴了民主的多数原则和西方代议制的选举方式，放在晚清君主专制集权的背景下，这无疑是时代的进步，这也是后来被维新变法人士所推崇的内容之一。但是在本篇里，作者为了阐明自己主张的合理性，提到这种根据众人意见选拔人才的方式中国古代的孔子、孟子就有这种思想，显然是对儒家思想具有一定的依赖性。

作者对当时比较突出的官僚机构臃肿现象深表担忧，作者在书中所说："国家多一冗员，不特多一糜廪禄之人，即多一胶民膏之人，甚且多一偾国是之人，亦何苦而设此累国累民之一位哉?"[11]，由此可见冯桂芬对国家冗官现象之严重认识十分清醒，并且认识到冗员现象如果不得到扭转，会给国家财政带来极大的压力，给百姓增加更多的负担。并在《汰冗员议》中提到："一、河务衙门……一、各关监督……一、盐务衙门……一、督抚司道……一、京官……一、内外武职，王公、将军、都统之外，提督十三人，总兵六十二人，亦大官太多……"[12]这是作者对需要裁汰的官职的一些建议，之所以提出这些官职，一是与当时清朝官僚机构设置的臃肿有关，另外也与作者个人经历有关。比如作者在京城以及地方都有为官的经历，还在扬州管过盐务，虽然都不是掌管行政权的要职，但对于清朝官僚机构还是比较清楚的。

作者还提到应该简化繁琐的陈规陋例，废除官员任职回避制度，以提高官员的行政效率："大凡治病者，必探其病根而除之，而后病可已。吏之病根安在？在例案太繁而已。若是者，非一编管一秉秆

拉杂摧烧之，则天下不治，宜简谙习吏事大小员数人，绅绎《会典》《则例》等书，揽存其要，名之曰简明则例。"（《省则例议》）[13]这个部分表现作者对当时官场存在的许多不合情理制度的质疑，例如官员丁忧回避，需要丁忧之人的乡里出具证明以及地方官员出具证明，手续繁琐，办事效率低下。作者对其多有诟病，也与自己曾经也有丁忧回乡守制的经历有关。

作者还认为应该大幅度提高官员的薪金，使其能够自给，再用法纪约束，以遏制官员贪污，这应该是近代关于"高薪养廉"方案较早较详细的阐释："朝廷果不知耶，抑知之而故纵邪？夫王道不外人情，士从田间来，寒士居多，虽在一命之微，莫不有父母之养、妻子之赡，宫室、舆马、衣裘、仆从之需，亲戚故旧之聚恤，官愈大则用愈多。外官体统较尊，加以延幕友吏役，费用数倍于京官。大都京官翰林部曹岁需千金，递加之至一品当万金。外官养廉本数较厚，牧令视本数十倍，丞倅以上四五倍，至督抚二三倍，皆不可少之数。惟如数以与之，而犹有秖法营私、致于宪典者，斯真贪人矣。于是可设为厉禁，京官取外官一钱，上司取属员一钱，官取所部一钱，杀无赦。夫而后吏治始可讲也。"（《厚养廉议》）[14]在整顿吏治类众多条款中，这个篇章的建议和想法是最具有现实意义的。当今许多国家的"反腐经验"里都提到了"高薪养廉"的做法，虽然具体操作有不同的规则，但是冯氏提出的在提高官员薪金的基础上再强化法纪的思想却在后世乃至当今得到了一定的实践。

其二，发展经济类。如：《上篇》中的《利淮鹾议》《改土贡议》《节经费议》《劝树桑议》《均赋税议》；《下篇》中的《筹国用议》《重酒酤议》《杜亏空议》《用钱不废银议》；《附录》中的《均赋议》《银钞议》《变通钱法议》《变通淮盐议》等等。从数量上看，理财类的建议最多，涉及农桑、赋税、商业、货币流通等各方面。之所以如此多，当与经历两次鸦片战争后清朝对外赔款数目增多、国家经济发展缓慢、吏治腐败所带来的国库亏空，加之太

平天国运动爆发，太平天国政权一度与清王朝形成对峙局面，清朝既要迎合洋人又要镇压太平天国运动，经济上腹背受敌，朝廷对百姓的赋税则以各种名目增多等原因有关。在这些发展经济的条款中体现了作者的人生阅历和对社会发展的认识。比如冯桂芬在苏州守制时，时任两江总督陆建瀛聘其修盐法志，冯桂芬在扬州居住两年，修了《两淮盐志法》，这段经历为他以后写《利淮蹉议》奠定了一定基础[15]。

这些建议大致可分为两类：一类是如何增加政府财政收入类，一类是如何节约开支类。如发展农桑、种茶开矿、禁止鸦片、发展外贸等都有助于增加政府的财政收入；而节约宗室封路、节约八旗经费、对地方亏空进行稽查、加重酒税以减少浪费粮食酿酒都有利于节约开支。在经济方面的建议中兼顾到对当时政治体制弊端的剖析，例如：为何政府财政紧张？因为旧的制度积弊日久。清代屯田制日久弊生，害处甚多。冯桂芬认为即使漕运体制依旧，不改成海运，也完全用不着屯田。为何朝廷的开支浩大？冯桂芬认为原有的八旗制度所带来的八旗、宗室的供养经费开支浩大，使政府所背负的负担日益沉重。这些内容与政治方面的措施互相呼应，都体现了作者希望能清除清朝政治经济积弊的想法和策略。

其三，提倡西学类。冯氏所提倡的西学的内容主要包括这些方面：如《采西学议》《制洋器议》《善驭夷议》《上海设立同文馆议》。主要观点有：主张学习西方的兵器制造技术、学习西方的语言文化、学习西方教育制度、设立培养专门人才的新式学堂。

这一类建议历来被当时及后世的人关注最多，后世许多学者对此给予了很高的评价。就如当代著名的法制史专家张晋藩教授说："在《校邠庐抗议》中最具有价值和最足以反映冯桂芬思想中进步性、时代性的，莫过于他对西学的倡导。这在他的《制洋器议》《采西学议》《善驭夷议》和《上海设立同文馆议》等篇章中，都有详尽的阐发。"[16]

相比于许多学者的高度赞赏，笔者对冯桂芬的学习西学的观点持谨慎态度。纵观冯桂芬所提到的学习西学的内容，可以概括为：在保守中求嬗变；在学西中护正统。

"《传》称左史倚相能读三坟、五典、八索、九丘，孔安国曰：'九州之志，谓之九丘'，《诗》列十五国之风，康成《谱序》云：'欲知源流清浊之所处，则循其上下而省之；欲知风化芳臭气泽之所及，则旁行以观之。'孔子作《春秋》，有取于百二十国宝书。伊古儒者，未有不博古而兼通今，综上下纵横以为学者也。"[17]从这段阐述可以看出作者对于传统儒家文化的尊崇，但同时希望借助儒家文化的某些要义为自己的西学主张提供依据。"托古改制"或者"托古学西"这些特征在晚清的思想家中多有体现。比如比冯氏晚三十年后撰写《孔子改制考》《新学伪经考》的清末著名维新思想家康有为便在其著作中以孔子的名义阐述维新变法思想。从这个特征来看儒学正统或者说中国传统文化的影响在当时依然是巨大的。从冯氏自幼所接受的正统儒学教育以及他本人作为清朝官员的身份来说对于正统儒学的捍卫是毋庸置疑的，这点在《校邠庐抗议》中的《重儒官议》中也有所体现。

"顾今之天下，非三代之天下比矣。《周髀算经》有四极四和，与半年为昼，半年为夜等说，后人不得其解。《周礼职方》疏，神农以上有大九洲，后世德薄，止治神州。神州者，东南一州也。驺衍谈天，中国名曰赤县神州，中国外如赤县神州者九，当时疑为荒唐之言。顾氏炎武，不知西海。夫西洋，即西海，彼时已习于人口，《职方外纪》等书已入中国，顾氏或未见，或见而不信，皆未可知。今则地球九万里，莫非舟车所通，人力所到。《周髀》、《礼》疏、驺衍所称，一一实其地。据西人舆图所列，不下百国。此百国中，经译之书，惟明末意大里亚及今英吉利两国书，凡数十种，其述耶稣教者，率猥鄙无足道。此外如算学、重学、视学、光学、化学等，皆得格物至理。舆地书备列百国山川厄塞风土物产，多中人所不及。昔郑公孙挥能知四国之

为，子产能举晋国实沈台骀之故。列国犹有其人，可以中华大一统之邦而无之乎？亦学士之羞也。"（《采西学议》）[18]

从上述文字中可以看出，作者对自己所处时代的近况深为担忧："顾今之天下，非三代之天下比矣。"[19]他对清朝所处的环境有着清醒的认识，有一定的开放意识。认识到随着时代发展，世界之广阔超乎国人想象，正统儒学也有力所不能及的地方，这是冯氏比同时代的大多数依然闭目塞听的知识分子所进步之处。

但是冯桂芬所提到的向西方学习主要还是限于器物、技艺以及培养专门人才类。如在《制洋器议》和《善驭夷议》中冯氏阐述了学习西方的船舰的重要性以及对魏源的"师夷长技以制夷"的思想也做了阐释和发展。但是这些内容并没有涉及西方的议会制度等政治制度，因此对于冯桂芬能否算"维新思想家"，还不能武断下结论。但是就书中的内容以及后来冯氏对李鸿章等人的影响来说，《校邠庐抗议》的主张学习西方器物工具的思想以及利用西方先进的武器来抵御外侮的思想应该对后来的洋务派官员有启发作用。

三 《校邠庐抗议》的影响

《校邠庐抗议》自问世之后受到了同时代进步知识分子及朝廷官员的关注，尤其是在 19 世纪末期受到世人的关注，其思想对后世影响深远。现从两个角度分析：

其一，《校邠庐抗议》在当时受到了一些知识分子的关注，但是主要以抄本形式流传，到光绪年间有刻本问世[20]，这加速了《校邠庐抗议》的传播，并对清朝朝廷的某些政策产生一定的影响，当然也有许多朝廷守旧官员对《校邠庐抗议》颇多非议，但是至少此书在清末没有遭人冷遇、默默无闻。《校邠庐抗议》在戊戌时期得到了签注，签注源于光绪皇帝的老师翁同龢与孙家鼐的推荐，作为百日维新中的一件大事，在京师官场曾引起轰动[21]。之所以得到空前关注主要原因有：第一、本书关于时弊的

分析引起了官员们的共鸣。第二、一些主张和支持变法的官员，不仅积极响应冯氏的主张，还进行了进一步阐发。第三、一些守旧官员对书中有关变革、西学的内容表示抵制，但是却在一定程度上使得本书的知名度更高。

其二，《校邠庐抗议》是十九世纪中后期进步知识分子所撰写的一本立志治国安邦的济世良方，虽然囿于时代限制，作者的很多主张在当时没有完全实现，但是其对整顿吏治、发展经济、学习西学、发展近代文化教育包括外交等全方位的探索精神对后世的改革产生一定精神激励作用。其中的部分内容放在今天仍然具有现实意义。在新中国改革开放已逾四十周年的今天，我们再回顾这本具有改革精神的清末思想著作应该是具有特殊的意义的。

结语

《校邠庐抗议》是冯桂芬在 19 世纪 60 年代初期所撰写的一本有关如何救治朝廷弊病、富国强兵、治国安邦、文明开化的思想著作，是近代进步知识分子对探索救国救民道路的心路折射。《校邠庐抗议》中的思想是否属于早期维新思想尚有争议，但是该著作所提出的观点在继承自林则徐、魏源等人的"师夷长技以制夷"的观点同时下启 19 世纪末期维新变法思想起到了过渡衔接作用。

对《校邠庐抗议》撰写缘起的分析，有助于后人更加清楚地认识到十九世纪中后期中国的社会变迁以及晚清知识分子探索救国救民道路的曲折历程。

对《校邠庐抗议》主要内容以及思想的分析，有助于后人更加清楚地认识到这本著作所蕴含的精神财富和治国方略，同时对其思想属性会有更加清楚的认识。

对《校邠庐抗议》在当时及后来的影响的分析，有助于后人更加清楚地认识到本著作在中国近代思想史的地位以及对社会发展所起到的实际作用，"不虚美、不隐恶"[22]，理性地评析其价值，从而对现实发展起到一定的借鉴和启发作用。

注释：

［1］冯桂芬：《校邠庐抗议》，刘克辉、戴宁淑注说，河南大学出版社 2017 年，第 1 页。

［2］冯桂芬：《与曾揆帅书》，《显志堂稿》卷五，台北文海出版社 1980 年。

［3］冯桂芬：《校邠庐抗议》，刘克辉、戴宁淑注说，河南大学出版社 2017 年，第 127 页。

［4］〔南北朝〕范晔：《后汉书》卷八十下《赵壹传》，中华书局 1965 年。

［5］冯桂芬：《校邠庐抗议》，刘克辉、戴宁淑注说，河南大学出版社 2017 年，第 31 页。

［6］冯桂芬：《与许抚部书》，《显志堂稿》卷五，台北文海出版社 1980 年。

［7］冯桂芬：《与许抚部书》，《显志堂稿》卷五，台北文海出版社 1980 年。

［8］冯桂芬：《跋〈海国图志〉》，《显志堂稿》卷十二，台北文海出版社 1980 年。

［9］冯桂芬：《校邠庐抗议》，刘克辉、戴宁淑注说，河南大学出版社 2017 年。

［10］冯桂芬：《校邠庐抗议》，刘克辉、戴宁淑注说，河南大学出版社 2017 年，第 128 页。

［11］冯桂芬：《校邠庐抗议》，刘克辉、戴宁淑注说，河南大学出版社 2017 年。

［12］冯桂芬：《校邠庐抗议》，刘克辉、戴宁淑注说，河南大学出版社 2017 年，第 132—137 页。

［13］冯桂芬：《校邠庐抗议》，刘克辉、戴宁淑注说，河南大学出版社 2017 年，第 150 页。

［14］冯桂芬：《校邠庐抗议》，刘克辉、戴宁淑注说，河南大学出版社 2017 年，第 140 页。

［15］冯桂芬：《与许抚部书》，《显志堂稿》卷五，台北文海出版社 1980 年。

［16］张晋藩：《富国强兵之路的可贵探索——冯桂芬〈校邠庐抗议〉读后》，《中国法学》2001 年第 6 期。

［17］冯桂芬：《校邠庐抗议》，刘克辉、戴宁淑注说，河南大学出版社 2017 年，第 246 页。

［18］冯桂芬：《校邠庐抗议》，刘克辉、戴宁淑注说，河南大学出版社 2017 年，第 247 页。

［19］冯桂芬：《校邠庐抗议》，刘克辉、戴宁淑注说，河南大学出版社 2017 年，第 247 页。

［20］冯桂芬：《校邠庐抗议》，刘克辉、戴宁淑注说，河南大学出版社 2017 年，第 33 页。

［21］李侃、龚书铎：《戊戌变法时期对〈校邠庐抗议〉的一次评议——介绍故宫博物院明清档案部所藏〈校邠庐抗议〉签注本》，《文物》1978 年第 7 期。

［22］〔东汉〕班固：《汉书·司马迁传赞》，中华书局 1962 年。

商句鑃考析[*]

齐韶花（浙江艺术职业学院）

内容摘要：越人言下的乐器"商句鑃"，可以对应卜辞中的"益醬"，而"益醬"，当解以"伯益之句鑃"。这个推测可以破解上博《竞建内之》中商武丁因雉雊之惊而"量之以嗌脝"这一令人迷惑的简文。"嗌脝"应读作"嗌胱"，实乃"益鑃"之异文。这个推测还可以回答《天问》对"启益交攻"传奇"何启惟忧，而能拘是达"的令人费解的设问，两句当读作"何启鑃忧，而能句是鑃"。殷墟墓葬出土的与越句鑃构造、功能相仿的商代小铙所反映的习俗，从铭文情况判断，很可能就与商奄族与秦先人这两支商代的族人有关，而据文献，秦先人恰乃伯益之后。这也使得我们判断，越人至晚自春秋以降执守句鑃之礼，并以"商句鑃"称呼"益鑃"这一古老的巫术法器，或与商王的联盟族——商奄族人或秦先人逃离中原、窜入越地有关。

关键词：商奄 越 句鑃 伯益 秦先人

一 "商句鑃"与"益醬"

"句鑃"在学术界是个老生常谈的话题，自道光初年"其次句鑃"出土至今，学者就此取得的共识[']，可概述如次。1. 具有以下特征的青铜打击乐器、称之为"句鑃"（图一）：器体深腔呈合瓦状，器、甬或通或不通，常见长扁方甬，甬根有凸箍，凸箍上有时有纹饰，器身通体素纹或近舞部有纹饰，使用时口朝上，通常大小次递成编出现。2. 句鑃常用于祭祀与宴享。3. 句鑃最常行于春秋晚期至战国早期的吴越领地；两地同时出土有数量不菲的原始瓷与硬陶句鑃，均应是青铜句鑃的仿制。4. 近年的统计显示，此器属于越国传统乐器的可能性为最大，而同时期的齐地（章丘、潍坊、临淄）或也存在过

使用该乐器的习俗。5. 若以今天的拼音字母标注，两字读作"gōu diào"。

图一 安徽广德出土的句鑃

"商句鑃"的说法，来自"姑冯句鑃"上的自铭："佳王正月初吉丁亥，姑冯昏同之子择厥吉金，自作商句鑃，以乐宾客及我父兄，子子孙孙，永保用之"[2]。何以行于越地的句鑃，却被它的器主人以"商句鑃"名之？既名"商句鑃"，即最宜与商礼、商俗相关，殷墟的卜辞会有所反映吗？

据裘锡圭，卜辞中出现的乐器醬，甲骨与金文中有时也写作醬、醢，从"刀"声，可对应文献中以异体字"韶""韜""鼕"为名的乐器，丁山所指"韶乐"之"韶"，或是以醬为主要乐器的一种音乐[3]。裘锡圭的这一解读，精辟而有价值。

从字构观察，醬、醬，从臼从酉，刀声。其中"从臼从酉"的形部，并不是孙广明所析[4]，作"两手持酉"的会意，而是以"酉"表祭义，以"臼"表类如"掘地为臼，其后穿木石"的器物象形，例

* 本文属于 2021 年度浙江省哲学社会科学规划冷门"绝学"项目——《商奄入越的多重考证》（21LMJX07Z）的阶段性成果。

如甲骨文"置鼓""置庸""置䜌"之"置"就"从𦥑从止"[5]，标识的正是这些乐器出现在仪式上时植置于底座之上的特征。从卜辞出现的"置䜌""奏䜌""颁䜌"的记录看[6]，商人使用䜌的情形，类似于今天学界对句鑃的推测：以空心甬干植置于座架上，以木槌击奏之，成编合奏[7]。

回过头来看句鑃称谓所涉之"句"（gōu）、"鑃"（diào）两字。从上古音韵分析，两字不是同韵也属近韵（详见下文），恰如"丁宁""铖钲"等或文献或金铭反映的吴越徐舒乐器中的叠韵连绵称谓一样，"句鑃"也属此种情形；而也如"铖钲"之前称为"钲"，"甬钟"之前称为"镛"或"钟"一样，在越人叠韵而呼之前的"句鑃"，最可能也被单称为"鑃"（diào）。

如此，则，商人卜辞中记下的乐器"䜌"，会不会就是后来越人称为的"句鑃"呢？

令人注意的是，越人霍然以"商句鑃"呼之，而殷墟卜辞则大言"益䜌"。不管前者是为了对应"周甬钟"还是"越句鑃"，其冠于称谓前的"商"字，都必然与"商人"有关（或商式或商族）[8]。如果我们的推测无误——句鑃在商时很可能单称作"䜌"，则冠于其前的"益"字，就不能排除属于族名甚至人名的可能。

因此，与刘桓的观点[9]相左，本文推测，卜辞"益䜌"之"益"，不通"佾"，仍应读原字"益"，乃人名或族氏名，也即文献所言"伯益"之"益"；"颁益䜌"者，非"颁发给列舞者手执小鼓"之意，盖"颁发给某一挂在伯益名下（如伯益专属，伯益发明，或伯益所好等等）的乐器——句鑃"是也。

那么，这个推测，禁得起考古与文献的推敲吗？

二 "嗌朓"与"益䜌"

上博楚简《竞建内之》中两次言及商武丁"量之以祭"，其中一次更具体到"量之以嗌脊"[10]，简文如下：

> 昔高宗祭，有雉雊于彝前。召祖己而问焉，曰："是何也？"祖己答曰："昔先君格王，天不

见害，地不生孽，则训诸鬼神，曰：'天地明弃我矣！'近臣不谏，远者不谤，则修诸乡里。今此，祭之得福者也。请量之以嗌（?）脊（?）。既祭之后，焉修先王之濾（法）。"高宗命傅说量之以祭，既祭焉，命行先王之濾。发古篿（助），行古籍。废籍者死，弗行者死。不出三年，狄人之附者七百邦。[11]

文中出现的　、陈佩芬读以"寖脊"[12]，李学勤从之，然释作"浸涪"[13]，陈剑读以"嗌脊"，但持疑[14]。仔细观察简文：前字　虽模糊不清，然呈　形而上添了"人"字脊而已，陈剑判作"嗌"应无误，"嗌"，乃"伯益"之"益"的异体字之一[15]。而　字下部的"肉"结构，清晰可辨，看似"汲"形的上偏旁，其实乃"兆"字（比较《银雀山汉简》之"兆"　[16]）之误。对商礼本就茫然的战国书隶，摹写时未免有所差池："嗌脊"者，"益朓"也。

"朓"，祭也，从肉兆声，《说文》存"朓"而无"祧"字[17]，后世"祧"行而"朓"微，唯南梁《玉篇》"示"部曰："祧，它玄切，远庙也；𥗭，古文。"[18]这里，我们看到，"祧"的古文异体"𥗭"，正与春秋战国时期越人自名的句鑃之"鑃"同音并同声旁"翟"。顾野王所训，当有所依。

溯源而推，上博楚简中的"益朓"，乃春秋越人之"益句鑃"，乃武丁卜辞中的"益䜌"。也就是，上博楚简所指不明的商礼中的"益朓"，其实在殷墟卜辞中已有反映。且，与上博楚简商武丁"量之以益朓"对应，卜辞中也出现了：

> H15805 丙戌万夸贞丁亥王益䜌[19]

虽然我们不能确切地知道，何谓"量之以益鑃"，但合上博楚简与殷墟卜辞观之，作以下这种特殊仪式的解读，不无理由：商武丁"敲动伯益之句鑃，作为［他］推行古法的告神、安神仪式"[20]。

三 伯益之句鑃

以此不得不回到传世文献中的"伯益"。有关伯益的身份考，前人多有精彩考证，容此不再赘述[21]，此中最无争议的当属以下两项：1. 秦人乃伯益之后；

2. 伯益曾是帝禹治水得力的辅臣，禹崩，本应由伯益践帝位，然"启益交攻"后，禹子启终得天下，中国上古史中的帝位禅让制就此结束。本文暂且从第二项开始讨论，第一项的讨论放在下节。

游国恩敏捷地捕捉到儒家经典这段温情脉脉的"传贤"还是"传子"的背后，有过一段"益拘启，启出杀益"的血腥过程。此中最值得一提的是他引用到的屈原《天问》中的以下[22]：

> 启代益作后，（第1句）卒然离蠥。（第2句）
> 何启惟忧，（第3句）而能拘是达？（第4句）
> 皆归射鞠，（第5句）而无害厥躬。（第6句）
> 何后益作革，（第7句）而禹播降？（第8句）

游国恩将第4句的"达"读作"逃"，将"何启惟忧，而能拘是达"语序调整作"何启惟［罹］忧，而能达［逃］是拘"，他的解释是：诗人为"倒句以取韵"[23]。暂不论"达"是否确比"拘"在此更合韵[24]，我们看到：此段《天问》的核心是对一个不可思议的奇迹产生的不理解：为什么启居然能够让敌军纷纷缴械，自身却没受伤害？此奇迹（第5、6句）产生的原因（第4句），才是诗人天问的主旨。游氏的解释，将句4裏挟进了表结果的句5与句6之中，而忽略了句4与5可能存在的因果关系。

本文非常认同游国恩对"益拘启，启出杀益"这段历史的剖析，认为《天问》句中的"能拘是达"的"达"从"挑"训，但不作"逃"而作"鑃"解：《毛诗·郑风·子衿》"挑兮达兮，在城阙兮"，毛传：挑达，往来相见貌[25]。这里，"挑""达"双声连绵，可以互训；而上古音韵"挑"、"拘"近韵（见下文），《天问》作者因此大可不必倒句；"能拘是达"谐自"能拘是挑"实乃"能句是鑃"，此处"句鑃"作动词用。诗人的发问在于：为什么启当初落难，反而能敲响这个句鑃[26]？听到句鑃乐声的敌军，为何能纷纷缴械，让启自身没受任何伤害？战国楚墓中时有青铜句鑃出土[27]，楚人之识句鑃，殆无可疑。

以此而论及前文和此处所涉"句""拘""挑""鑃"古音是否近韵的问题。按照陈复华、何九盈，前两者属"侯"部，后两者属"宵"部[28]。"侯""幽"入韵，少有争议，因此，"侯""宵"是否近韵的问题，实在是上古音韵"幽""宵"是否分部的问题。

音韵学上，"幽""宵"是否分部，素有争议。顾炎武以《诗三百》用韵为基础，积三十年之功力，做出的古韵十部，就是"宵""幽"同部；今天我们无缘读到的宋代郑庠的《古音辩》，应也是"宵""幽"同部[29]。而观察陈、何之从江永而弃顾氏的主要原因，乃：广韵之同音，不见得上古就同音，上古音"宵"部的音"口开而声大"，"幽"部的音"口弇而声细"，并以《诗三白》部分篇章的用韵为例[30]。

绝大多数的古文字学者都认同，"寶"字古音从声旁"缶"。甲骨文从宀，下从贝、玉，并无声旁"缶"，但商晚期青铜铭文"寶"新增了"缶"[31]，则今音与中古音中口开而声大的"寶"，在商音中与"缶"音同或近。然而据陈、何，"缶"音属"口弇而声细"的"幽"部[32]。与此呼应，《毛诗·陈风》中的《宛丘》即以"缶"与"道""翱"押韵："坎其击缶，宛丘之道。无冬无夏，值其鹭翱"[33]；又《陈风》中的《东门之枌》"视尔如荍，贻我握椒"，毛传："荍，芘芣"[34]，也是以"缶"音押"椒"音者；《陈风》中的《月出》"月出皎兮，佼人僚兮。舒窈纠兮，劳心悄兮。月出皓兮，佼人懰兮。舒忧受兮，劳心慅兮。月出照兮，佼人燎兮。舒夭绍兮，劳心惨兮"[35]，除最后一句"惨"或出韵外，通篇都以"幽""宵"合韵，读来朗朗上口，韵味十足。又，不独《诗三百》，古音"幽""宵"近韵的情形，辞书常见：《尔雅·释草》"薃侯莎"，以"薃侯"叠韵释出"莎草"的读法[36]，《说文》"道"字从"首"的音例等[37]；而叠韵而出的"皋陶"，文献有时也写作"咎繇"[38]，均可为此佐证。

我们当然不能就此做出《诗三百》"幽"部、"宵"部归字处处同韵的结论，毕竟，《诗三百》，本就采自不同的方言，譬若笔者的家乡——浙东小城天台的方言中，城关内将"韶"归于"幽"韵，城关外的许多乡镇却将"韶"归于"宵"韵，春秋时东部的陈国与西部的周原，岂能语音无异？虽然，可以肯定的是，商晚期已归属主流的商音之中，以及《诗三百》中的某些方言（如离开商丘不远的春秋陈地），"幽""宵"归字是近音同韵的。而这些方言影响下的"句鑃""拘挑"读音，就近乎"叠韵连绵"了。

要之，本节考析：一：春秋以降越地叠韵连绵的"句鑃"两字，最初可单名作"鑃"；二：属于典型南方作品的《天问》中的"何启惟忧，而能拘是达？皆归射鞫，而无害厥躬"，应解作"何启鑃忧，而能句是鑃？皆归射鞫，而无害厥躬"。《天问》直接地将这一仪式与伯益的历史事件联系在一起，且描绘出"敲动伯益的句鑃，能使敌军纷纷缴械"这样的奇迹来，其中充满着诗人对这一上古仪式的疑惑与不可思议。

如果《天问》的这一设问是以流传的上古传奇为依据的，则句鑃源于伯益一族的巫术巫礼，就最为可能。且，逻辑而言，也是伯益一族的后人，最易保留"益鑃"这样的礼俗礼用。

四　商小铙与伯益之鑃

而殷墟出土的商代乐器中[39]，最能与句鑃特征相符的（如前文所析，植置，奏而得音，成编合奏），当属今天学术界称为"小铙"的青铜乐器（图二）。

图二　殷墟熙城都会出土的商小铙

需要说明的是，基于以下的三个考虑，这里忽略了殷墟出土的青铜小铙是商人的另一种也可以植奏的乐器——"庸"的可能：1. 最新数据显示，湖南宁乡炭河里遗址出土的商代青铜器组中高放射成因铅器物占较大比例，其高放射性成因铅的比值落在殷墟出土的高放射性成因铅的比值范围，分析者并认为"部分炭河里和高砂脊商式青铜器与殷墟第三、四期部分普通铅青铜器的铅同位素组成相同，其金属资源来自华北矿山，表明晚商至西周早期湖南地区与中原存在复杂的文化关系"[40]。实际上，笔者也曾分析推测，殷墟一、二期的高放射性成因铅的铜料来源，很可能来自豫东的砀山近地，也即华北矿山中的徐—宿弧形构造带的断层地界[41]。因此，出现在湖南宁乡的数量不菲的商代大铙指示着，商王殷都存在与南方大铙相同或近似[42]器物的可能性非常之大。也就是说，虽然"商代大铙"并未出现在目前可确定的殷墟出土物中，但裘锡圭结合古文字学所推测的，以商代青铜大铙对应卜辞中商王更常使用的乐器——"庸"的观点[43]，不可忽视。2. 卜辞中商人用"庸"的频率高于用"益鑃"[44]，应该说，"庸"与"益鑃"之间，前者更像参与商王一级祭享典礼的乐器。周人所行的"甬钟"乐悬之礼，推测应是周从商礼，奏"庸"、用"庸"而来。而殷墟的考古数据也指示着，殷墟墓葬出土的商代小铙，并非商人的核心礼仪（见下文）。3. 殷墟未见青铜"大铙"，除了殷墟王墓盗掘严重的因素外，或与商人以青铜大铙献享山川河脉［即以湮埋的方式］的礼俗相关。

根据常怀颖对殷墟出土编铙的梳理与考证，"晚商时期，贵族可以随葬编铙，但并非葬礼制度中的必需品，可能也并不是商系墓葬的礼仪常制、核心"[45]。所幸的是，这些最可能属于非商礼常制的随葬小铙上，多数铸有铭文（见常怀颖表一、表二[46]，简纳在本文表一中），其中花园庄M54，大司空M663，郭家庄M160墓葬主人之族属，经笔者考证，归属商代商奄集团的可能性最大[47]。又，妇好墓随葬的2套编铙中，其中2件一组编铙上的铭文

表一　殷墟遗址群晚商时期墓葬随葬小铙情况表

出土地点	件数	铭文	其他说明	断代	本文判断
小屯 M5	3＋2 件，可能为二套	3 件无铭文，2 件铭"亚弜"	墓主人为"妇好"	殷墟二期	亚弜为秦先人费氏一支
西北岗 M1083	3 件成组，1 件单铙	无	王陵东区的小型陪葬墓	殷墟二期	待定
花园庄 M54	3 件成编	"亚长"	与豫东鹿邑的"长子口"墓属于同一族属："长"	殷墟二期晚	属商奄集团
大司空 M663	3 件成编	"古"	墓主人族属："古"族	殷墟二期晚	属商奄集团
郭家庄 M26	3 件成编	无	墓主人自铭："旗"	殷墟二期晚	待定
戚家庄 M269	3 件成编	"爱"	墓主人自铭："爱"	殷墟三期早	待定
郭家庄 M160	3 件成编	"中"	墓主人为沚方胡族	殷墟三期晚	商奄集团中的商奄君族
大司空 M312	3 件成编	"亚？女朋"	墓区中有殷代车马坑 1 座	殷墟三期	待定
大司空 M51	3 件成编	有铭文，不详	不详	殷墟三期	待定
大司空 M303	3 件成编	"马危"	墓主人自铭"马危"	殷墟四期	待定
西区 M699	3 件成编	"中"	南端有一墓道	殷墟四期	待定
高楼庄 M8	3 件成编	不详	附近有铸铜遗址	殷墟四期	待定
2013 年熙城都会出土	3 件成编	不详	有一条墓道，现藏安阳博物馆	推测为殷墟四期	待定

"亚弜"，泄露着秦先人"费"氏一族的信号[48]。此外，常怀颖的数据也显示，殷墟末期至西周早期之间（穆王之前，尤其是康王之前），殷墟外出现编铙随葬习俗的，除了豫东长子口墓葬外，体现最多的，就数今天的山东半岛地区了[49]。

也就是说，假如将商人的成编小铙当做我们寻找中的"伯益之鼗"，上表输出后的信息就包含着以下内容：1. 伯益之后中有秦人；2. 商代的商奄一族，要么归属伯益族，要么因某种原因存在着与伯益族礼俗趋同的特征。

又倘若仔细推敲君王用"益鼗"的前因后果：夏启因身陷囹圄而舞动"伯益之鼗"，武丁因雊雉之惊而用益鼗，齐桓公也因灾变而效法武丁[50]；前一者因用句鼗而使敌军倒戈，后两者更因之而得"附民"、"归民"。可见，这些君主在仪式中运用了乐器句鼗，都是赋予了这一举动特殊的期望：要么因灾变、灵异现象而求得人心之慰藉，要么因困境而求取超自然的神力搭救。不管哪一种情形，都表现出最典型的巫术特征。毫无疑问，此中的乐器"句鼗"，可以纳入张光直所解释的"巫术的法器"[51]。

虽然今天的考古成果无法举证，伯益之鼗这样的巫术法器在殷墟之前是否真实存在，商王的墓葬中，也不见得能随葬"伯益之鼗"，然而，文献中的商武丁，卜辞中的商王，都曾在祭享礼仪中运用到"益鼗"之礼，却是有据可查的事实。

早已迈入血统继承制的商代君主，似乎选择保留了王权轮流制[52]下的"伯益之鼗"这一令人迷惑的巫术法器。仅仅反映了商王对这一古老巫术的迷信？还是商代的王权巫政中，渗入了伯益族人的影响？

五　余论：越国上层与商奄、秦先人

一般而言，周代商后，周礼承继商礼，最是自然合理。殷士肤敏，为周王所用，勉力传习商礼这样的现象，估计在武、成、康三代的西周王都，不属鲜见。然而，随着姬姓贵族渐次加入到成编乐悬甬钟的风俗礼节中去，至穆王时代，商人的成编小铙却在中原，推测也在西周疆域之内，近乎绝迹[53]。毫无疑问，曾为商王所用的"伯益之鼗"，至此被周礼所弃[54]，以至于到了春秋末期，身染周礼、力行周礼、曾贵为鲁国司寇的孔子，在齐国听到古老的"韶"乐时，会怡然陶情到"三月不知肉味"。"韶"乐者，乐章演奏中奏击了乐器——醋（音"召""韶""鑮"）而得名"韶"矣[55]。

与之相对，远在江南的越人，却将"句鑮"之礼俗，运用得风生水起：至晚自春秋后期起乃至秦汉以降，越人乐席上，始终"句鑮"不撤[56]，只不过，"伯益之鑮"被重命名成了"商句鑮"。要知道，到了春秋末期，曾经呼风唤雨的西周王室已然风雨飘摇，何况早已灰飞烟灭的"商人"。周礼不用的"商句鑮"能够成为越人的传统乐器，恰恰说明了：越人的上层中，顽固地保留着商人族群中的巫政理念：行"益鑮"之礼，可以归民、附民。越人的王室贵胄中，似少不了伯益后裔的影响。

这样的民族：1. 伯益后人；2. 商王追随者；3. 不为周人所容。符合以上三项特征的，恐最宜从表一收纳的，曾出入商王帝都，在商一代即以青铜小铙随葬的晚商族氏中去找寻了。其中最显著的，就是前文提到的，表一中占比例最大的，商代的商奄集团了。当然，周公东征时，"九夷之首，商盖（奄）为大"，挺商反周的商奄集团麾下，除商奄本族外，更集结了如秦先人族，伯益族其他支族等商王的追随者。故而，以下的可能性不可否定：作为西周疆域外商礼巫术的飞地，越国的上层社会中，不但隐逸和盘活着亡国后人南逃过江的商代的商奄族群的后人，还散落着商奄族群的联盟与拥戴部落，如秦先人支族[57]、商应公后裔[58]以及其他伯益族后裔等。

以此来阅读记录越王勾践励精图治故事的《越公其事（七）》之"征人"篇[59]，则其中的"品野会"，"三品交于王府"，"三品佞诪扑殴"以及"越地多食"，叙述的乃是越王征收边疆它族，将边疆土地作公田、私田分，边疆民族乐居其上的情形。是否越王也如史家所载之商武丁，先行"益鑮"之礼，后跟上助法、籍田之举措[60]，此处不宜早下结论。然而，越王之"征人"与商武丁"不出三年，狄人之附者七百邦"同趣共旨，则可以不言而喻。回顾越地出土的非墓葬青铜句鑮实物，是否这些出土地（安徽广德、德清武康、淹城、常熟、东阳、绍兴等）附近，与越王的"征人"举措有关呢？

六　结论与推测

合而观之，本文得出结论：卜辞中的"益瞽"、"益醋"，正是上博楚简《竞建内之》记录到的"嗌朓"，也是《天问》耿耿于怀的"启益交攻"关键时刻，夏启所敲响的"拘达"；三处所记录下的，或行礼或催生出奇迹的乐器，均是后来越人所称的"句鑮"，三处也均将"句鑮"挂在"伯益"名下；越人言下的"商句鑮"，即是曾行于周礼的"伯益之鑮"。

本文推测：考古数据展示不构成殷墟商礼核心的青铜成编乐器——商小铙，即是殷墟商王曾特殊颁发过的"益鑮"——伯益之句鑮；据此进而推证，越国的上层社会，最可能遁入了南逃过江的商代的商奄集团、伯益族的其他后裔，如秦先人等；《孟子·滕文公章句下》"周公相武王诛纣伐奄，三年讨其君，驱飞廉于海隅而戮之"[61]，排除传述过程发生的讹误（譬如时间），主体故事或有所据。

当然，西迁或散入西周其他地区的商奄集团、秦先人、伯益族后裔等也会用类似的方式继续他们的益鑮之俗。故而，汉画像石所示，出现在中原尤其是西秦边地的拨浪鼓，或与商人的"鼗鼓"递变相关，是可能的[62]。

注释：

[1] 董楚平：《吴越徐舒金文集释》，浙江古籍出版社1992年，第69页；杜廼松：《金文"句鑮"、"左守"讨论》，《故宫博物院院刊》2003年第3期；郑小炉：《吴越和百越地区周代青铜器研究》，科学出版社2007年，第115、116页；朱凤瀚：《中国青铜器综论》，上

海古籍出版社 2009 年，第 377—380 页；俞珊瑛：《越文化青铜乐器初探》，《东南文化》2012 年第 1 期；朱国伟：《句鑃国属新考》，《南方文物》2012 年第 2 期；陆勤毅、宫希成：《皖南商周青铜器研究》，文物出版社 2015 年，第 155—163 页；郎剑锋、赵守祥：《山东新见青铜句鑃初识》，《东南文化》2016 年第 5 期。

[2] 董楚平：《吴越徐舒金文集释》，浙江古籍出版社 1992 年，第 152—156 页。

[3] 裘锡圭：《裘锡圭学术文集·甲骨文卷》，复旦大学出版社 2015 年，第 45、46 页。

[4] 孙广明：《"颂（编）益（佾）韶"与殷商古乐》，《殷都学刊》2010 年第 4 期。

[5] 裘锡圭：《裘锡圭学术文集·甲骨文卷》，复旦大学出版社 2015 年，第 38—39 页；姚孝遂主编：《殷墟甲骨刻辞类纂》，中华书局 1989 年，第 304、1113 页。

[6] 姚孝遂主编：《殷墟甲骨刻辞类纂》，中华书局 1989 年，第 304、570、1024 页；裘锡圭：《裘锡圭学术文集·甲骨文卷》，复旦大学出版社 2015 年，第 45 页。

[7] 陆勤毅、宫希成：《皖南商周青铜器研究》，文物出版社 2015 年，第 155—163 页。

[8] 董楚平：《吴越徐舒金文集释》，浙江古籍出版社 1992 年，第 69 页，引自郭沫若、陈梦家之陈述。

[9] 刘桓：《甲骨文字考释四则》，《古文字研究》2006 年，第 59、60 页。

[10] 马承源主编：《上海博物馆藏战国楚竹书（五）》，上海古籍出版社 2006 年，第 18—27 页、165—177 页。

[11] 陈剑：《谈谈〈上博（五）〉的竹简分篇、拼合与编联问题》，采用简 1、5、6、2、7、4、3、8、9、10；李天虹：《上博五〈竞〉〈鲍〉篇校读四则》，两文均见于武汉大学简帛网 2006 年 2 月 19 日，http：//www. bsm. org. cn/show_ article. php？ id = 204，http：//www. bsm. org. cn/show_ article. php？ id = 203，刘信芳：《上博藏竹书所载殷高宗政令及相关问题》，《中国历史文物》2006 年第 5 期。

[12] 马承源主编：《上海博物馆藏战国楚竹书（五）》，上海古籍出版社 2006 年，第 171 页。

[13] 李学勤：《试释楚简〈鲍叔牙与隰朋之谏〉》，《文物》2006 年第 9 期。

[14] 陈剑：《谈谈〈上博（五）〉的竹简分篇、拼合与编联问题》，武汉大学简帛网 2006 年 2 月 19 日，http：//www. bsm. org. cn/show_ article. php？ id = 204。

[15] 杨宽：《伯益考》，《齐鲁学报》1941 年第 1 期。

[16] 骈宇骞编：《银雀山汉简文字编》，文物出版社 2001 年，第 118 页。

[17] 〔清〕段玉裁：《说文解字注》，浙江古籍出版社 2007 年，第 9、172 页。

[18] 顾野王：《大广益会玉篇》，中华书局 2014 年，第 4 页。

[19] 姚孝遂主编：《殷墟甲骨刻辞类纂》，中华书局 1989 年，第 1024 页。

[20] 按：仪式的结果，很可能就是食鼎肉的鸣雉被句鑃之音撵飞或至少不再鸣叫，以此而得安告神。

[21] 杨宽：《伯益考》，《齐鲁学报》1941 年第 1 期；游国恩：《〈天问〉古史证二事》，《楚辞论文集》，古典文学出版社 1957 年，第 166—174 页。

[22] 游国恩：《〈天问〉古史证二事》，《楚辞论文集》，古典文学出版社 1957 年，第 166—174 页。

[23] 游国恩：《〈天问〉古史证二事》，《楚辞论文集》，古典文学出版社 1957 年，第 169 页。

[24] 按："后""忧""拘""鞠"无疑也可协韵。

[25] 〔清〕阮元编：《十三家注疏·毛诗》，中华书局 1979 年，第 345 页。

[26] 按：指伯益所属之句鑃。

[27] 朱凤瀚：《中国青铜器综论》，上海古籍出版社 2009 年，第 380 页，图四·一一。

[28] 陈复华、何九盈：《古韵通晓》，中国社会科学出版社 1987 年，第 149、150、160 页。

[29] 据陈复华、何九盈《古音辩》，"萧""肴""豪""尤"同部，参见董楚平：《吴越徐舒金文集释》，浙江古籍出版社 1992 年。

[30] 陈复华、何九盈：《古韵通晓》，中国社会科学出版社 1987 年，第 14、15 页。

[31] 季旭昇：《说文新证》，台北艺文印书馆 2014 年，第 594 页。此书列出了两件商金文（《小子省卣》、《宰甫簋》）中出现的带声部"缶"的"寶"。

[32] 〔清〕阮元编：《十三家注疏·毛诗》，中华书局 1979 年，第 140 页。

[33] 〔清〕阮元编：《十三家注疏·毛诗》，中华书局 1979 年，第 376 页。

［34］〔清〕阮元编：《十三家注疏·毛诗》，中华书局 1979 年，第 376 页。

［35］〔清〕阮元编：《十三家注疏·毛诗》，中华书局 1979 年，第 378 页。

［36］〔清〕阮元编：《十三经注疏·尔雅》，中华书局 2003 年，第 2627 页，读法见"疏"注。

［37］"道"从"首"音的观点，为段玉裁（《说文解字注》，浙江古籍出版社 2007 年，第 75 页）与王筠（《说文解字句读》，中华书局 1988 年，第 65 页）所采用。

［38］按：如《楚辞·九章·惜诵》"命咎繇使听直"。

［39］王秀萍：《殷墟出土商代音乐文物综论》，《殷都学刊》2009 年第 4 期。据此文，殷墟出土的可见乐器实物计有陶埙、石磬、铜铙（即小铙）、陶铃、铜铃。

［40］马江波、金正耀、范安川、向桃初、陈福坤：《湖南宁乡县炭河里遗址出土青铜器的科学分析》，《考古》2016 年第 7 期。

［41］齐韶花：《商奄考》，浙江大学出版社 2015 年，第 51—61 页，其德文版早在 2013 年 2 月已公布在德国慕尼黑大学的博士数据库中。

［42］按：同铜料，或同铜料兼同形制，或同铜料兼相似形制。

［43］裘锡圭：《裘锡圭学术文集·甲骨文卷》，复旦大学出版社 2015 年，第 38 页。

［44］比较甲骨文字条"庸"与"益鼍"，见姚孝遂主编：《殷墟甲骨刻辞类纂》，中华书局 1989 年。"庸"在第 1114 页，共 52 条；"益鼍"在第 1024 页，不超过 25 条。

［45］常怀颖：《论商周之际铙钟随葬》，《江汉考古》2014 年第 1 期。

［46］常怀颖：《论商周之际铙钟随葬》，《江汉考古》2014 年第 1 期。

［47］齐韶花：《商代商奄集团的青铜器特征探讨》，《三代考古（七）》，科学出版社 2017 年，第 7 页。关于"长"族，文中以鹿邑长子口铜器为依据，阐述长族与商奄集团的关系，未涉及对花园庄 M54 的讨论。但恰如花园庄 M54 挖掘者推测，M54 墓主与长子口墓主可能系同一大族（徐广德、何毓灵：《河南安阳市花园庄 54 号商代墓葬》，《考古》2004 年第 1 期），何毓灵更补充指出，对 M54 墓主人亚长的牙齿与骨骼的锶同位素和氧同位素的检测结果显示，亚长可能来自殷墟之外，距离海洋较近的地方（何毓灵：《殷墟花园庄东地 M54 墓主再研究》，《三代考古（六）》，科学出版社 2016 年，第 110—117 页）。这个结论，进一步支持了花园庄 M54 与位于豫东的长子口墓墓主同族的推测。

［48］齐韶花：《关于秦先人与商代商奄族群关系的思考》，浙江省博物馆编：《东方博物》第 68 辑，中国书店 2018 年。文中论述见于甲骨文的"雀"与"弜"两族，可以对应史料所载秦先人"鸟俗氏"与"费氏"。

［49］常怀颖：《论商周之际铙钟随葬》，《江汉考古》2014 年第 1 期。

［50］李学勤：《试释楚简〈鲍叔牙与隰朋之谏〉》，《文物》2006 年第 9 期。

［51］张光直：《青铜挥麈》，上海文艺出版社 2000 年，第 306、307 页。

［52］张光直：《青铜挥麈》，上海文艺出版社 2000 年，第 100、300 页。

［53］常怀颖：《论商周之际铙钟随葬》，《江汉考古》2014 年第 1 期。

［54］周礼中固然有祭拜远祖的"祧"（祧）礼，推测行"祧"礼的关键与毁庙行为有关，故而它的主旨还是安神、告神。此礼虽冠在"祧"礼下，但可以肯定的是，行礼时不用句鼍作乐。

［55］裘锡圭：《裘锡圭学术文集·甲骨文卷》，复旦大学出版社 2015 年，第 45、46 页。

［56］朱国伟：《句鼍国属新考》，《南方文物》2012 年第 2 期。

［57］齐韶花：《关于秦先人与商代商奄族群关系的思考》，浙江省博物馆编：《东方博物》第 68 辑，中国书店 2018 年。

［58］齐韶花：《商代商奄集团的青铜器特征探讨》，《三代考古（七）》，科学出版社 2017 年。

［59］李学勤主编：《清华大学藏战国竹简（柒）》，上海中西书局 2017 年，第 137—139 页。

［60］刘信芳：《上博藏竹书所载殷高宗政令及相关问题》，《中国历史文物》2006 年第 5 期。

［61］〔清〕阮元编：《十三家注疏·孟子》，中华书局 1979 年，第 2714 页。

［62］高晋南：《商周族氏铭文中的鼖鼓形态与鼖族》，《民俗研究》2018 年第 1 期。只不过，那里出现的"鼖鼓"，多半是商亡后西迁的商奄族或秦先人带去的，并无关西迁的商人🐦族。高晋南判断此族负责经营商鼖鼓礼仪的观点，尚值得商榷。"庚"族或"庚丙"族，更可能是为商王传习"庸"礼之俗的氏族，毕竟《商颂·那》除了言及鼖鼓，还有镛鼓。

元末明初昆山文人曲唱活动研究*

李倩瑜（山西师范大学文学院）

徐尚会（成都东部新区草池小学）

内容摘要：明代中叶至清代中叶戏曲中影响最大的昆山腔，虽兴起于明代嘉靖至隆庆年间，但早在元末明初之际，已作为南曲声腔的一个流派，于昆山一带产生了。在明初与海盐腔、弋阳腔、余姚腔的角逐中，昆山腔逐渐脱颖而出，占据了明代中后期戏曲舞台的中心位置。本文以顾坚、顾瑛、杨维桢等为主的文人曲唱活动为考察点，结合其曲唱声腔、演唱方式、声腔载体，从源头上清晰地梳理早期昆山腔的曲唱活动，有助于更好地理解明代以来声腔流变、雅俗嬗变、南北交融等相关曲学问题。

关键词：昆山腔　文人集会　清唱　北曲

昆山腔，作为"明代中叶至清代中叶戏曲中影响最大的声腔剧种，它虽兴起于明代嘉、隆年间，即16世纪中叶，但早在元末明初之际，即14世纪中叶，已作为南曲声腔的一个流派，于昆山一带产生了"[1]。在明初与海盐腔、弋阳腔、余姚腔的角逐中昆山腔逐渐脱颖而出，并占据了明代中后期戏曲舞台的中心位置。在明中后期几百年的戏曲历史中，昆山腔占据着重要的历史地位，拥有广泛的受众，无论是下层平民的里巷歌台，抑或是上层士大夫的书房案牍，都能窥见其身影。一直以来关于兴盛期昆山腔的研究层出不穷，但是昆山腔早期曲唱活动之研究则很少涉及，即使少数学者提及，也往往语焉不详。元末明初，活动于昆山的顾瑛、顾坚、杨维桢等人通过文人集会的形式，演唱昆山腔，而演唱形式主要为清唱，演唱内容则主要为弦索北曲。顾瑛、顾坚、杨维桢等人在元末明初的曲唱活动，

折射出元末以来从诗学到曲学的一系列巨变，而他们本人也为这种时代思潮所裹挟。在这种裹挟中掺杂了明代曲学中南北融合、雅俗嬗变等许多重要命题，掺杂了昆山腔载体由山歌、号子、小调至曲牌、套数的融合与演进，场上搬演与案牍赏玩的分野与纠纷，而只有从源头上辨明昆山腔内部之体系，才能对明代中后期曲学上之辩题进一步厘清。以顾坚、顾瑛、杨维桢等为主的文人曲唱活动为考察点，结合其曲唱声腔、演唱方式、声腔载体，从源头上清晰地梳理早期昆山腔的曲唱活动，有助于更好地理解明代以来声腔流变、雅俗嬗变、南北交融等相关曲学辩题。

一 昆山腔缘起之纷争

明清以来，曲学家们一直尊"魏良辅"为昆山腔之尊，认为魏良辅创造了昆山腔。如许宇编《词林逸响》卷首附录《昆腔原始》，其中云：

> 按元魏良辅，昆山州人。瞽而慧，以师旷自期。先为丝竹之音，巧绝一世，既则定曲腔点板，发古人未有之心思，海内宗之。度曲必称昆腔者，不忘其所自始也。相传有曲律，吴人咸诵习焉。如海盐、弋阳、四平，皆奴隶矣。[2]

在这则材料中，尊魏良辅为昆山腔之宗，与中国音乐之祖师旷相提，认为其"定曲腔点板，发古人未有之心思，海内宗之"，此外，王骥德《曲律》

---

* 本论文系重庆市2018年度社会科学规划项目"巴渝地区坊刻曲本研究"（项目编号：2018QNWX60），重庆市教委人文社会科学研究项目"清末民初巴渝地区书坊与坊刻曲本研究"（项目编号：19SKGH269），重庆市教育科学研究院十三五规划课题"巴渝地区川剧传统文化与高校德育工作融合研究"（项目编号：2019－GX－561）项目阶段性成果。

亦云："旧凡唱南调者,皆曰'海盐'。今'海盐'不振,而曰'昆山'。'昆山'之派,以太仓魏良辅为祖。"[3]可见,王氏观点与《昆腔原始》中一致,皆认为昆山腔,"以太仓魏良辅为祖"。沈宠绥在《度曲须知·曲运隆衰》中亦认为"有豫章魏良辅者","生而审音,愤南曲之讹陋也,尽洗乖声,别开堂奥,调用水磨,拍捱冷板",其"腔曰昆腔,曲名时曲,声场禀为曲圣,后世依为鼻祖"[4]。其后,清代学者基本遵循这一看法,认为"昆山腔自魏良辅始,梁伯龙得其传"[5]。直至近代,吴梅在《中国戏曲概论·明总论》中亦云:"嘉隆间,太仓魏良辅、昆山梁辰鱼,以善讴名天下。良辅探讨声韵,坐卧一小楼者几二十年,考订《琵琶》板式,造水磨调"[6],在吴梅看来,魏良辅"考订《琵琶》板式",而创造了"水磨调"。这与明清以来的看法基本一致。至此,学者们在昆山腔源起问题上似乎达成了一致看法。但是20世纪60年代,随着《昆腔原始》的更早版本嘉靖间抄本《南词引正》[7]的发现,则打破了这种一致,如其第五条云:

> 元朝有顾坚者,虽离昆山三十里居千墩,精于南辞,善作古赋。扩廓帖木儿闻其善歌,屡招不屈。与杨铁笛、顾阿瑛、倪元镇为友。自号风月散人。其着有《陶真野集》十卷、《风月散人乐府》八卷行于世。善发南曲之奥,故国初有昆山腔之称。

此则材料中提及"元朝有顾坚者,虽离昆山三十里居千墩,精于南辞,善作古赋。"元末"与杨铁笛、顾阿瑛、倪元镇为友"的顾坚"善发南曲之奥",故国初有"昆山腔"之称。昆曲研究家赵景深先生就曾云:"元代后期,南戏流经昆山一带,与当地语音和音乐相结合,经昆山音乐家的歌唱和改进,推动了它的发展,至明初遂有昆山腔之称。"张庚、郭汉城主编的《中国戏曲通史》认为"元末的作家兼歌唱家顾坚对这一新的南曲流派的形成作出过贡献"[8]。胡忌在《昆剧发展史》中首先否认了晚明以

来王骥德等人普遍认为的魏良辅是昆山腔创始人的观点,其次,他认为早在元末明初就已经有了顾坚"发奥",顾阿瑛,"蓄养声伎","搬演北杂剧"的行为,并且认为在明初至嘉靖之前很长的一段时间里,昆山腔早已搬演了《琵琶记》等早期传奇二十四种。这些观点的立论依据亦主要是《南词引正》第五条。但是《南词引正》所提及顾坚、顾瑛、杨维桢等人曲唱活动是否属实?如属实,其曲唱活动具体情形是怎样的?曲唱的内容形式又如何呢?

二 元末明初顾瑛、顾坚等人文人曲唱活动

《南词引正》中提及顾坚与杨维桢、顾阿瑛、倪元镇等人"精于南辞、善作古赋","善发南曲之奥。"此说是否可靠呢?如若可靠,"善发南曲之奥",绝非文人一两次集会即可完成,是否可由此推断元末明初,以"昆山三十里居千墩"或者周边范围为据点,形成了一定规模的曲唱活动,而此曲唱活动主要是施展才华、切磋技艺的集会,参加集会者往往"善琴操,精音律"[9]。而如关于顾瑛的传记记载云:

> 德辉,字仲瑛,别名阿瑛,昆山人,四姓(按:指吴中四大家族顾、陆、朱、张)之后,轻财结客,年三十始折节读书,师友名硕,购古书名画、三代以来彝器秘玩,集录鉴赏。举茂才,署会稽教谕,力辞不就。年四十,以家产付其子元臣,卜筑玉山草堂。园池亭榭,饩馆声妓之盛,甲于天下。日夜与高人俊流置酒赋诗,觞咏唱和,都为一集曰《玉山名胜》,又荟萃其所得诗歌曰《草堂雅集》。[10]

上述材料提及顾阿瑛"饩馆声妓之盛,甲于天下。日夜与高人俊流置酒赋诗,觞咏唱和",这与《明史·文苑传》所云"暨饩馆声伎,并冠绝一时"[11]相吻合。此外,据《玉山名胜集》记载,自至正八年(1348)至二十年(1360)短短时间内于顾阿瑛玉山堂所举行的集会大概有50多次。《吴郡五百名贤图传赞》卷三亦云:"卜筑别业于茜泾西,

曰'玉山佳处'。朝夕与客置酒赋诗其中。四方名士如杨维桢、柯九思、李孝光，方外张雨、于彦、成琦、元璞辈，咸主其家。园池亭榭之盛，图史之富，暨饩馆声伎，并冠绝一时。"[12]总之从现存相关材料中可以得出的主要有三点：一是元末明初昆山地区确实形成了一定规模的"觞咏唱和"团体，以"昆山顾瑛、无锡倪元镇"等为组织者与参与者，而"杨廉夫实主斯盟"[13]。他们聚集地点主要在昆山顾家玉山堂，参与人物主要有除顾坚、杨维桢、倪元镇等人外，甚至连高明也曾参与这一曲唱活动。如顾瑛在《玉山草堂雅集》卷八中记了与高明会面的情形："（高明）长才硕学，为时名流，往来予草堂，具鸡黍谈笑，贞素相与淡如也。"二是顾阿瑛、倪元镇、杨维桢等人的曲唱活动，主要记载于《草堂雅集》、《大雅集》、《玉山名胜集》等作品中。但是在《草堂雅集》、《大雅集》、《玉山名胜集》中并未收录顾坚作品，既然《南词引正》云顾坚与"杨铁笛、顾阿瑛、倪元镇为友"，而且顾坚有《陶真野集》、《风月散人乐府》行于世，为什么在记录昆山曲唱活动的作品中却未收录其作品呢？难道《南词引正》所述有误或者不可信，顾坚并未参与元末曲唱活动吗？其实不然，这和顾坚的身份地位有关，如《顾氏重汇宗谱》关于顾鉴、顾坚父子的谱传是：

> 讳鉴，字鉴中，行百一，海门西洲炳公长子，生而聪颖，雅好诗文，善作乐府散曲，时人尊为相公焉。性敦睦和洽，晚娶毗陵华氏，喜得一子，名坚，字颖玉。天生歌喉，自幼从姑母山山学曲习唱。尝与风月福人杨铁笛、风月主人倪云林、风月异人顾阿瑛交往，因号风月散人，有乐府散曲集行世。其风月情词，甚得闺中姑嫂深爱，尝制锦囊藏之。然不幸双目失明，沦为瞽瞍，遂有《陶真野集》，流传民间。[14]

上述材料提及顾坚之父"生而聪颖，雅好诗文，善作乐府散曲"，而且顾坚从小与姑母"自幼从姑母山山学曲习唱"。此外据《青楼集》亦可知，顾山山

"资性明慧，技艺绝伦"，"至今老于松江，而花旦杂剧，犹少年时体态。后辈且蒙其指教，人多称赏之"。顾坚之父顾鉴、与其姑母顾山山，皆因其祖父顾炳而遭难，"本良家子，因父而俱失身"[15]，顾坚亦成为教坊乐户"学曲习唱"之乐工，顾坚之这一身份与魏良辅"初专习北曲，后专习南曲"[16]的比较相似。因此，虽然顾坚有才华，与"风月福人杨铁笛、风月主人倪云林、风月异人顾阿瑛"交往密切，但是其参与顾瑛、杨维桢等人集会的主要作用是进行曲唱活动，而非文学创作。可见，该曲唱集团是以文人主导，亦有专业艺人参与的较为专业化的曲唱活动。

元末明初顾坚、顾瑛、杨维桢等人的曲唱活动当属实，其当时曲唱活动的次数、规模、水准都比较高。这似乎为"昆山腔起源于元末明初"之说提供了翔实的文献依据，此说亦似乎铁证如山。但是亦有学者提出疑问，除了《南词引正》之外，提及昆山腔缘起的另外三段材料《词林逸响》之《昆腔原始》、王骥德之《曲律》、沈宠绥《度曲须知》都产生于"海盐不振，而曰昆山"的明中后期[17]。为什么明初早期找不到昆山腔的确凿记载呢？如陆萼庭先生虽然在《昆曲演出史稿》中提出了疑问，既然昆山腔产生于元末明初，为何从明初（1368）到嘉靖（1522）近两百年的长时间里，却看不到关于其的相关记载呢？他对现存的唯一一段明代初期的记载[18]提出了质疑："《泾林续记》上说连明太祖朱元璋也知道昆山腔'甚佳'，这种记载未必可靠。"[19]既然缘起于元末明初，为何此后几百年的时间里却找不到确凿的关于昆山腔曲唱活动的相关记载呢？究竟是怎样的原因才造成了这种局面呢？实际上这和昆山腔曲唱语言、传播地域有着密切的关系。

三 昆山腔的语言、演唱方式、声腔载体考辨

不可否认的是，从现存古籍中确实能够找到元末明初顾阿瑛、顾坚、杨维桢等人进行曲唱活动的较为翔实的证据。但是与此同时却又找不到其后很长一段时间内相关确凿的记载。于是有学者开始怀

疑，当时所演唱者并不是今天所流传的"昆山腔"呢？钱南杨先生在《〈南词引证〉校注》中认为："昆山腔是从海盐腔的基础上发展起来的……海盐腔从南宋末传入苏州，直到元末差不多一百年，多少总起了一些变化，顾坚又加以革新，自然不再是海盐腔的原貌，遂别名昆山腔。"[20]周贻白《中国戏剧史长编》中认为："昆山腔之'磨调'即指'水磨腔'，'冷板曲'即系'清唱'，……'较海盐腔更为清柔而婉折'，则昆山腔系从海盐腔基础上发展而来，当属可能。"[21]但是曾永义先生对此提出了质疑，他认为："钱氏论昆山腔必出自海盐腔，乃一则不明'腔调'源生之道，二则亦不明'腔调'流播交融之方，因之结论必然闪失。"[22]在曾先生认为"腔调在源生地只称'土腔'，其载体称'土曲'、'土戏'；其根源之方音、方言，则称'土音''土语'"，而"'腔调'源生于方音、方言，则有昆山人必有昆山腔，只是当其未流播他方未被他方之人注意之时，但称'土腔'"。顾坚、顾阿瑛、杨维桢、倪瓒等皆昆山或周边人，其语音主要应以苏州昆山语音为主，则其腔亦当是昆山腔无疑。因此可以判定该曲唱集团语言上是以"苏松太"吴语为语音基础，"这一部分的语言与浙江的杭嘉湖相合为一大区，声韵与官话颇有不同，吴歌声韵属此系"[23]。《草堂雅集》卷四云："南音北谱此正繁，含爵纷纭徒聒耳。"[24]其中描述"南音"，亦当指当时"昆山腔"演唱时的具体语音。而由于早期"昆山腔"是用当地方言演唱，所以明初之嘉靖数百年时间里，虽然亦受到昆山文人之关注，但是"昆山腔"，"止行于吴中"，因此关于其曲唱之确凿记载亦很少。

"腔调的根本基础则是方音凭借方言所产生的语言旋律"，而这种"语言旋律"，又分为"纯天然"和"人工造设"，具体则体现为以下六种形式为载体：号子、山歌、小调、诗赞、曲牌、套数[25]。"纯天然"之"语言旋律"则主要源自于民间土生土长，主要以号子、山歌、小调为载体，这是昆山腔源流之一，而"人工造设"之"语言旋律"则主要经过文人加工，主要以诗赞、曲牌、套数为载体，这亦

是昆山腔源流之一。魏良辅云："腔曰昆腔，曲名时曲，声场禀为曲圣，后世依为鼻祖。"[26]虽然魏氏是就嘉靖中后期之昆山腔而言，但此可作为重要参考。"时曲"与"昆曲""时调""水磨调""冷板调"这几个概念主要是针对"曲"而论，昆山腔之"腔"则主要是针对"声腔"而言，"腔是一个大概念"，相比之下"曲"之概念"外延就相形较小了"[27]。"昆山腔"这一声腔，可以具体"时调""时曲""昆曲"为载体，而后者也属于"昆山腔"六种形式的载体范畴，而具体属于哪一种，则应结合具体曲文内容而看。

元末明初之文人曲唱活动之"昆山腔"以什么为载体呢？虽然相关著作中鲜少提及，而提及的作品《陶真野集》《风月散人乐府》则后世又未见流传本。但是通过对《草堂雅集》《大雅集》《玉山名胜集》等作品中的分析，能够找到一些当时曲唱具体活动的线索，如"教坊弦索惨不骄，歌舞堂中静如水"[28]，"时时对客教弦索，绣领单衫月色罗"[29]，"时时对客理弦索，月色罗衫小样裁"[30]，"弦索蚕缫绿水丝，金屋有花频赌酒"[31]，其中虽然没有直接出现所唱内容，但是却反复出现"弦索"。据此可以推断当时的曲唱活动，是以"弦索调"为主的。何为弦索调呢？《南词引正》云："北曲与南曲大相悬绝，……有磨调、弦索调，乃东坡所仿，偏于楚腔。……伎人将南曲配弦索，直为方底圆盖也。"关于此条，钱南杨先生的注解为："本条在专论北曲，则此磨调，自然是指北曲。可见在昆山腔之前，北曲唱腔中已经有磨调了。而各改本仍以磨调为南曲，弦索为北曲，大失魏良辅原意。"钱先生的意思是说"弦索调"与"磨调"皆是北曲的演唱方法，但是后人人为地把"弦索"指北曲，"磨调"指南曲。此说正确与否，姑且不论，但是可以肯定的一点是通常"弦索"指北曲。但是，由此而判断当时演唱的就是"北曲"似乎有一些武断。结合元末明初北曲盛行，南曲受到压制的背景，"弦索"似乎亦可能是南北曲的概称。然而，顾瑛词《蝶恋花·春江暖》题记中详细记载了当时曲唱者姓名以及曲唱情形："陈浩然招

游观音山，宴张氏楼，徐姬楚兰佐酒，以琵琶度曲，郑云台为之心醉，口占。""玉手佳人，笑把琵琶理"这里不仅记载了演唱者的姓名"徐姬楚兰"，还指出所用乐器"琵琶"。而《清平乐·春寒侧》中亦云"酒醉休扶上马，为君一洗琵琶。"由上可以推测，当时演唱的主要为"弦索"，而演唱使用的乐器为"琵琶"。据明徐充《暖姝由笔》云："有白有唱者名杂剧，用弦索者名套数，扮演戏文，跳而不唱者名院本。"[32]结合其文意，"有白有唱"为"杂剧"，而"扮演戏文，跳而不唱"为"院本"，可知此处"用弦索""名套数"者为"唱而无白""唱而不跳"，当是一种清唱。再据李开先《词谑·词乐》中所言弹唱家往往使用的弦索乐器有琵琶、三弦和筝。可知，当时清唱所使用的乐器为琵琶，而"琵琶"，往往亦成为"北曲"的代称。如王骥德《曲律》中云："燕赵之歌童舞女咸弃其捍拨，尽效南声，而北词几废。"[33]"尽效南声"则弃原来之"捍拨"即琵琶，可见，"琵琶"主要指代"北曲"。而顾瑛甚至于一些作品中表达了对这种遍地北曲现象的不满，如"莫辨黄钟瓦釜声，且携斗酒听春莺；河西金盏翻新谱，汉语夸音唱满城"[34]。诗中"河西"即曲牌《河西后庭花》，"金盏"即曲牌《金盏儿》，皆为北曲曲调。"汉语夸音"亦当代指北曲乐府，而这种演唱"唱满城"，可见当时北曲传唱的普遍。再如《稗史汇编·曲中广乐》云："若顾仲瑛辈，更招致宾客，至千金卖□□□者求杨铁笛一盼以为荣。编有《玉峰草堂集》，□皆其同时唱和诸诗者。……而其雅不能诗者，尤好搬衍杂剧，即一段公事，亦入北九宫中。"[35]可见，当时的曲唱活动除了北曲散曲作品外，亦有北剧杂剧。而王渔洋在《香祖笔记》中论及"海盐腔"源流时云："海盐少年多善歌，盖出于澉浦杨氏，其先人康惠公梓与贯云石交善，得其乐府之传，今杂剧中《豫让吞炭》《霍光鬼谏》《敬德不伏老》皆康惠自制。[36]"虽然此段并非言及"昆山腔"，但亦可作为重要参考。可见，在早期南曲"昆山腔""海盐腔"中确实有演唱北曲杂剧的现象。

既然元末明初之"昆山腔"已经由顾坚、顾瑛、杨维桢、倪瓒、高明等昆山籍文人的加工与传唱，可是为什么明初至嘉靖近两百年的时间中依然"止行于吴中"，并且饱受文人之诟病呢？如嘉靖五年著名北曲家祝允明（1460—1526）于《猥谈》中云："自国初以来，公私尚用优伶供事。数十年来，所谓'南戏'盛行，更为无端，于是，声乐大乱……盖已略无音律、腔调，愚人蠢工，徇意更变，妄名'余姚腔'、'海盐腔'、'弋阳腔'、'昆山腔'之类——交易喉舌，趁逐抑扬，杜撰百端——真胡说也。若以被之管弦，必致失笑。"[37]祝枝山崇尚北曲，但为何将"昆山腔"列于南曲诸腔之末，并且认为其"妄名"、"杜撰"、"胡说"、"失笑"？笔者认为材料中祝枝山所提及的"昆山腔"，并不是元末明初"昆山腔"，其云"妄名'余姚腔'、'海盐腔'、'弋阳腔'、'昆山腔'之类"，既是"妄名"，可见在祝枝山看来，"妄名"之外，当有"真名"之"昆山腔"。诚如明代周玄暐《泾林续记》中提及"周寿谊为太祖唱曲"之事可能非实，但其中所提及之"不能讴昆山腔"，而"善吴歌"，歌"月子弯弯照九州"的情况却值得探究。太祖所闻"甚佳"之"昆山腔"，可能是文人加工曲唱之"昆山腔"，而周寿谊所歌之"吴歌，月子弯弯照九州"[38]，则属于"昆山腔"之又一类载体，民间小调、号子、山歌之列。徐渭《南词叙录》所云"村坊小曲""里巷歌谣"当属此类。这是"昆山腔"之又一源流。再如杨维桢所作南散套《夜行船·苏台吊古》套曲与早期民间南戏中如《张协状元》《小孙屠》《错立身》中同曲牌的曲辞在句式、平仄、押韵等方面均不太相同，这亦说明"昆山腔"源流之区别。然而在《浣纱记·泛湖》出中梁辰鱼将此曲套用，这在一定程度上可以说明元末文人曲唱活动的超前性。

俞为民先生亦认为："元代有两种昆山腔，一种是顾坚等文士创立的清唱昆山腔，一种是民间艺人创立的作为南戏四大唱腔之一的昆山腔。"[39]而这两种昆山腔之分别，亦造成了明代许多问题的纷争。从演唱形式而言，一种主要为清唱，一种则主要为剧唱；从声腔载体而言，一种为北曲乐府，一种为吴歌小调；从雅俗分流划分而言，一种代表文人学士的审美情趣，以风雅著称，号称曲学之正宗，一种则代表乡村野夫的俚俗文化，以通俗易懂而广为流传，但亦饱受文人墨客之诟病。

元末明初之"昆山腔"仅仅是从声腔方言之角度而言。这种声腔有多种载体，可以是民间流传的吴歌小调，也可以是文人加工的曲辞雅言。但是这种声腔不可能由一人所创造，无论是顾坚，抑或是魏良辅。他们所做的也仅仅是进一步改革唱法，改

良原有之"土腔"，吸收融合民间俚词俗曲，促进"昆山腔"不同载体的融合，在这种融合中也使得"昆山腔"之曲体意义加强。而顾坚、魏良辅之改良，折射出元末以来从诗学到曲学一系列巨变，而他们本人也为这种时代思潮所裹挟。在这种裹挟中掺杂了明代曲学中南北融合、雅俗嬗变等许多重要命题，掺杂了昆山腔载体由山歌、号子、小调至曲牌、套数的融合与演进，场上搬演与案牍赏玩的分野与纠纷，而只有从源头上辨明昆山腔内部之体系，才能对明代中后期曲学上之辩题进一步厘清。

注释：

[1]　张庚、郭汉城主编：《中国戏剧史长编》，人民文学出版社1960年，第12—13页。

[2]　〔明〕许宇：《词林逸响》，天启三年（1623）刊刻，台北学生书局1987年影印版，第13页。

[3]　〔明〕王骥德：《曲律》，《中国古典戏曲论著集成（四）》，中国戏剧出版社1959年，第117页。

[4]　〔明〕沈宠绥：《度曲须知》，《中国古典戏曲论著集成（五）》，中国戏剧出版社1959年，第198页。

[5]　〔明〕谈迁《枣林杂俎》、清代焦循《剧说》、周广业《过夏杂录》、谢章铤《赌棋山庄词话》等皆认为"昆山腔自魏良辅始，梁伯龙得其传"。

[6]　吴梅：《中国戏曲概论》，上海古籍出版社2000年，第152页。

[7]　今人于明玉峰、张广德编的《真迹日录·二集》中，发现有文徵明写本"娄江尚泉魏良辅《南词引正》"，下题"毗陵吴昆麓校正"，末有金坛曹含斋嘉靖丁未（嘉靖二十六年，1547年）叙文。

[8]　张庚、郭汉城主编：《中国戏剧史长编》，人民文学出版社1960年，第12—13页。

[9]　天一阁抄本《录鬼簿续编》，《中国古典戏曲论著集成（二）》，中国戏剧出版社1959年，第292页。

[10]　上海图书馆所藏顾心毅据乾隆三十六年（1771）旧谱续修的稿本《顾氏重汇宗谱》中，第6册第92页载有顾伯寿、顾德辉父子的谱系。此条传记为钱谦益所撰写，后收入《列朝诗集小传》。此外，《明史文苑传》卷二八五亦载有《顾瑛传》。

[11]　〔清〕徐元文、叶方蔼、张廷玉等编修：《明史》，中华书局点校本，第24册，第7325页。

[12]　〔清〕顾沅辑：《吴郡五百名贤图传赞》卷三，台北广文书局1967年。

[13]　〔明〕王世贞《艺苑卮言》卷六云："吾昆山顾瑛、无锡倪元镇，俱以猗卓之资，更挟才藻，风流豪赏为东南之冠，而杨廉夫实主斯盟。"

[14]　上海图书馆所藏顾心毅据乾隆三十六年（1771）旧谱续修的稿本《顾氏重汇宗谱》中第14册第301页载有顾鉴、顾坚父子的谱系。此则材料据郑闰先生云发现于日本国立国会图书馆所藏七十六册抄本《顾氏重汇族谱》，据吴新雷先生考证，日本国立国会图书馆并不承认藏有此本。因此此则材料出处不明。然而吴新雷先生认为此则材料可信，只是郑闰先生不愿公开材料来源，故引用。

[15]　〔元〕夏庭芝：《青楼集》，《中国古典戏曲论著集成（二）》，中国戏剧出版社1959年，第34页。

[16]　明代张大复《梅花草堂笔谈》、沈宠绥《度曲须知》，清代张潮《虞初新志》、余怀《寄畅园闻歌记》、叶梦珠《阅世编》等皆有相关记载。

[17]　〔明〕许宇《昆腔原始》刊刻于天启三年（1623），王骥德《曲律》刊刻于天启五年（1625），而《度曲须知》则刊刻于崇祯间，均为明末。

[18]　〔明〕周玄暐《泾林续记》云："太祖闻其高寿，特召至京，拜阶下，状甚矍铄，问今年若干，对云一百七岁。又问：'平日有何修养

致此？’对曰：‘清心寡欲。’上善其对，笑曰：‘闻昆山腔甚佳，尔亦能讴否？’曰：‘不能，但善吴歌。’命歌之，歌曰：‘月子弯弯照九州，几人欢乐几人愁？几人夫妇同罗帐，几人飘散在他州？’太祖抚掌大笑，命赏赐酒馔于殿上，又蠲其家丁役，送其还家。”（周玄暐：《泾林续记》，《丛书集成初编》，中华书局 1985 年，第 8 页。）

［19］ 陆萼庭：《昆剧演出史稿》，台北国家出版社 2002 年，第 20 页。

［20］ 钱南杨：《〈南词引正〉校注》，《戏剧报》1961 年 Z2 期。

［21］ 周贻白：《中国戏剧史长编》，人民文学出版社 1960 年，第 311—313 页。

［22］ 曾永义：《论说戏曲文献资料之解读》，杜桂萍、李亦辉主编：《辨疑与新说：古典戏曲回思录》，黑龙江大学出版社，2013 年，第 19—27 页。

［23］ 魏建功的《吴歌声韵》曾把吴语分为“徐海系”“淮阜系”“镇扬系”“南京系”“苏松太系”“南通系”“溧淳系”七大统。

［24］ 张翥：《紫檀筜篥曲赠善吹者任子中》，选自《草堂雅集》卷四，《文渊阁四库全书》集部第 1369 册，台北商务印书馆 1982—1986 年，第 264 页。

［25］ 曾永义：《论说“腔调”》，台北《中国文哲研究集刊》2002 年第 3 期。

［26］〔明〕魏良辅：《度曲须知·曲运衰微》，中国戏剧出版社 1959 年，第 198 页。

［27］ 沈周忆：《昆山腔、昆腔、昆曲、昆剧辨析》，《宁波大学学报》社会科学版 2011 年第 3 期。

［28］ 张翥：《紫檀筜篥曲赠善吹者任子中》，选自《草堂雅集》卷四，《文渊阁四库全书》集部第 1369 册，台北商务印书馆 1982—1986 年，第 264 页。

［29］ 杨维桢：《奉同袁子英柬呈杨廉夫先生》，选自《草堂雅集》卷九，《文渊阁四库全书》集部第 1369 册，台北商务印书馆 1982—1986 年，第 350 页。

［30］ 郭翼：《怀铁崖先生》，选自《大雅集》卷七，《文渊阁四库全书》集部第 1369 册，台北商务印书馆 1982—1986 年，第 559 页。

［31］〔元〕顾瑛：《唐宫词次铁崖先生无题韵十首》，选自《大雅集》卷七，《文渊阁四库全书》集部第 1369 册，台北商务印书馆 1982—1986 年，第 557 页。

［32］〔清〕焦循：《剧说》卷一，《中国古典戏曲论著集成（八）》，中国戏剧出版社 1959 年，第 85 页。

［33］〔明〕王骥德：《曲律》，《中国古典戏曲论著集成（四）》，中国戏剧出版社 1959 年，第 55 页。

［34］〔元〕顾瑛：《玉山璞稿》，文渊阁四库全书本（电子版）。

［35］ 胡忌、刘致中，《昆剧发展史》，中国戏剧出版社 1989 年，第 26 页。

［36］〔清〕王士禛：《香祖笔记》，收入《笔记小说大观》第 28 编第 5 册，新兴书局 1979 年，第 2943 页。

［37］〔明〕祝允明：《猥谈》，选自《续修四库全书》卷四十六《续说郛》，第 1192 册第 365 页。

［38］〔明〕周玄暐：《泾林续记》，《丛书集成初编》，中华书局 1985 年，第 8 页。

［39］ 俞为民，《昆山腔的产生与流变考论》，《南京大学学报》（哲学社会科学版）2004 年第 1 期。

苏州知府陈鹏年书迹故实考略二则

毛　慧（衢州市博物馆）

内容摘要：陈鹏年是清康熙年间一位名垂青史的能臣，为官清正廉洁，为民伸张正义，有"陈青天"之誉。其出任苏州知府期间，曾作《重游虎丘》诗二首，后被两江总督诬为"心蓄异志、语涉大逆"，酿成"虎丘诗案"。本文选取中国国家博物馆所藏陈鹏年《行书虎丘诗轴》和浙江省衢州市博物馆藏《陈鹏年行书重和佛住坪清献公韵诗碑》两件书迹文物，详细考察"诗案"发展过程的几个重要时间节点，对其背后的重大历史事实进行了严谨的核查梳理和深度的人文解读，以期洞见陈鹏年不平凡的官宦履绩和难能可贵的品行气节，同时印证满清时期封建官场所充斥的防不胜防的尔虞我诈和深不可测的贪腐诡谲。

关键词：陈鹏年　虎丘诗轴　重和清献公韵诗碑

湖南湘潭人陈鹏年（1663—1723），《清史稿》有传，字北溟，别字沧州，康熙辛未进士，初授浙江西安县（今衢州市衢江区、柯城区）知县，又授江南山阳（今江苏淮安市）知县，迁海州（今江苏连云港市）知州，累擢江宁（今江苏南京市）知府、苏州知府、署江苏布政使，有"陈青天"之誉，卒谥恪勤。陈鹏年不仅政绩可嘉，其书法亦为时所称。《大清一统志》曰："鹏年书法孙过庭，人得其片楮，皆藏弄之。"[1]清郑任钥所撰陈鹏年《墓志铭》云："尤善行、草书，罢官时持易酒米，人争藏弄以为荣。尝游焦山，出《瘗鹤铭》于江波，且为之考。"[2]陈鹏年的存世书迹，被国家博物馆和各地方博物馆所收藏的有近十件，散落民间藏家或流落海外市场的尚无确数。今研考其不同时期的几件代表书作，发现除可直观衬映其书艺水平之外，书迹内容还具有非常丰富的历史信息，从个人的维度研辨，既可实证书者的生平履绩，又可洞见书者的品行气节；从时代的维度研辨，既可印证康熙南巡、清代文字狱等诸多史实，又可管窥满清时期官场贪腐、诡谲等各端丑相。

一　中国国家博物馆藏《陈鹏年行书虎丘诗轴》

陈鹏年出任苏州知府期间，曾作《重游虎丘》诗二首，后被两江总督诬为"心蓄异志、语涉大逆"，酿成"虎丘诗案"。陈鹏年为纪念"诗案"劫后逢生，特意抄录《重游虎丘》二诗并题写跋文的墨迹（图一），现藏中国国家博物馆，名为《陈鹏年行书虎丘诗轴》。本卷诗轴由田家英（生前曾任毛泽东主席秘书）家属捐赠，纵121.2、横50.2厘米，署款"长沙陈鹏年"，书者名下钤有白文篆书"陈鹏年印"、朱文篆书"沧州"两枚印章，引首有朱文篆书"潜阁"椭圆印。书作全文如下：

图一　陈鹏年虎丘诗轴

雪艇松龛阅岁时，廿年踪迹鸟鱼知。春风
再扫生公石，落照仍街短簿祠。雨后万松全合
沓[3]，云中双塔半迷离。夕佳亭上凭阑处，黄
叶空山绕梦思。

尘鞅刚余半晌闲，青鞋布袜也看山。离宫
路出云霄上，法驾春留紫翠间。代谢已怜金气
尽，再来偏笑石头顽。楝花风后游人歇，一任
鸥盟数往还。

此余己丑作虎丘诗也。庚寅既解组，于辛
卯岁，此诗得呈御览。几罹不测，荷蒙我皇上
洞雪，于壬辰十月初六日宣示群臣，此二诗遂
得流传中外，诚旷古奇遇也。因嘱书为志，于
此仰见圣明鉴及幽微，兼志感泣于不朽云。

长沙陈鹏年

先看两首七言律诗，名为《重游虎丘》，乃诗人
重游苏州虎丘故地的纪游之作。虽然时隔二十年，
虎丘风光依然幽雅绮丽，只是春秋代谢，人生坎坷，
作者借景抒情，如行云流水般地表达了几缕世事变
幻的沧桑之感，别无他意。再看诗后题跋所记，才
知道两首七律曾经历过一段非同寻常的遭遇，诗人
为此"几罹不测"，幸蒙"皇上洞雪"才免除杀身
之祸，"诚旷古奇遇也"。

这一旷世奇遇，就是历史上著名的"陈鹏年诗
案"，也是清代腥风血雨的文字狱中的一个典型案
例。清代的文字狱，在康熙、雍正、乾隆三朝，愈
演愈烈，前后一百多年，大小案件不下一百起。在
这些案件中，被判处死刑的有二百多人，受到株连
而被判处各种刑罚的更是不可胜数[4]。

据清代李岳瑞《悔逸斋笔乘》关于"陈鹏年诗
案"的记载，密疏弹劾者谓《重游虎丘》"心蓄异
志，语涉大逆"之罪，主要有以下数端：

第一章首联，则以"雪艇"、"松龛"皆名
僧别号，而有明遗臣，大抵托迹空门，恪勤阴
与往还，密图恢复。"鸟"谓水鸟鸥鹭之属，隐
指台湾郑氏，言恪勤与郑氏交通，二十余年中，

无日不密递消息也。"雨后万松"阴指故明宗
室，弘帝名由崧，故有"万松"语。"云中双
阙"，则指北朝宫室，"迷离"谓缥缈空虚，若
有若无也。末联则以明南京故宫中有亭名"夕
佳"，故托以寄意。"红叶"指明裔，盖朱为明
姓，"叶"则后裔之谓，言其心无日不思明也。

次章首联，谓以太守之贵，而"青鞋布
袜"，为野人服，盖明明有不屑本朝衣冠之意。
"离宫"、"法驾"，仍指弘光而言。"金气"、
"代谢"一语，则以满洲起东方，与金、元同
族，当时且有后金之号。"代谢"已尽，则清将
终之谓。末联"鸥盟"仍指郑氏，谓恪勤阴与
郑经缔盟，约其于春尽夏初来寇江浙，以北兵
畏暑，盛夏不能南来也。

原本普通的纪游律诗，居然被指谪有如此多的
"反清复明"之恶意，诗人岂有不被削职论罪之理？
告密者非常清楚当朝文字狱的政治背景和打击态势，
康熙皇帝主政期间所兴的文字狱，"主要打击汉族上
层分子和政府官员，目的是镇压反清力量，排除政
府内部的异己势力"[5]。陈鹏年的汉族身份和苏州知
府、署理江苏布政使的地位，一一符合皇帝重点打
击对象的基本条件，可见告密者是煞费苦心、用足
功夫并志在必得的。那么到底谁是这场诗案的始作
俑者？他为何要使出如此"赶尽杀绝"的阴招呢？

此人便是当时位高权重的两江总督噶礼。噶礼
为董鄂氏，系满洲正红旗人。他凭借母亲是康熙皇
帝的乳娘之故，仕途青云直上。之前在山西巡抚任
上，他就"对上谄媚吹捧，报喜不报忧；对下扶植
党羽，飞扬跋扈，纵吏虐民"[6]。虽有斑斑劣迹可
陈，屡有贪赃枉法可举，他在官场还是左右逢源、
游刃有余，康熙四十八年升为户部侍郎，同年七月
放任江南江西总督。噶礼到任没几个月，便开始重
演"排除异己、扶植党羽"之故技，先后将江苏的
巡抚于准（清官于成龙的孙子，亦是好官）、布政使
宜思恭、按察使焦映汉等一一劾罢，并很快将矛头
指向江苏布政使代理、苏州知府陈鹏年[7]。

其实陈鹏年早于噶礼一年到江苏任职，时间虽然不是很长，但工作却做得风生水起。依《清史稿·陈鹏年传》所言，"四十七年，复出为苏州知府。禁革奢俗，清滞狱，听断称神。值岁饥，疫甚，周历村墟，询民疾苦，请赈贷，全活甚众。四十八年，署布政使。巡抚张伯行雅重鹏年，事无巨细，倚以裁决。总督噶礼与伯行忤，并忌鹏年。"

噶礼为剪除陈鹏年，劾罢宜思恭后又劾粮道贾朴在建关开河工程中有侵贪行为，并劾陈鹏年在查处宜、贾案过程中核报不实。吏部听信噶礼所报，拟将陈鹏年夺官并遣戍黑龙江。但康熙皇帝并未完全批准吏部所议，只是免去陈鹏年的知府及署布政使官职，没有发配边疆，而是命他进京入武英殿修书[8]。

照说噶礼"清剪行动"已有成效，但他还不善罢甘休，总想置之死地而后快，于是找出陈鹏年之前写的《重游虎丘》诗，处心积虑地从字里行间罗织"莫须有"的反清罪证，以期触动圣怒而痛杀异己，可谓"借刀杀人"之诡计。

好在康熙皇帝不是一般的昏庸之君，他对噶礼的"性喜生事"等各种恶劣品行是有所洞察的，加上他的诗赋渊学也还在一般干吏之上，因此对噶礼密奏陈鹏年诗案自有公断。据清朝《圣祖实录》记载[9]，康熙皇帝在王公大臣面前对噶、陈之纠明决如下：至陈鹏年稍有声誉，学问亦优，噶礼之欲害之也久矣。张伯行听信陈鹏年之言，是以噶礼与之不和，曾将陈鹏年《虎丘诗》二首，奏称内有悖谬语。朕阅其诗，并无干碍。朕纂辑群书甚多，诗中所用典故，朕皆知之。即末句"鸥盟"二字，不过托意渔樵。陈鹏年诗见在，非无据者。今与尔等共看，可知朕心之公矣。

既有皇上明鉴，噶礼蓄意制造的这起文字狱也只能草草收兵了，身陷囹圄的陈鹏年终于逃脱了一场"几罹不测"的杀身之祸。由是，出狱后的陈鹏年遂将《重游虎丘》二诗抄录成幅，并题跋记述始末传世。跋语所记的四个时间节点，对后人厘清历史事件或历史人物的准确纪年具有非常重要的参考价值。

一是《重游虎丘》的作诗时间。依跋语为"己丑"年，对照历史年表可知为公元1709年，即清圣祖玄烨康熙四十八年。因陈鹏年是康熙四十七年复出为苏州知府的，此诗当其苏州任职期间所作。有《陈鹏年与忤两任总督》文，说是"噶礼找到陈鹏年在康熙四十二年写的一首《重游虎丘》（亦称《虎丘诗》）诗，密奏皇上"[10]，显然时间有误。

二是陈鹏年解职时间。依跋语"庚寅既解组"，当为公元1710年，即康熙四十九年，说明陈鹏年苏州知府及署江苏布政使两职被解，当发生在康熙四十九年。《清史稿·陈鹏年传》提及总督噶礼"劾布政使宜思恭、粮道贾朴，因坐鹏年核报不实。吏议夺官，遣戍黑龙江。上宽之，命仍来京修书"，夺官解职事件很清晰，但未注明具体时间，依跋语"庚寅"之注则可补注其阙。

三是《虎丘》诗稿密奏时间。依跋语为"辛卯岁"，当为公元1711年，即康熙五十年。但胡奇光所著《中国文祸史》中"陈鹏年《重游虎丘》诗案"说：康熙五十一年（1712），张伯行得到陈鹏年的协助，起而揭发噶礼，噶礼即行反击，同时也向陈鹏年开火，把陈诗《重游虎丘》作为攻击的靶子[11]。这其中有一年的时间差，当属今人的误读或揣测不准所致。清代有的传世笔记对《虎丘》诗稿密奏时间推算更是差得离谱，如清李岳瑞《悔逸斋笔乘》中的"陈鹏年之诗案"说："阿山得其诗稿，乃密奏弹劾，谓恪勤阴有异志，非徒以文字讪谛而已。"[12]阿山确实也是江南江西总督，而且也与陈鹏年有隙并曾想方设法除掉陈鹏年，但阿山是噶礼的前任总督，其任职时间在康熙三十九年（1700）至康熙四十五年（1706），向皇上密奏陈鹏年诗稿的显然并非阿山总督。

四是诗案得以雪耻的时间。依跋语为"壬辰十月初六日"，当为公元1712年，即康熙五十一年。《清史稿·陈鹏年传》对诗案有较为详尽的记叙："噶礼复密奏鹏年虎丘诗，以为怨望，欲文致其罪，上不报。俄，噶礼与伯行互讦，屡遣大臣按治，议夺伯行职。上以伯行清廉，命九卿改议，并谕曰：'噶礼曾奏陈鹏年诗语悖谬，宵人伎俩，大率如此。

朕岂受若辈欺耶？'因出其诗界阁臣共阅。"同样没能注明具体的时间，参陈鹏年行书虎丘诗轴则悉然可知详时。

《陈鹏年行书虎丘诗轴》题跋，除记述诗案始末及四个重要时间节点外，其更重要的用意还在于歌颂康熙皇帝的"圣明"美誉，诚如其言："因嘱书为志，于此仰见圣明鉴及幽微，兼志感泣于不朽云。"

康熙皇帝真的如陈鹏年所称道的那般圣明吗？

如果单从陈鹏年《虎丘》诗案的个案来看，康熙皇帝似乎确有拨雾见真的公断之能，似乎确是可彪炳史册的圣明之举，毕竟他是开启"康乾盛世"有重大历史影响的一位封建君主。但真实的历史事件往往都不可能是孤立地产生、发展、结束的，所有偶然性的真实存在，往往伴随着许多必然性的客观因素。其实康熙皇帝能在陈鹏年诗案中秉公决断，很重要的原因还在于他之前就对陈鹏年的能力、品行、学识等都有比较深入的了解和一定程度的赏识，其中以康熙四十二年和四十四年发生的几件要事最可佐证。

据《清史稿·陈鹏年传》所记："四十二年，圣祖南巡阅河，以山东饥，诏截漕四万石，令鹏翮（时任河道总督）选贤干吏运兖州分赈，以鹏年董其事，全活数万人。上回銮，召见济宁舟次，赋诗称旨，赐御书。"这是陈鹏年第一次以真才实干赢得康熙皇帝的当面赏赐，也因此机缘，陈鹏年不久就被擢升为江苏江宁知府。

但康熙四十四年发生的一些事情就险象环生了，两江总督阿山为了整垮陈鹏年，居然在康熙皇帝面前采取了四次陷害行动，大有不夺其命决不罢休之势。总督大人与下属知府矛盾激化的导火索，就在如何接待康熙皇帝第五次南巡的"曲直"中被点燃，据《清史稿·陈鹏年传》记载："四十四年，上复南巡，总督阿山召属吏议增地丁耗羡为巡幸供亿，鹏年力持不可，事得寝，阿山嗛之。"据史料记载，康熙皇帝此次行前倒也诏告地方："往返皆用舟楫，所至勿修缮行宫。凡有借此科派勒索百姓者，皆以军法治罪。"但事实上沿巡各地根本没有也不可能真正

贯彻圣意，恐怕只有一向为官清耿的陈鹏年才如此不识时务了。

第一次陷害是阿山故意命陈鹏年修缮康熙皇帝的龙潭龙宫。因经费紧张、时间仓促，陈鹏年只是简单整饰一番，并拒绝给侍卫、太监等人员送礼，触犯众怒。有人便在行宫御用竹席上撒放蚯蚓粪，被先至行宫的皇太子胤礽发现，视为大不敬，勃然大怒，欲杀陈鹏年。康熙认为此事虽不足死罪，但觉得陈鹏年对皇上如此态度确有不敬之意。到江宁后，适逢致仕在乡的原大学士张英前来叩见，帝便问江南哪个是廉吏？张英举出陈鹏年，并赞其"吏畏威而不怨，民怀德而不玩，士式教而不欺，廉其末也"[13]，康熙皇帝这才释前嫌。

第二次陷害是在康熙欲于京口检阅江宁水师的前一天，方才下令陈鹏年督造检阅台。阿山意在工程难就以触犯圣怒致陈鹏年不被砍头也得丢官。然而陈鹏年身先士卒，"率士民亲运土石，诘旦工成"[14]，才得以幸免。

第三次陷害是阿山弹劾陈鹏年擅收盐商、当铺年规，贪污龙江关税银，且无故捉拿关役、重责枷号，将陈鹏年解职入监。消息传开后引起社会极大反响，"江宁民呼号罢市，诸生千余建幡将叩阍"[15]。朝廷命漕总桑额、河总张鹏翮与阿山会审，结果所控各项均非事实。

第四次陷害更阴损，阿山劾陈鹏年将原妓院旧址南市楼改建为乡约讲堂，作为每月初一宣讲圣谕的场所，并挂"天语丁宁"匾额，"因坐以大不敬，论大辟"[16]。所谓大辟，就是刑部拟论斩首。时康熙与大学士李光地论阿山居官，光地说："阿山任事干练，唯独劾陈鹏年事受舆论非议。"康熙点头称是，下诏"陈鹏年夺官免死，征入武英殿修书"[17]。

由是可知，康熙皇帝对陈鹏年总体上是欣赏的、信任的。但从这一系列的冤假错案中更可察见陈鹏年的清廉与刚正，如若其稍有不洁不公之劣，恐怕早已被阿山总督整入阴曹地府了，自然惶待噶礼总督再蓄意制造《虎丘》诗案了。因此从更深层的意义审视《虎丘》诗案的结局，虽不足以证明康熙皇

帝是何等的"圣明之君",但却足以证明陈鹏年是满清时期鲜有的"清廉之臣"。

二 衢州市博物馆藏《陈鹏年行书重和佛住坪清献公韵诗碑》

陈鹏年康熙三十年(1691)中进士,三十五年(1696)授浙江西安知县,从此开启一生跌宕起伏的宦履生涯。浙江西安县,东汉初平三年(192)始建称新安县,晋太康元年(280)改为信安县,南北朝陈永定三年(559)于信安县置信安郡,唐咸通中(860—874)改信安县为西安县,宋元明清属衢州府辖县,民国称衢县,领今衢州市的柯城区和衢江区两区旧域。衢州市博物馆(国家二级馆)现藏有陈鹏年任西安知县时留在衢州的两件书迹:一件是《咏虞夫人行书中堂》(图二),作品高118.5、宽60厘米,行书五言诗成四行,惜已破损漶缺多字,但整幅书法行笔流畅,刚劲隽拔,一气呵成,神韵俱佳,落款"沧洲陈鹏年",名下钤有两枚印章,依次为"臣鹏年牛马走"、"为五斗米折腰",另有两枚收藏印,分别为"葭仲审定"、"衢州孔氏珍藏"。

图二　陈鹏年咏虞夫人行书中堂

另一件是《行书重和佛住坪清献公韵诗碑》(图三),石高145、宽81厘米,文5行,满行12至13字,行书,有印章三枚:引首章一枚,为朱文篆书"二酉三泽之间",长5厘米、宽3厘米;落款印两枚,上为朱文篆书"臣鹏年印",下为白文篆书"辛未进士",两枚印章均为方印,长宽各6厘米。诗碑释文为:"隔年重问老农家,稑种秋场敢竞夸。旱后仅余菽麦浪,霜前先透柏林花。茶瓜丈室松寮迥,箭括通天鸟道斜。自叹初衣迟岁月,帽檐狼藉软尘遮。重和佛住坪清献公韵。陈鹏年。"

图三　陈鹏年重和佛住坪清献公诗碑

据民国《衢县志》载,陈鹏年任西安知县只在康熙三十五年(1696)至三十八年(1699),时间并不长,但留下的政绩名声却相当不俗。清代就有不少文人笔记开始传颂陈鹏年的西安治绩,如清人陈康祺《郎潜纪闻二笔》有《陈鹏年任县宰时循绩》文[18]:

> 陈恪勤公初知西安县,邑经耿逆变后(指耿精忠"三藩之乱"),版籍残缺,豪强侵占,多至数百顷而无税。其流亡归籍者,往往无田可耕,而转困追呼。公下车,即以清丈为急。务使税出于田,田归各户。民庆更生,于公生日,醵钱欢饮,号"陈公会"。邑有溺女之习,

公惩劝兼施，浇俗顿革。民生女，半以陈名，或以湘名，以公湘潭人也。烈女徐氏含冤死，公为建祠以褒其节，邑人为演"铁塔冤传奇"。公忠清强直，为康熙朝有数名臣，百里报最之妆，固应早著循绩也。

民国《浙江通志》对陈鹏年的西安治绩著有更翔实的记述，除上文所叙"清田安民、惩劝禁溺、烈女申冤"三事外，还较为详实地记录他"留心水利编甲督堰"和"严檄奸民聚众开矿"两项功绩，并指出"他若建文昌阁，广漏泽园，治桥建闸，葺学修志，平枭缓征，禁止停丧溺女，善政不可胜举"[19]。

陈鹏年以科举入仕，初任西安知县前并无殊历，何以能在短短三四年内做出如此不凡的功绩呢？仔细研考"陈鹏年行书重和佛住坪清献公韵诗碑"故实，可以为我们深入了解陈鹏年官德人品本色溯源找到一些可信的历史注脚。

诗碑"重和佛住坪清献公韵"所指的"清献公"，是北宋时期一位与包拯齐名的"青天"式人物，姓赵名抃（1008—1084），浙江西安县人，《宋史》有传。赵抃于景祐元年（1034）举进士，先在地方任武安军节度推官、崇安知县、泗州通判等职。任殿中侍御史时，弹劾参知政事刘沆等，不避权贵，弹劾宰相陈执中罪状时连上十二道奏章，直至执中去位方息，人称"铁面御史"。宋仁宗时出任益州路转运使，召任右司谏，出知虔州，皆有政声。宋英宗诏加龙图阁直学士知成都，为政简易，匹马入蜀，一琴一鹤自随而已（"一琴一鹤"典故缘此而生）。宋神宗时调任谏院，擢升参知政事，位及副宰，与宰相王安石政见有异要求外调，以资政殿学士相继知杭州、青州、越州，晚年以太子少保归养西安县城，逝后追赠太子少师，谥清献。苏轼撰《赵清献公神道碑》，赞称"东郭慎子之清，孟献子之贤，郑子产之惠，晋叔向之直"，抃一人"兼而有之"[20]。宰相韩琦赞其为"世人标表"[21]。邑人为纪念赵抃贤望，早在南宋咸淳四年（1268）就在西安县城最中心的钟楼边建赵抃祠供祭，现存447平方米的祠宇为清代建筑（图四）。1983年文物普查时，工作人员从赵抃祠发现并征集到弥足珍贵的"陈鹏年行书重和佛住坪清献公韵诗碑"[22]。

据康熙《西安县志》记载，陈鹏年和清献公韵的诗共有前后二首，此碑诗是后一首，原题《重过山庵仍用赵清献公韵》；前一首题为《佛住坪题壁用赵清献公韵》：

> 看山好处便为家，济胜芒鞋旧可夸。
> 路转松阴闻梵放，林深冬昼见寒花。
> 云萝百丈层霄近，紫翠千重去鸟斜。
> 拟共攒眉迟信宿，重来与客语无遮。

图四　赵抃祠

由此我们可以推知，陈鹏年知西安县事时，对西安乡贤赵抃传颂数百年的"清廉善直"之名，是格外钦敬并衷心尊崇的，因此才特意"重和佛住坪清献公韵"赋诗寄情，并专门行书诗文勒石立碑长存清献公祠，既可标表地方长官对古代乡贤崇尚之敬，又可明鉴后学晚生见贤思齐追慕清廉之志。而且从诗文内容来看，写的也都是乡间菽麦桑麻之事，通篇都贯穿着地方长官体恤民瘼的深切情怀。诗碑首句"隔年重问老农家"，正与前文称颂"清丈田亩安抚流民"事迹契合，当是记叙陈鹏年赴西安知县次年巡访百姓之事，可断该诗应作于康熙三十六年间。

余论

《行书重和佛住坪清献公韵诗碑》和《行书虎丘诗轴》，是陈鹏年入仕早期和中期的两件书法作品，透过书法作品背后的历史故实，卓见其清廉气节和恪勤奉公的宝贵品质并非一日之功，更非一时之兴，这在封建社会庞大芜杂的官僚队伍中是难能可贵的。至为可敬的是，陈鹏年即便多次遭受几近性命不保的官场打击后，依然能矢志不渝地效忠朝廷、造福黎民，特别是雍正元年（1723）担任河道总督时，他倾力治理黄河水害，昼夜督战马营口决口抢修工程，终因心衰力竭而病逝于黄河堤工所内，赢得数万堤工绕棺哀泣不绝。据《清史稿·陈鹏年传》记载，"上闻谕曰：鹏年积劳成疾，殁于工所。闻其家有八旬老母，室如悬磬。此真鞠躬尽瘁，死而后已之臣！"

陈鹏年不仅在州县地方管理及河道治理方面建立了不俗的功绩，他还被康熙皇帝三度征入武英殿修书，又喜好金石、追慕李杜，故还有非凡的文化建树标举后世。据《湘人著述表》[23]统计，陈鹏年一生著述堪称壮观：《物类辑古略》（奉勅撰）。《月令辑要》（奉勅撰）。《分类字锦》六十四卷，何焯、陈鹏年等奉敕纂，收入《四库全书》。《沧州诗集》三十三卷，含《水东集》、《武夷集》、《嵩庵集》、《耦耕集》、《于山集》、《香山集》、《浮石集》、《淮海集》、《胸山集》、《秣陵集》，《四库全书》存目著录。《陈恪勤奏议》二卷，凡疏三十余篇，皆其总督河道时所作。《瘗鹤铭考》二卷。《喝月词》六卷。《道荣堂文集》六卷。《道荣堂近诗》十卷。《沧州诗》七十一卷。《娄东唱和诗》。《古今体诗》五十四卷。《自订年谱》一卷。《宋金元明全诗》。《韵府拾遗》。《方舆全书》。《河工条约》一卷。《陈恪勤公集》稿本，今藏国家图书馆。《红梅唱和诗》。《西安县志》十二卷，陈鹏年修，徐之凯纂。

注释：

[1] 李国钧：《中华书法篆刻大辞典》，湖南教育出版社1990年，第345页。

[2] 李国钧：《中华书法篆刻大辞典》，湖南教育出版社1990年，第345页。

[3] "合沓"二字，《清稗类钞·狱讼类》作"遝匝"（音 tà zǎ，意为层叠缭绕）。见胡奇光：《中国文祸史》，上海人民出版社2006年，第143页。

[4] 李元秀、武迪等：《世界全史》（珍藏版），军事谊文出版社2006年，第8053页。

[5] 李元秀、武迪等：《世界全史》（珍藏版），军事谊文出版社2006年，第8053页。

[6] 李元秀、武迪等：《世界全史》（珍藏版），军事谊文出版社2006年，第8057页。

[7] 张新春编：《打造与状况：关于"康乾盛世"之官吏及"康乾盛世"》，辽宁教育出版社2009年，第74页。

[8] 中国文史出版社：《二十五史》卷十五《清史稿（下）》，中国文史出版社2003年，第1558页。

[9] 胡奇光：《中国文祸史》，上海人民出版社2006年，第144页。

[10] 张新春编：《打造与状况：关于"康乾盛世"之官吏及"康乾盛世"》，辽宁教育出版社2009年，第74页。

[11] 胡奇光：《中国文祸史》，上海人民出版社2006年，第143页。

[12] 陈泽珲：《长沙野史类钞》，岳麓书社2011年，第132页。

[13] 中国文史出版社：《二十五史》卷十五《清史稿（下）》，中国文史出版社2003年，第1558页。

[14] 中国文史出版社：《二十五史》卷十五《清史稿（下）》，中国文史出版社2003年，第1558页。

[15] 中国文史出版社：《二十五史》卷十五《清史稿（下）》，中国文史出版社2003年，第1558页。

[16] 中国文史出版社：《二十五史》卷十五《清史稿（下）》，中国文史出版社2003年，第1558页。

[17] 中国文史出版社：《二十五史》卷十五《清史稿（下）》，中国文史出版社2003年，第1558页。

[18] 陈泽珲：《长沙野史类钞》，岳麓书社2011年，第362—363页。

［19］（民国）郑永禧：《衢州历史文献集成·衢县志》，中华书局2009年，第1632页。

［20］衢州市志编纂委员会：《衢州市志》，浙江人民出版社1994年，第1267页。

［21］衢州市志编纂委员会：《衢州市志》，浙江人民出版社1994年，第1267页。

［22］佛住坪，乃白云山白云禅院（亦称白云庵）旧称，位于今衢州柯城区石梁镇东2里处，孤峰峭峙，下瞰平畴幽寂明秀，历来是佛家修行之地。赵抃书有《白云庵偶题书赠悟禅和尚》七律，嘉庆年间勒石成碑，现立于赵抃祠。诗云："红尘无迹到山家，留待诗人大笔夸；坐石与僧谈翠竹，开樽邀客醉榴花。鸥随钓叟孤舟远，牛载村童一笛斜；占尽人间潇洒地，清风明月有谁遮。"落款处书"书赠悟禅和尚赵抃"。

［23］寻霖、龚笃清：《湘人著述表2》，岳麓书社2010年，第621—622页。

苏州缂丝艺术发展路径刍议

——基于苏州博物馆馆藏资源

张云林（苏州博物馆）

内容摘要：缂丝，又称"刻丝""克丝"或"剋丝"，是中国传统手工艺中独具魅力的一种丝织工艺。靖康之后，苏州、松江地区缂丝声名鹊起，涌现出朱克柔、沈子番等一代名匠。虽说缂丝起源于定州，但自南宋以后不断发展，至清代延续至今，缂丝业中心已移至苏州一带。本文粗述苏州缂丝历史沿革，分析厘清当代苏州缂丝艺术的发展脉络，着重论述苏州缂丝从民间传统工艺美术逐渐向现代艺术发展延伸的必要条件，同步对时代影响下的苏州缂丝风格特点、艺术探索、传承创新等方面进行充分的阐述，也从学理上展开进一步的思考。

关键词：刻毛 本刻丝 明缂丝 苏州缂丝 缂绣 通经断纬

引　言

缂丝（Chinese silk tapestry），是中国传统手工艺中独具魅力的一种丝织品[1]。主要以蚕丝为原料，生蚕丝作经线，彩色熟丝作纬线，采用"通经断纬"的技法在缂机上织成，经彩纬显现花纹，形成正反一样的花纹边界。满幅透空的针孔，悬空视之，犹如万缕晶珠，呈现类似雕琢缕刻的效果。故又称之"刻丝""克丝"或"剋丝"。

中国的缂丝工艺在秦汉时期便已达到较高水平，是历史上"丝绸之路"的舶来商品之一。其技艺起源于西汉至南北朝时期的西域，唐代时传入中原，原料遂以丝为主。唐代初期已生产缂丝，至宋代达到鼎盛，出现了缂丝工艺织造的书画作品。北宋宣和年间，河北定州缂丝已十分兴盛。

日本以前的和服称作吴服，据记载是依据吴国的衣服的样式制作，只有最高级的和服和腰带是用缂丝来制作的。苏州缂丝经过多年不断的传承创新，逐渐形成了自身的艺术风格，为世人所称道。如今的苏州缂丝在时代性、原创性、思想性和艺术性等方面有了很大的提高。尤其从新中国成立以来，苏州缂丝复原了大量的藏品，且被各级博物馆收藏，数次被选作国礼馈赠外国元首，并赴国外作缂丝表演。

苏州博物馆收藏自宋代以来的苏州缂丝艺术孤品，其中较完整的收藏了苏州现代各级大师的缂丝珍品；以及一批珍贵的缂谱、缂稿资料。本文着重研究分析新中国成立70年来苏州缂丝艺术所走过的发展道路，探索在传承经典、艺术探索、工艺创新和文化传播等方面取得的丰硕成果；在勾勒出当代苏州缂丝艺术面貌生成轨迹的同时，也发掘呈现出其内在兼具的观赏性和思想性，所体现出鲜明的时代性、艺术性和学术性特征。

一　苏州缂丝历史沿革及艺术特点

（一）回溯苏州缂丝史

缂丝技艺源于距今4000年左右西亚地区的缂毛技艺，是从古埃及经两河流域一路东传的舶来品。西汉时期，张骞出使西域则将缂毛技艺，通过丝绸之路传播至回鹘地区（今新疆），随后在我国西北地区逐步流行。

随着桑蚕丝织技术的逐步推广和提高，唐代开始以丝线代替毛线织作，但当时以实用性窄幅带饰为主。即以本色生丝为经，各色彩丝为纬，用"通经断纬"的织法，纯手工织成的高级丝织物，始称缂丝。

宋代把缂丝技艺和书画艺术巧妙结合，将实用性缂丝发展为艺术性缂丝，使西来的古老工艺升华为最中国的艺术。宋代缂丝设色典雅，技术精巧，表现手法写实，是缂丝的黄金时代。纵观宋代帝王诸如仁宗、神宗、徽宗、高宗、光宗等，他们都对国画有着不同程度的兴趣。这一时期的帝王将相出于审美心理和宫廷装饰的日常需要，异乎寻常的重视宫廷画院的建设。甚至在北宋时曾一度设立了画学，尤其是宋徽宗赵佶，其个人工笔画及独创书法"瘦金体"，显示出他作为艺术家的杰出才能和修养。上行下效，宋代文人士大夫创作、收藏、品鉴艺术品蔚然成风，不少文人在艺术实践的题材、形式及审美旨趣上都有自己的独特见解和品位。

北宋宣和年间，河北定州缂丝已十分兴盛。靖康之后，苏州、松江地区的缂丝声名鹊起，涌现出朱克柔、沈子蕃等一代名匠，故历史上有"北有定州，南有松江"之说。自此江南地区成为缂丝的制作中心，其织造精良，名家辈出，并对后世影响深远（图一）。

图一　宋代缂丝《凤穿牡丹》（苏州博物馆藏）

元代，元世祖忽必烈曾在苏杭分别设东西织造局，"聚天下名工，得西域织金回匠，同置宏州，世掌织作"，安居在吴地的缂丝艺人"且耕且织，偶出机杼，以供织贡"[2]。在元代的特殊政治背景和帝王的倡导下，缂丝成为皇宫贵族制造袍服等日用品的主

要面料，且大都使用金彩，因此开创了缂丝大量使用金彩的先例（图二）。现传世元代缂丝书画工艺品数量不多，尤为著名的作品要数以宋代绘画为粉本的缂丝"东方朔偷桃图轴"作品（故宫博物院藏）。

图二　缂丝绘稿

明代至宣德年间，苏州缂丝开始重新摹缂名人书画，开创出缂丝的第二个兴盛期。艺术风格上深受吴地画风影响，愈显娟秀雅致，缂丝艺人缂织的吴门画派名家画稿，名噪一时。明末，除宫廷尚存为数不多的工匠外，唯有苏州陆慕、蠡口、黄桥三乡交界处的张花村家家有缂机，户户有工匠。明代缂丝名匠有朱良栋、吴圻、王琦等人（图三）。

图三　明代缂丝《鹤寿图》（苏州博物馆藏）

虽说缂丝起源于定州，但经过南宋时江南地区的不断发展，至清代后至今，缂丝业中心移至苏州一代，苏州缂丝已然走向全盛。宫廷内外对奢侈纺织品的需求用量增大，极大地促进了缂丝生产规模的扩大和技艺的进步，当时尤以上交江南织造府的宫用和官用品为上乘（图四）。

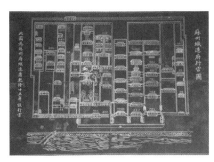

图四　清代乾隆十五年《苏州织造府行宫图》（现苏州市第十中学校址处）

从清中期开始，帝王将相无不以缂丝为贵，除宫廷外，亲王以下家庭也普遍使用，甚至连乘舆、仪仗等器具也以缂丝品装饰（图五）。

图五　清代缂丝《群仙祝寿图轴》（苏州博物馆藏）

至清末，宫廷缂丝用品大量减少。吴县陆慕、蠡口、东诸、光福一带农村的缂丝艺人，通常在农耕后的闲暇之余来进行缂织。

民国以后，苏州缂丝集中在郊区陆慕、蠡口，以及东渚一带，也是农民的一种副业，但此时的苏州缂丝均远销意大利、法国、美国等欧美国家。

新中国建立前夕，缂丝业已处于停滞不前状态。新中国成立后，在政府的重视和扶持引导下，缂丝技艺才得以恢复和发展起来。

（二）归纳苏州缂丝技法

"本缂丝"是中国最古老的缂丝品种。南宋马端临所撰史书《文献通考》中有关南通地区向宋廷进贡缂丝，后散落民间又传入日本的记载[3]。本缂丝承载了缂丝发展的全过程，以本缂丝为基础，缂丝领域才衍生出明缂丝、铝缂丝、绒缂丝等其他缂丝品种。

南通本缂丝与苏州明缂丝是中国缂丝的两大主流派系。源于历史原因，当今明缂丝主要集中在苏州，本缂丝则独居南通。虽说两地技法不是绝对单一，南通做的明缂丝始终会掺和许多本缂丝习惯做法，苏州做本缂丝也难免要把明缂丝的做法融和进去，但二者在历史传承、用料技法和作品风格上有着明显的区别（图六）。

高雅的缂丝作为最早用于艺术欣赏的丝织物，素以"制作精良、古朴典雅、艳中带秀"的艺术特色，被誉为"织中之圣"。明代苏州籍文渊阁大学士王鏊主编的《姑苏志》中道："吴中缂丝累漆之属，尤为冠绝。"[4]同时它有着经得起"摸、擦、揉、搓、洗"等优点，享有"千年不坏艺术织品"之誉称。

缂丝的工艺流程，一般有16道工序：落经线、牵经线、套箔、弯结、嵌后轴经、拖经面、嵌前轴经、捎经面、挑交、打翻头、箬踏脚棒、扪经面、画样、配色线、摇线、修毛头。

缂丝常用技法主要有：结、搂、勾、戗；具体可分为绕、子母经、芦菲片、笃门闩、盘梭、押样梭、押帘梭、木梳戗、包心戗、凤尾戗等。除此之外，还有拼线法、绞花线、合花金线，削梭、转梭、批梭、缩梭、巴梭、顺逆梭等技法。

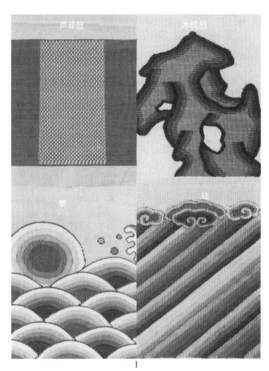

图六 《缂丝技法汇编》（苏州博物馆藏）
1. 王茂仙制　2. 谈水娥制

（三）回顾历代苏州缂丝名家

沈子蕃，祖籍定州，南宋时举家南迁至吴郡开设缂丝作坊。他的缂丝作品均以书画为粉本，设色高雅古朴，生动传神，令人叹为观止。其中故宫博物院珍藏的缂丝"梅雀图轴""花鸟图轴"等均为其传世名品。

吴圻，明代吴门（今江苏苏州市姑苏区一带）人。原紫禁城乾清宫中藏缂丝沈周《蟠桃仙图轴》（现藏于台北故宫博物院），原为吴圻摹缂沈周绢本设色画，该作深得原画之神韵。

朱良栋，明代长洲（今江苏苏州市相城区一带）人。紫禁城乾清宫藏缂丝《瑶池献寿图轴》，其款为"长洲朱良栋制"。

沈金水（1883—1967）是我国现当代缂丝名匠，出生于苏州蠡口姚祥村北丘巷的一个缂丝世家。他一生历经晚清、民国、新中国三个时期，在苏州缂丝行业中属于泰斗级人物。15 岁时跟宗叔（晚清苏州织造府缂丝工匠）学习缂丝以继承祖业。弱冠之年便已掌握了缂丝的基本技法，能独立缂织各类图样。青年时期就因技艺精湛，织品细腻，缂织的图案形象逼真，所以常为织造府定制差货（府内日用品）。光绪年间，其曾为慈禧太后缂织过袍服；但迫于生计，这段时期开始缂制以绘画为样稿的中堂、屏条、册页等欣赏品，通过苏沪（上海）两地商人进行市售。辛亥革命后，内府指令性生产的缂丝品宣告结束，缂丝业受此影响愈加萎缩，但沈金水的织品却有一定的知名度而销路甚畅。

20 世纪 20 年代，沈金水与陆慕张花村的另一位世代承制内府差货的著名艺人王茂仙，组织当地艺人进行规模生产，并与上海租界出口商达成缂丝品的外销业务，时称"洋货"，远销意、美、法等国家。此时王茂仙名下有 30 台机，而沈金水则拥有 50 多台。

王茂仙的祖辈王新亭，曾为慈禧太后缂制"八仙庆寿"袍料，以及皇家龙袍。王新亭的儿子王锦亭也是一位缂丝名家。王锦亭有三个儿子，要算次子王茂仙的技艺最甚。在 1951 年，"苏州市文联民间艺术刺绣生产小组"特意聘请了王茂仙、沈金水等老艺人为技术指导。1957年，王茂仙出席了全国第一次工艺美术代表大会。

王嘉良作为王茂仙唯一的儿子，单传了其精湛的缂丝技艺。1953年，年仅14岁的王嘉良跟随父亲王茂仙，进入原苏州市刺绣研究所工作。后在吴县劳动局的数次邀请下，到吴县缂丝总厂担任技术指导。在其影响下，其子王建江、孙女和孙女婿也纷纷加入缂丝队伍，他们在缂丝道路上不曾停歇。其子王建江曾为北京故宫博物院成功复制明代缂丝龙袍，颇有建树。

王金山，中国工艺美术大师、国家级非物质文化遗产（苏州缂丝）项目代表性传承人，是当代苏州乃至全国缂丝领域的代表人物。1966年，他在传统技法的基础上模仿枯笔书法的缂丝技术，创作模仿毛泽东手迹《七律·长征》缂丝作品。1982年，则发明了"两面三异"的新技法，其创作的"牡丹·山茶·蝴蝶"，一面为牡丹，一面为山茶；一面的蝴蝶有尾，一面的蝴蝶无尾。

任职于原苏州市刺绣研究所的李荣根，为故宫博物院成功复制了辽宁博物院藏南宋朱克柔的"牡丹"、"山茶"等缂丝作品。同期入宫修复故宫缂丝文物的还有沈金水的高徒谈水娥等（图七）。

图七　仿南宋朱克柔缂丝《牡丹》
（李荣根复制，苏州博物馆藏）

二　当代苏州缂丝发展路径

纵观苏州缂丝史的发展，本文将当代苏州缂丝作为一个结点，针对苏州地区缂丝艺术发展路径作一重点阐述。着重梳理七十年苏州缂丝艺术发展脉络，通过对时代影响下的经典传承、风格主题、生产方式、艺术探索、工艺创新、文化传播等方面进行充分解析，以全面梳理和展现苏州缂丝艺术在新中国成立后的发展历程。研究路径划分契合了新中国政治、经济与社会文化发展的主要历史时段，在宏观把握的同时聚焦重点个案。既全面总结了苏州缂丝艺术在新中国成立70年来所取得的新成就，又从侧面印证了苏州缂丝艺术与共和国命运紧密相连、浮沉激荡而又不断发展演进的风雨历程。

（一）社会主义革命和建设时期的苏州缂丝（1949—1978）

这一时期主要展示苏州缂丝在新旧社会转型的历史背景下，继往开来，转变传承、生产、销售与创作形式，逐步形成社会主义新风貌的重要时期。

新中国成立后，国家按照"保护、发展、提高"的方针，积极推进传统工艺美术领域的各项工作，苏州缂丝生产也得以迅速恢复。这一时期是中国由新民主主义向社会主义过渡的历史时段，国家对手工业的社会主义改造，为苏州缂丝艺术开辟了崭新的发展道路。苏州缂丝生产由分散的家庭副业、加工订货方式走向了集体化、专业化、全面发展的方向。

解放后，缂丝技艺得到苏州市政府的重视和扶持。从1950年至1952年间，苏州市人民政府组织流散在社会上的缂丝劳动者进行生产自救，又通过城乡物资交流、国营经济的扶植，国家贷款等形式，苏州缂丝业迅速得到恢复和发展。而且在1952年，苏南美术工场曾邀请苏州著名缂丝艺人王茂仙到无锡，以恢复缂丝的生产制作。在不久后的1954年，苏州市文联下属的刺绣小组，请来沈金水、王茂仙设立缂丝组，开始从事缂丝技艺和专业生产。

经抢救恢复生产后，沈金水首先缂制出一幅"金地牡丹"（后陆续缂制出两幅"金地牡丹和平鸽""金地百花齐放"，现藏于苏州博物馆），被誉为"缂丝之冠"，由故宫博物院收藏（图八）。王茂仙缂制的"鹅竹中堂"作品，被南京博物院收藏。

丝藏品，参加的人员为原研究所的王金山、李荣根、陶家燕等新生力量（图九、一〇）。

图八 缂丝《金地百花齐放》
（苏州博物馆藏）

图九 仿北宋缂丝《紫鸾鹊》
（李荣根复制，苏州博物馆藏）

1957 年在北京召开的全国工艺美术艺人代表会议，对新中国的工艺美术事业产生了深远影响。会议总结了解放以来工艺美术工作的成绩与经验，提出了努力发展生产，扩大国内外销售；增加花色品种，大力提高产品质量和艺术水平，以适应国家的社会主义建设，美化人民生活和促进国际经济、文化交流的需要。在国家的一系列举措下，苏州缂丝艺术进入了崭新的发展时期。

这一阶段苏州缂丝确立了为生产服务、为人民群众生活服务、为对外贸易服务的基本方向；既是苏州缂丝自身不断取得新的艺术成就，也是为社会主义建设做出突出贡献的历史时期。

当时组建的缂丝组，很快就和苏州刺绣工艺美术生产合作社转入了原苏州市刺绣研究所，使苏州缂丝艺术出现了新的发展。1962 年，缂丝作品"天坛"在北京团城展出，获得了国内艺术界的一致好评。第二年原苏州市刺绣研究所受邀，赴故宫复制辽宁省博物馆藏北宋《紫鸾鹊》、明代缂丝《迎阳介寿图》等缂

图一〇 仿明代缂丝《迎阳介寿图》
（李荣根复制，苏州博物馆藏）

赴北京故宫博物院复制辽宁省博物馆缂丝藏品，隐藏着一个爱国故事。抗战期间，堪称中国缂丝收藏第一人的朱启钤（中国营造学社创始人），在民国初年从恭亲王奕䜣的后人手中收藏了一批缂丝珍品，其中就包括南宋名家朱克柔的"山茶蛱蝶图""牡丹图"册页等。在抗战时期，朱启钤珍藏的缂丝先后存放在中央银行和故宫博物院。新中国成立后，才拨交给当时的东北博物馆（今辽宁省博物馆）珍藏至今。所以故宫博物院才会将此批缂丝进行复制，而当时的大量试制小样得以留存，现藏于苏州博物馆（图一一）。

图一一　仿南宋缂丝《山茶图》
（李荣根复制，苏州博物馆藏）

这一时期要着重提一下王金山，其 1956 年初中毕业后，进入原苏州市刺绣工艺生产合作社工作。而沈金水当时是著名的缂丝名家，清末曾为慈禧皇太后缂织袍服，是新中国成立后的第一代缂丝技艺的主要传承人之一。王金山有幸拜在了沈老门下学习缂丝技艺，苦练各种技法，很快掌握了"结""掼""勾""戗"的运用，成为同业人员中的佼佼者。在原苏州市刺绣研究所期间，他还先后向顾仲华、张辛稼、吴㐀木、徐绍青、张继馨等画家学习书法绘画技艺，为缂丝艺术的创作打下了扎实的基础，加上沈金水师傅的技术指导，其技艺得以突飞猛进（图一二）。

图一二　缂丝《七律·长征诗》（王金山复制，苏州博物馆藏）

原苏州缂丝厂是在 1954 年苏州市文联民间艺术研究组刺绣生产小组的基础上发展起来的，1958 年 6 月 18 日缂丝组并入苏州市工艺美术研究室。1959 年 11 月，经苏州市轻化工局批准升格为苏州市工艺美术研究所；1960 年 2 月 10 日，经原苏州工艺美术局党委决定，工艺美术研究所分为刺绣研究所和工艺美术研究所两个所。原工艺美术研究所实验工场，成立为"苏州市刺绣研究所"，由金静芬任所长。

1962 年 10 月，苏州市美术专科学校停办，改成"苏州市工艺美术研究所分所"；同时，原工艺美术研究所改为"工艺美术研究总所"。1963 年 3 月，经苏州市工艺美术局批准，原工艺美术研究所总所改为"苏州市刺绣研究所"，而原工艺美术研究所分所改为"工艺美术研究所"[5]。自此苏州缂丝的科学研究制度得以确立，研究工作得以加强，苏州缂丝的创新技法迭出不穷（图一三）。

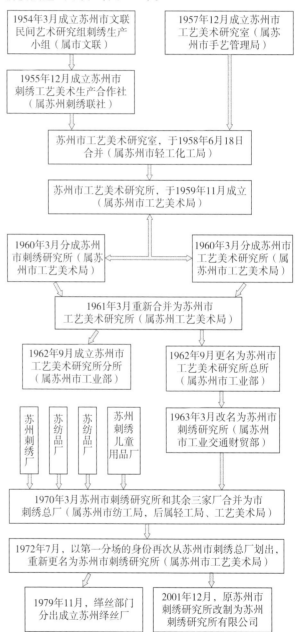

图一三　原苏州市刺绣研究所各阶段隶属关系变化图

1965年，原苏州市刺绣研究所试制的白求恩、鲁迅人物像（现藏于苏州博物馆）获得了成功，使缂丝行业又添新花（图一四）。吴县则成立了吴县缂丝总厂，主要从事苏州缂丝生产和研究工作，也相继开拓了日本市场。紧接着在1972年中日关系正常化后，双方贸易的发展加快，停产多年的日本和服腰带重新恢复生产，产量和花色品种逐年增加。自此，苏州缂丝进入了一个前所未有的、百花争艳的全新发展阶段。

图一四　缂丝《鲁迅像》
（王金山制，苏州博物馆藏）

此间，虽然经历了"大跃进""人民公社"运动引发的混乱，以及此后"文革"极左路线的破坏，致使苏州缂丝生产遭受了一定挫折，但在党和政府的适时调整下，苏州缂丝行业得以较快恢复，重新回到正确的发展轨道。

现藏于苏州博物馆的缂丝技法及作品，在继承传统的基础上，突出了苏州缂丝工艺特色与时代风貌，具有主题鲜明、构图简洁、气韵生动、绣工精细、用色典雅的艺术风格。同时，这一时期也是苏州缂丝技术革新的高潮时期，不断创新成为一种常态。

苏州市政府所建立的专业机构，培养了多名有文化知识、懂画善缂的缂丝技艺人才。这得益于创作设计水平的提升以及生产的发展，使得缂丝依托传统，涌现出表现社会主义新生活的现实主义作品。这一时期的苏州缂丝产品不仅面向喜爱缂丝的亚洲日本等国家，还开辟了欧美等资本主义国家的市场，赚取了大量外汇，为国家的社会主义建设做出了积极的贡献。

（二）改革开放新时期的苏州缂丝（1979—2000）

改革开放为苏州缂丝艺术重塑历史的辉煌创造了条件，开启了市场经济条件下创作设计、生产销售、艺术创新以及文化传播的新篇章。这一时期原苏州市刺绣研究所、原苏州市工艺美术研究所、原苏州缂丝厂，以及吴县缂丝厂等单位承担起苏州缂丝在题材、品类、技法、材料、形式上的传承革新任务。

鉴于苏州以前就有做和服腰带的传统，此前一度中断的和服腰带等贸易活动在这一时期逐渐兴旺起来，来自日本的订单源源不绝，家家户户从事缂丝织作。改革开放的第一年，和服腰带生产出口一度达到900条。这一时期的苏州缂丝，曾一度达到上万台木机的规模，工艺界甚至流传着"一条腰带换三辆汽车"的神话。苏州市政府紧锣密鼓的在1979年9月成立了苏州缂丝厂，由王金山出任缂丝厂厂长。当时缂丝厂除了主打和服腰带外，还为国内一些服装厂做装饰配套，吸引了不少港澳同胞的阔太太专门到厂里来定做缂丝旗袍。这一时期的缂丝艺术，着实为苏州的外汇贸易做出了突出贡献。

20世纪70年代末受北京十三陵办事处委托，原苏州市刺绣研究所顾文霞、徐绍青，带领俞家荣、李荣根等人，耗时四年多成功复制出定陵出土万历"十二章万寿洪福如意缂金铺翠衮服"（图一五、一六），并在1984年获得中国工艺美术品百花奖金杯奖。复制品在原件已完全褪色、破损的情况下，经反复试验研究，突破技术难关，基本恢复其富丽奢华的原貌（包括九个团龙所使用的孔雀羽）。

图一五　仿明代缂丝"十二章万寿洪福如意缂金铺翠衮服"

图一六　缂丝衮服试制小样（苏州博物馆藏）

这表明复制缂丝文物成为苏州缂丝具有代表性的技艺优势。苏州市政府在原苏州市刺绣研究所缂丝部门的基础上成立的专业的苏州缂丝厂，为缂丝的传承创新提供了专门的场所，制定了抢救、整理、复制为重点的研究计划。这为苏州缂丝传承发扬优秀传统，将文物复制中的优秀技艺反馈于创新打下了坚实的基础。复制古代皇家缂丝品苏州缂丝独占鳌头，这一时期正式确立了苏州缂丝艺术复古缂高地的名片。

20 世纪 80 年代以来，在出口外销力度不断加强的同时，伴随国民经济水平的提高，内需市场逐渐获得重视。在内、外销的共同拉动下，苏州缂丝的

生产品类也有了发展变化，主要表现在日用类刺绣产品的增加，如礼服、浴衣、组件套、出口服装等，并随着市场的变动和民众的消费需求而不断变化演进。作为改革开放后体制机制改革的一部分，国家对工艺美术的生产、经营以及管理体制进行了一系列调整和改革，撤销轻工业部，成立"轻工总会"；对物资供应与产品销售环节进行市场化改革；对工艺美术集体企业开展股份制改造；工艺美术职称评定制度的实施等。这些改革措施进一步推进了苏州缂丝的生产创作与市场的结合，增加了缂丝企业的市场活力，提高了创作设计人员的能动性。其创作题材亦受到时代与社会变迁的深刻影响，在保持对现实主义和重大历史题材创作关注的同时，反映现代社会发展和城市生活等题材的苏州缂丝作品开始登上舞台，绣稿也从传统上的线描发展至照片或绘画上，拓展了苏州缂丝创作的新形式。

自 20 世纪 80 年代末，苏州的缂丝产业开始萎缩，问题主要出在人力成本大幅增加，市场却没有相应扩大。比如早期的人工 5 元一天，此时人工费已经翻了整整五倍，但腰带的出厂价格却相对比较稳定，且工厂众多，这从一定程度上打压了报价。苏州的缂丝产业在经历十多年的迅速扩张之后，又迅速地衰落下去。从业人员也从改革开放之初的上万人，至九十年代初仅剩下六百余人。

这也为缂丝从业人员转型定位高端工艺品市场埋下了伏笔，但这种高端模式在一定程度上限制了它的规模。鉴于市场环境的快速变化，王金山在 20 世纪 90 年代初出任原苏州市工艺美术研究所所长，实现了自己的"转型升级"。

这一时期突出了原苏州市刺绣研究所为核心的苏州缂丝技艺新成就。在这个阶段，经过长期的挖掘、整理、研究，苏州缂丝一度形成了复古与创新的高地，为苏州缂丝艺术的发扬光大树立了新的里程碑，标志着苏州缂丝从内容、形式到技巧，都焕发出空前的艺术魅力。至 20 世纪末，苏州缂丝不断开拓传统缂丝与现代艺术、现代科技相结合之路，成功探索和创作了一批创新性的缂丝精品。

（三）现代化建设新时期的苏州缂丝（2001 年至今）

21 世纪初期以来，苏州缂丝经历了又一次社会转型，生态环境发生了深刻变化。主管工艺美术事业的国家轻工局从国务院组成部门中撤销，成立"中国轻工业联合会"，标志着国家对工艺美术的直接管理，转变为按市场经济运作的协会化管理体制。很快原苏州市刺绣研究所由事业单位转隶改制为企业化运作的苏州刺绣研究所有限公司。紧接着苏州缂丝厂、原苏州市工艺美术研究所纷纷改制，改制后的缂丝珍品及缂丝汇编，有幸得以划拨至原苏州工艺美术博物馆（2019 年 10 月并入苏州博物馆）珍藏。

同时，现代化的冲击、日益加快的城镇一体化步伐，以及急剧的社会变迁，犹如一把双刃剑，一方面使国营或集体企业纷纷改制、解体；另一方面，私营作坊、个体手工艺户却悄悄地顽强成长起来，直至形成专业村、专业镇，以新的发散型手工艺生态结构，实现着传统手工艺的再生。

这一时期苏州市场上涌现出一批缂丝自主品牌，比如"祯彩堂"新潮的缂丝钱包、卡包、手袋、香囊、茶包、茶席、扇套、旗袍等生活用品，突然拉近了人与缂丝的距离，使消费者感觉缂丝一点都不久远，恰在你我生活之间。创新的缂丝产品将相传千年的缂丝手艺，用不同形式、不同方法、与众不同的产品展示给大家，使其得到生活化的良性传承（图一七）。

图一七 缂丝钱包系列

新世纪以来，国家的相关法规和政策制定，为当代苏州缂丝艺术的繁荣发展奠定了坚实的制度基础。2004 年 8 月，中国政府加入《保护非物质文化遗产公约》，逐步确立起从国家到地方的非遗保护与传承机制，苏州缂丝技艺的传承保护得到了充分的体制保障。2006 年苏州缂丝织造技艺入选我国第一批国家级非物质文化遗产名录（编号：VIII - 15）。在 2009 年 9 月 28 日至 10 月 2 日举行的联合国教科文组织保护非物质文化遗产政府间委员会第四次会议上，中国申报的中国蚕桑丝织技艺，则将缂丝打包入选"人类非物质文化遗产代表作名录"。2017 年 3 月，国务院办公厅印发《传统工艺振兴计划》，为传统苏州缂丝技艺的新旧动能式转换提供了政策支持。

近年来，高高在上的苏州缂丝艺术面临着如何融入当代生活的重大命题。高端小众产量化的苏州缂丝织品，逐渐开始将"艺术生活化，生活艺术化"，使两者在交替中升华。但生活方式和消费观念发生巨大改变所产生的新美学、新品位，要求苏州缂丝从业者倾听时代召唤，跳出保守窠臼，以开放为前提，汇集更为广阔的创意来源，开发出浓郁的符合时代气息的艺术品和实用品。从而使这一时期的苏州缂丝艺术紧随时代，积极拓展新的生存发展空间，将传统工艺与现代艺术、现代科技相结合，积极开拓新材料、新工艺和新题材，作品的艺术风格和精神内涵都呈现出前所未有的新格局，体现出兼容并包、日新月异、小众走向大众的面貌特征。

三 苏州缂丝的新时代

中共中央总书记、国家主席、中央军委主席习近平高度重视和弘扬中国优秀传统文化，强调"中华传统文化是我们最深厚的软实力"。习总书记在京主持召开文艺工作座谈会上指出，"中国传统文化是中华民族的精神命脉，是社会主义核心价值观的重要源泉，也是我们在世界文化激荡中站稳脚跟的坚实根基，在新的时代下，传承和弘扬中华民族优秀传统文化和中华美学精神是当务之急"。

国家"十三五"规划也及时提出"构建中华优秀传统文化传承体系，加强文化遗产保护，振兴传统工艺"的要求。为更好地促进中国传统工艺的传承与振兴，国家文化和旅游部、工业和信息化部、财政部联合制定了《中国传统工艺振兴计划》。传统工艺振兴模式的探索与研究，是实现传统工艺振兴的前提和重要基础。

传承和弘扬优秀传统文化和中华美学精神，成为我们时代的主题。厘清当代苏州缂丝艺术，揭示苏州缂丝与共和国命运血脉相系、并行不息、风雨兼程、探索发展的深刻渊源，则有着必要的意义。通过追溯当代苏州缂丝七十年以来的传承发展路径，其结构模式虽历经分分合合的改革大潮，但一条清晰的脉络可以窥探出，苏州缂丝艺术伴随着共和国的成长，在坚守中激荡起初心的澎湃力量，技艺技法得以"波浪式前进，螺旋式上升"。新时代的苏州缂丝艺术正以前所未有的历史机遇，实现着一次又一次的重大跨越。改革开放后的苏州缂丝艺人是幸运的一代，这批苏州缂丝艺人正处在经济大发展与繁荣的背景下，也正处在国家领导人尤为注重传统文化的保护和传承的情况下，新世纪的苏州传统工艺犹如翻开了历史的华丽新篇章，不断涌现出新生代的精英群体及创新作品，缂制出当代苏州缂丝艺术传承发展的新时代。

注释：

[1] 田自秉，《中国工艺美术史》，东方出版中心1995年。

[2] 朱启钤，《存素堂丝绣录》，线装石印，民国。

[3] 吴 山，《中国工艺美术大辞典》，江苏美术出版社2010年。

[4] 郑丽虹，《织物》，古吴轩出版社2017年。

[5] 《苏州市刺绣研究所所志》，1985年。

玲珑奇巧

——苏博馆藏清代玉器

金 怡

内容摘要：苏州，是中国玉器发祥地之一。从草鞋山遗址的马家浜文化，严山窖藏玉器，到清代苏州的专诸巷都有玉器的发展轨迹，本文以馆藏清代苏作玉器为主，梳理并研究当时苏作玉器的高超工艺与文化背景。

关键词：苏州 乾隆工 专诸巷

苏州，一座景致怡人、气候温润的江南城市，蕴涵着浓厚隽永的文化积淀，也是中国玉器发祥地之一。

距今六千多年前的马家浜文化中初见端倪，主要出土的玉器有玦、镯、项链、璜等[1]，虽然种类不多，但形制和制作工艺有了初步发展。直到苏州城西严山吴国王室窖藏出土的大量玉器[2]，种类繁多，造型独特，琢工精湛，都体现了吴地先民的聪明才智和精神追求。到北宋崇宁年间宫廷在苏州设立了"造作局"，据记载。这时已有玉工供职于此[3]。

自从清早期，平定新疆准噶尔部军事侵扰的斗争以及相继而来的回部大小和卓木发动的叛乱一直持续到乾隆二十四年，二十五年以后清朝廷才真正控制了新疆南北，运输玉料的通道才被真正打通。和田玉料大量涌入宫廷，寻觅合适的工匠成为当务之急。那时的中国，北京、扬州和苏州在玉雕界鼎足而立。"至道光时，阊门外吊桥四周，玉器摊摆设如林，同时，阊门内穿珠巷的周王庙，也有玉市，金阊一角，玉市之盛，一时无二，今北方人犹称吊桥为玉器桥，周王庙为玉器庙，始此"[4]。尤其是苏州阊门内的专诸巷，更是玉匠高手的聚居之地。

清代乾隆时期是中国历史上玉器雕刻的一个高峰。对于苏州专诸巷的玉工，乾隆皇帝赞誉"相质制器施琢剖，专诸巷益出妙手。"还专门设立造办处琢玉坊苏州玉工进京，并把喜爱的画样专门发往专诸巷加工。

苏州博物馆藏玉器中，有好几件清代玉器，件件都是珍品。

碧玉镂雕荷莲纹香囊（图一），高8.2、宽7厘米。

图一 碧玉香囊

香囊质地为和田碧玉，呈菠菜绿颜色，质地细腻莹泽。囊袋上面罩有覆莲的盖，盖的边为荷叶形，其上浮雕花卉，茎须婉转，双凤纹璜形提梁，其上饰勾云纹，下端有两榫插入香囊盖内。香囊主体为前后两瓣合并，其上双层镂雕荷莲、水草纹等纹饰，囊袋雕出荷茎，通体镂雕抽象化的姿态各异的荷叶，前后两片花瓣的中间多雕一朵怒放的荷花。系绳自提梁、盖之贯通孔穿入，可系连器身，绳子收紧，器身扣合，绳子松开，则器身自启。内里可填充香料或鲜花花瓣，设计巧妙，雕工极为精细。囊袋上下各饰珊瑚珠一粒，下部另饰有雕镂的白玉六角形花球，料珠和穗，华丽典雅。

沈阳故宫博物院也藏了同款的香囊——清青玉镂雕莲花香囊（图二）[5]，无论从形制、尺寸、工艺来说，和苏博的碧玉香囊是一样。

图三 碧玉西番菊花盘

图二 青玉镂雕莲花香囊（采自《沈阳故宫博物院藏清代宫廷玉器赏鉴（上）》）

荷花即莲花，此香囊不仅仅外形如莲花且图案装饰都由莲花、莲叶组成，"莲"与"廉"谐音，佛教以青莲寄托心灵的清廉。莲花又有"花中君子"的美称，又被寓意清廉之士。它的含蓄性和神秘感和写实思想那么的和谐统一。此香囊采用圆雕、镂雕、浮雕等多种技法，纹饰满密，颇具巧思，应为清乾隆时期创新品种，属装饰佩玉的一种。是中国传统上非常有特色的一种奢侈品，更是水平极高的工艺品。是清代玉雕香囊中的精品。

碧玉西番菊花盘（图三），口径 20.1、高 4 厘米。

玉料呈碧绿色。圆形，侈口，菊瓣形圈足，通体如一朵盛开的菊花。盘壁较薄，厚度均匀，雕琢工艺精细，代表了乾隆时期制作薄胎玉器的最高水平。

乾隆年间在内务府设立专门仿制痕都斯坦玉的作坊——西番作，苏州专诸坊也有仿制。既然是仿制，与纯正的痕都斯坦玉器相比，无论是形制和制

作技法自然仍会具有中国玉器的诸多特点。因此，这类中西结合的玉器被称作"西番作"。"西番作"的玉器，不是亦步亦趋地复制痕都斯坦玉，而是吸取其造型别致、花纹流畅、胎体透薄的优点，结合中国工艺的传统方法，创造出带有西番风格的玉器，以其鲜明民族风格和地域特征备受乾隆喜爱，风靡宫廷，后来还波及到民间。这种中西结合的玉器直接影响了中国玉器的制作风格，近现代玉器炉瓶大多造型是中式的，而装饰纹样是西式的，反映了"西番作"玉的强大影响力。

碧玉八棱双耳环番莲大洗（图四），长 43、宽 29.3、高 8.4 厘米。

图四 碧玉八棱双耳环番莲大洗

和田碧玉，菠菜绿色，玉质细腻润泽。器呈八棱形，敞口，弧腹，圈足，两侧以透雕西番莲耳装饰，上套活环，精巧秀美，外壁细薄规整，八个开光内浅浮雕西番莲纹，华美工致，内壁不加雕饰，素雅均净，整器采用浮雕、镂雕等技法，造型端庄沉稳，取材硕大精良，制作工艺精湛，为清乾隆时期宫廷仿痕都斯坦玉雕之精品。

清纪昀《阅微草堂笔记·姑妄听之三》："今之琢玉之巧，以痕都斯坦为第一。其地即佛经之印度，

《汉书》之身毒。""痕都斯坦玉器"这个专属名词，是由乾隆亲自考定的，他亲自撰文《天竺五印度考讹》，将今日的北印度与巴基斯坦一带进贡的玉器，定名为"痕都斯坦"。由于乾隆皇帝的激赏，痕都斯坦式的异域风情及高超工艺，对中国玉器产生了重大影响。

痕都斯坦玉器，最初指今西亚与中亚相接地区的玉器，后称西番作。乾隆皇帝曾命内务府设立专门作坊进行仿制，苏州阊门专诸巷亦有制作。此类玉器采用水磨技术，器型细薄精巧，多饰莨苕花、西番莲等花叶纹，常嵌金银宝石，富有浓郁的异域情调，予人以纤巧秀美，富贵华丽之感。

白玉大象（图五），高9.7、长14.8、宽6.4厘米。

图五　白玉大象

苏博馆藏玉器中的重器，青白玉，重达526克，体量巨大，温润细密，象身圆雕而成，作向右回首站立状，体态肥硕，色臀上有一小孩，身着短衣长裤，足穿长筒靴，头带金箍，右手拿着二枝菊花，左手持着树枝，左腿曲起，右腿蹬直，作向上攀爬，神态怡然，富有浓厚的生活气息，工匠利用象颈部有数条黄褐沁，巧雕成象毛，栩栩如生。

白玉双耳龙杯（图六），长11.3、宽6.8、高4.5、底径3.1厘米。

龙杯，玉质呈白色，通体作圆形，杯身与底足光素，无纹饰。两侧都雕琢形态相同且对称的螭龙为耳，螭龙口衔杯沿，四足爬于杯壁，前足抓住杯口，四趾毕现，后足有鬃毛飘拂，躯干弯曲，作向

图六　白玉双耳龙杯（一对）

上匍爬之状，背有脊，龙身布满鳞纹，体态极为生动。在龙脊及后足外沿处有少量浅酱色的玉皮，作巧色装饰。

这对双耳龙杯，两杯玉质一样温润、细白，是从一整块玉石上雕琢而成。杯壁厚薄均匀，两件器物整齐划一，应是造办处旋玉工艺而成。旋玉工艺是乾隆时期苏州工匠平七创制的雕刻新技艺，乾隆四十四年（1779），平七被征调入宫，奉旨在造办处传授旋玉技术。旋玉技术主要解决了圆形掏膛器物诸如杯、碗、盘等掏膛慢的问题。之前的玉器掏膛采取打钻掏膛的方式，及其费工。旋玉技术是利用机械床快速加工制作容器类玉器的里膛和外身，节省了大量时间，操作方便、容易控制、规格一致[6]。

苏州博物馆还收藏一件清粉皮青玉番式八宝花双龙原盖海棠式瓶（图七），高19.5厘米。玉质青白，器身扁平，上雕佛家八宝和海棠花纹饰，瓶颈

图七　清粉皮青玉番式八宝花双龙原盖海棠式瓶

雕双龙，瓶盖雕瓜轮纹，是仿痕都斯坦玉风格。但玉料厚重，工艺略显粗糙，应为民间制作，是结合中国本土特色的一件佳作。

　　清代是中国玉雕史上鼎盛繁荣时期。从苏博馆藏的几件清代玉器来看，无论是从玉料上、工艺上、形制上，应该是出自清宫造办处。这些精美绝伦的玉器，充分显示了清代工匠们登峰造极的技艺、奇思妙想的创意，把玉器的玲珑奇巧发挥到了极致。

注释：

［1］ 参见南京博物院：《江苏吴县草鞋山遗址》，《文物资料丛刊》第 1 辑，文物出版社 1980 年；江苏省文物工作队：《江苏梅堰新石器时代遗址》，《考古》1963 年第 6 期；张照跟等：《张家港市东山村遗址发掘的主要收获》，《东南文化》1999 年第 4 期；南京博物院：《江苏越城遗址的发掘》，《考古》1982 年第 5 期。

［2］ 吴县文物管理委员会：《江苏吴县严山春秋吴国玉器窖藏》，《文物》1955 年第 11 期。

［3］ 刘思桐：《苏郡工巧——故宫博物院藏清代苏作玉器概述》，《苏·宫——故宫博物院藏明清苏作文物展》，故宫出版社 2016 年.

［4］ 吴琴、陶启匀：《苏州文物》，苏州大学出版社 2000 年。

［5］ 张正义：《沈阳故宫博物院藏清代宫廷玉器赏鉴（上）》，《文物鉴定与鉴赏》2015 年第 7 期。

［6］ 张林杰：《明清苏州雕刻工艺概述》，《苏·宫——故宫博物院藏明清苏作文物展》，故宫出版社 2016 年。

谈谈一件乳钉纹青铜觯

付 强（上海三唐美术馆）

内容摘要：本文公布了一件新出现的青铜觯，器盖、器身装饰乳钉纹，比较少见，时代属于西周早期。觯的铭文中首次出现觯可以自名为寽，觯的功能是祭祀，这对于研究青铜觯的命名和功能具有重要的价值。

关键词：乳钉纹觯 西周早期 自名 寽

最近由于偶然的机缘，见到一件非常精美的乳钉纹青铜觯（图一），查阅吴镇烽先生的《商周青铜器铭文暨图像集成》和《商周青铜器铭文暨图像集成续编》发现这件觯并没有著录[1]，乃为首次出现，特介绍出来供大家研究。

图一 乳钉纹青铜觯

这件觯的横截面呈椭圆形，侈口束颈，鼓腹圈足，弧形盖，有短子口，顶部有半环钮。颈部饰两道弦纹，盖上和圈足各饰两道弦纹，颈部、腹部、圈足的弦纹中间，分布着一周的乳钉。觯的形制和纹饰从整体上看，最接近于2011年6月湖北随州市曾都区淅河镇蒋寨村叶家山西周墓地（M27∶10）出土的祖南蘁觯和1980年6月陕西宝鸡市渭滨区竹园沟4号西周墓（M4∶3）出土的夌伯觯（图二）。祖南蘁觯和夌伯觯的时代都属于西周早期，所以我们认为这件乳钉纹青铜觯的相对年代也应该属于西周早期。

图二 祖南蘁觯与夌伯觯

这件觯的特别之处就在于器表的颈部、腹部、圈足的弦纹中间，分布着一周的乳钉。类似的情况见于西周早期的疑觯，疑觯的器盖上有乳钉。西周早期的🔲觯盖沿、器颈饰夔龙纹间圆涡纹，圈足饰弦纹，圆涡纹和我们这件觯的乳钉纹所处的位置一致（图三）。

图三 疑觯与🔲觯

下面再看这件乳钉纹青铜觯的铭文（图四），觯的盖内壁铸有铭文两行三字："作🔲🔲"，"🔲"当释为"示"，这种写法的示字见于甲骨文[2]（图五）。

图四 乳钉纹青铜觯铭文

《合集》27412	《合集》27518	《屯南》632	《屯南》3601

图五 甲骨文"示"字写法

"⬛" 字从 "𠂤"，从 "又"，当隶定为 "叙"。此字见于清华简《系年》简5："周幽王⬛（取）妻于西申，生平王。王或⬛褒人之女，是褒姒，生伯盘。"曾仲大父螃簋铭文："曾仲大父螃乃用吉攸（鋚），⬛乃酬金，用自乍（作）宝簋。"

"⬛" 学者们多认为是 "取" 字的讹变，但《系年》简5有取字，写作 "⬛"，和 "⬛" 明显不一样。"⬛" 字所从的 "又"，陈剑先生和谢明文先生认为是 "叜" 的表意初文，所以此字当分析为从 "𠂤"，从 "叜"[3]。最近袁金平先生也把 "⬛" 与金文中的 "⬛" 字联系在一起，认为它们是一个字当考释为 "叜"，训为 "取"，我们同意这个看法[4]。

所以这件觯的铭文当释读为 "作示叜"，从辞例看叜当是青铜觯的自名。青铜觯的自名现在有如下一些材料：

叶家山觯："作宝瓒（裸）蘁。"

叙歸進饮壶："叙歸進乍（作）父辛⬛，亚束。"

仲罐盖："仲乍（作）旅罐。"

伯饮鑵："伯乍酓（饮）鑵。"

徐王义楚觯："隹（唯）正月吉日丁酉，徐王义楚择余吉金，自酢（作）祭端，用言（享）于皇天，及我文考，永保台身，子孙宝。"

異仲觯："異仲乍（作）佣生饮壶，勾三寿懿德万年。"

伯作姬觯："白（伯）乍（作）姬酓（饮）壶。"

清华简《封许之命》简7："⬛（蘁）"。

鹏宇、谢明文、周忠兵先生都有专门的考证文章，指出青铜觯可以自名为蘁（鑵），周先生还考释出了甲骨文中的觯[5]。王国维先生在《释觯觛卮（卮专）（卮嵞）》一文中论证了端与觯古音相近，可以通假[6]。那么叜与觯等一系列的自名是什么关系呢，我们认为它们也是通假关系。先把这些字的古音写出来：

叜，古音：见母，元部。

蘁，古音：见母，元部。

端，古音：端母，元部。

觯，古音：端母，歌部。

见母端母属于牙音与舌头音，发音部位相近，元部与歌部属于严格的阴阳对转，所以这些字古音非常的近，都是可以通假的。

图五　狱簋乙与狱簋丁铭文

"作示叜"，示用来修饰叜，表示功能，我们认为这里的示当用为祀。示用为祀在金文中就有例证，如狱簋乙铭文："其日夙夕用乓（厥）馨香敦示于乓（厥）百神"，狱簋丁铭文 "其日夙夕用乓（厥）馨香敦祀于乓（厥）百神"。狱簋乙铭文中的 "示"，狱簋丁铭文中写作的 "祀"[7]。

所以 "作示叜" 当读为 "作祀叜"，与徐王义楚觯铭文 "隹（唯）正月吉日丁酉，徐王义楚择余吉金，自酢（作）祭端" 中的 "作祭端" 句式一致。叜与端古音很近，它们都可以通假为 "觯"，祭和祀意思是一致的。

综上，我们认为这件乳钉纹青铜觯的价值体现在两个方面，首先这件觯带盖，上面装饰有乳钉，对于研究青铜觯的形制和纹饰具有独特的意义。其次这件觯铭文中，首次出现觯可以自名为叜，觯的功能是祭祀，对于青铜觯的命名和功能具有重要的意义。

注释：

[1] 吴镇烽：《商周青铜器铭文暨图像集成》，上海古籍出版社2012年；《商周青铜器铭文暨图像集成续编》，上海古籍出版社2016年。

[2] 李宗焜：《甲骨文字编》，中华书局2012年，第389页。

[3] 陈剑：《柞伯簋铭补释》，《甲骨金文考释论集》，线装书局2007年，第1—7页；谢明文：《曾伯克父甘娄簋铭文小考》，《出土文献》

第 11 辑，中西书局 2017 年，第 36—44 页。

［4］袁金平：《清华简〈系年〉中所谓"取"之讹字再议》，《先秦两汉讹字学会研讨会论文集》，清华大学 2018 年，第 105—110 页。

［5］鹏宇：《清华简〈封许之命〉"荐彝"与商周觯形器再探讨》，《清华简与儒家经典专题国际学术研讨会论文集》，烟台大学 2014 年，第 222—227 页；谢明文：《谈谈金文中宋人所谓"觯"的自名》，《商周文字论集》，上海古籍出版社 2017 年，第 344—353 页；周忠兵：《释甲骨文中的"觯"》，《古文字研究》第 30 辑，中华书局 2014 年，第 60—66 页。

［6］王国维：《释觯觛卮（卮专）（卮耑）》，《观堂集林》，中华书局 1959 年，第 291—293 页。

［7］李学勤：《伯狱青铜器与西周典祀》，《新出青铜器研究》（增订版），人民美术出版社 2016 年，第 345—348 页。

《过云楼书画记》与历代书画著录

宁方勇（苏州博物馆）

内容摘要：苏州怡园过云楼是晚清著名的藏弄宝山，顾氏是江南显赫的收藏家族。历代书画著录，历来备受藏家的重视和依赖，是鉴藏家研判真伪的重要依据之一，同时对他们提升自己的考鉴能力也有很大的帮助。研究顾文彬对书画著录的学习、使用和购藏细节，以及其编写《过云楼书画记》的过程，有助于研究过云楼鉴藏史和收藏文化，认识其对江南文化的意义和贡献。

关键词：顾文彬 历代书画著录 《过云楼书画记》 鉴藏

一 背景

书画鉴藏与世上其他学问一样都需要学习和训练，自然天赋是有的，但是无师自通者则鲜少。苏州怡园过云楼是晚清著名的藏弄宝山，顾文彬（1811—1889）家族更是江南显赫的收藏世家，尤其是第一、二代过云楼主人顾文彬和其子顾承（1833—1882）苦心经营，四处搜求书画、碑帖、鼎彝、古玉和钱币等等，才诞生了后来的"江南收藏甲天下，过云楼收藏甲江南"的怡园过云楼。

顾文彬的书画鉴藏历程，也是一个不断学习和提高赏鉴水平的过程。他不仅用心四处求索书画巨迹，而且勤于考证和研判真伪，与鉴藏圈的同好互相"传观"品评鉴赏。在书画收藏的过程中，历代书画著录对顾文彬的鉴藏发挥了非常重要的作用。所以，研究顾文彬主要应用哪些历代书画著录，如何购藏书画著录，以及如何编写自家的书画著录《过云楼书画记》，对于我们认识过云楼鉴藏水准和收藏文化是有意义的，还有助于研究晚清吴中藏家的收藏特色及其对丰富江南收藏文化的意义。

以前的研究大多没有对鉴藏家和书画著录之间的关系加以考察，对过云楼的研究也未在此方面加以关注。本文主要依据顾氏家族留存的文献，如《顾文彬家书》《顾文彬日记》《过云楼书画记·续记》《顾承信札》等，以及交游圈里的相关文献，希望再现顾氏与历代书画著录之间的细节，同时梳理《过云楼书画记》的成书过程，以达到认识书画鉴藏和历代书画著录之间的关系，以及这种关系对江南文化的意义。

二 顾氏与历代书画著录

中国古代书画历史久远，递藏过程十分复杂，特别是书画名迹历代著述纷繁迷离。对于收藏古代书画来说，鉴定真伪、考证真假是最重要的基础工作。历代书画著录是考证书画重要的佐证材料。顾氏在鉴考书画真伪时，就特别关注相关书画著录。在《过云楼书画记·凡例》中涉及的相关书画著录就有多种，比如：明朱存理（1444—1513）《铁网珊瑚》、清卞永誉（1645—1712）《式古堂书画汇考》、清陆时化（1714—1779）《怀烟阁吴越所见书画录》、清孙承泽（1592—1676）《庚子销夏录》、清吴荣光（1773—1843）《辛丑销夏录》、明郁逢庆（生卒年不详）《书画题跋记》、清康熙年间成书的《钦定佩文斋书画谱》、明王世贞（1526—1590）《尔雅楼扇卷甲乙》等。顾文彬利用书画著录校勘家藏书画，存真辨伪，尤其是要利用历代书画著录进行题跋的撰写。顾文彬同治十二年（1873）第十四号家书中说："我现题苏、黄、米四卷跋，苦无书画谱为考订，吴子敏之《大观录》，朱性甫、都南濠之《铁网珊瑚》记得皆载之，除本卷题跋不必赘录。"[1] 由此可见，书画著录对鉴藏家的重要性。

顾文彬的传世文献相对较多，主要集中在公立收藏机构里，其中重要的有苏州市档案馆、苏州博物馆、苏州图书馆等机构。近年来，苏州档案馆将馆藏顾文彬文献陆续结集出版，较为重要的有清同治九年（1870）至光绪元年（1875）期间的《顾文彬家书》和《顾文彬日记》等，为考察研究顾氏和历代书画著录之间的关系提供了重要的资料。

《画史汇传》 顾文彬在同治十三年（1874）的家书中提及"附去《画史汇传》一部"[2]。顾文彬让家人将此书捎带来，就是为了考证书画所需。《画史汇传》又称《历代画史汇传》，是出自苏州著名的簪缨世家"莳门彭家"的彭蕴璨所著。彭蕴璨（1780—1840），字振采，号朗峰、耕砚斋主，长洲人（今苏州）。"生有画癖，善绘事，精鉴赏，藏画甚富。博综文献，考述历代画家七千五百余人，颇精审。著有《画史汇传》《畊砚田斋笔记》等。"[3] 《画史汇传》堪称一部历代画家人名字典，共收录画家 1500 余人。全书 72 卷，附录 2 卷，时间跨度从上古黄帝，到清代嘉道年间。以诗韵编次姓氏，依时代顺序，各列小传，从一千二百六十三种文献资料中采辑编成。此书虽博涉广泛，不过画家入选的标准相对较低。

《无声诗史》 "张茂、施桂、刘妈从苏州来，带来《九成宫》、《鄞县生童观风》卷、《明臣殉难录》两本、《无声诗史》两本"[4]。顾文彬叫佣人将《无声诗史》从苏州家里带到宁波，作为自己参考学习之用，以备案头时常检索。江苏丹阳人姜绍书的《无声诗史》是中国明末清初画史著作。全书 7 卷，散列明代画家 470 余人的传记，大体依时代为序。很多材料是作者自己采择，对研究明代绘画有重要的史料价值。

《大观录》 顾文彬初见并购买《大观录》是在其给儿子顾承的家书中所记载："保三寄来抄本《大观录》两本，共十六本，明末国初人吴子敏著，所载书画名迹，前代多而明朝至五大家而止，索实价十六元，未知汝见过此书否？"[5] 1871 年第八号家书，顾文彬写道："《大观录》已令寿喜持洋向买。此书共二十卷，分为十六本，每本甚厚，惜有讹字，而字尚不恶，每本合洋一元，尚不为贵，若雇人抄录，断乎不肯也。"[6] 这部价值 16 块银洋的抄本书画著录，在当时尚不多见，流传也不广。顾文彬购买

之前比较谨慎，向儿子打听此书的价值，由于此书收录的藏家颇多，价格也不高，故将其纳入囊中。

吴升（约 1639—1715）[7]，字子敏，苏州吴县人，主要活动在清康熙年间。"以经营古董为业。与王时敏、孙承泽、梁清标、翁方纲、王掞、宋荦等交好。尤精鉴赏书画，时推为海内第一。"[8] 顾文彬购进此书时候还是抄本，也是顾家首次收藏此书。

《宋元以来画人姓氏录》 顾文彬同治十三年（1874）第四十九号家书记载："坊间送来《宋元以后画人姓氏录》一部，共二十四卷，订八厚本，系道光年间会稽鲁骏所辑，与《画史汇传》大同小异，未知苏中书坊有此书否？实价若干？询明即示。"[9] 顾氏提到的即刊于道光十年（1830）的《宋元以来画人姓氏录》，三十六卷。天津图书馆现所藏的为十六本。此书的编撰体例采用的是"人隶於姓，姓隶於韵，而又分其时代"的方法。

鲁骏，生卒年不详，字东山，一说是萧山人，嘉庆年间进士[10]。家富收藏，精于赏鉴。书中自序说是二代人，积四十余年而成此书。顾氏此书购入与否尚不清楚，但足见其对书画著录的关注和热情。

《江村销夏录》 顾文彬收藏过王羲之《千字文卷》，非常珍视。他认为，堪称"大收藏家"的标准之中，应该拥有王羲之的墨迹，"右军墨迹世所稀有，然必备此种，乃成大收藏家"[11]。足见王羲之等晋唐宋元名家在鉴藏家心目中的分量。顾文彬和顾承非常重视这件文物，对其真伪也是用心考订，他以查阅《江村销夏录》和《大观录》相佐证。"阅《江村消夏录》，右军千文开卷即是，然止损庵一跋，损庵似即江村别号，可见其时前人各跋已失，未审《大观录》所载，尚有前人各跋否？现在卷后只有御题，并无损庵跋，谅必江村以此进呈，将跋割去也。"[12] 不过，此件藏品未列入《过云楼书画记》，可能有以下两种原因。

这件藏品是顾文彬在京中的旧识吴封翁带到苏州售卖给顾家的，并且当时到苏州后只给顾承一人所看。吴氏这样做，既是顾吴两家的交情深厚，也是对顾家经济实力认可。更重要的原因是藏品的来

源特殊，"惟此系内府之物，既得之后，切须秘而不宣，并嘱吴老祖孙勿为外人言，是为至要。""秘而不宣，一定之理，因三希堂刻过故也"[13]，又担心其他藏家抢夺，顾文彬在同治十三年（1874）第三十七、三十八号家书中反复叮咛儿子务必得到此物。之所以如此谨慎，是因为曾有人因私藏内府之物获咎，不得不小心[14]。再者，顾文彬认为"我家富为众怨，更宜格外小心"。另一种原因，疑是此件王羲之作品属于"伪好物"。也许正是缘于以上的考虑，此件藏品并未收入到顾家的书画记之中。

《江村销夏录》是清初鉴藏大家高士奇的名著，对清代书画著录的体例有非常深刻的影响，吴荣光的《辛丑销夏录》以及顾文彬的《过云楼书画记》都有其明显的印记。

《清河书画舫》 顾文彬在同治十三年（1794）第四十四号家书中谈到，他收到苏东坡的《东坡画记卷》，并认为是真迹无疑。并借此事教育顾承要"前人书画谱等书必须时常翻阅"，因为"（苏东坡的）《乞居常州状》，《清河书画》载之极详"[15]。顾文彬之所以断定《东坡画记卷》"毫无疑义"，就是通过《乞居常州状》来推定的。可见，在当时信息获取办法极为有限的情况下，书画谱对于收藏家的重要性来说是不言而喻的。

《东坡画记卷》究竟所指为何物，疑其为《净因院画记》，有拓本传世[16]。《乞居常州状》不见墨迹和拓本等传世，文章收录于东坡文集传世。这两件所谓苏东坡作品，虽然进入了过云楼的收藏，最终未列入《过云楼书画记》。顾文彬经过考证，《乞居常州状》虽有前人著录，却是"实系伪托者"，"既审雁（赝）本，概不录入"[17]。即便是有了书画著录的佐证，真伪也并非绝对保险，这也是书画鉴定非常难的地方之一。吴云致李佐贤的信札中，曾经将彝器和书画的鉴定难易作对比，只看彝器拓片，若是伪者"一望即知"，"惟书画非目击不可"[18]。书画鉴定目鉴非常重要，但考证对目鉴的旁证作用绝对是不可忽视的，二者要综合运用。

顾氏鉴定中所依靠的《清河书画舫》是晚明收

藏家张丑（1577—1643）的书画著录之作，成书于万历四十四年（1616），全书共12卷，取北宋米芾"书画船"故事，冠以张氏清河郡望而为书名。所录从三国至明代中期，计有书画家一百四十人，先书后画，书迹四十九件，画迹一百一十五件。并作评论考证，许多作品，录用款识、印记。

《退庵所藏金石书画跋尾》 乾隆年间的大藏家梁章钜殁后，其收藏分散给五个儿子，之后陆续散出。顾文彬知道梁氏所藏的书画要售出的消息，就设法打听是否有佳品可图。于是在家书中嘱咐儿子顾承多方联系，并要求其阅读梁章钜所著的《书画谱》，以便于购藏鉴定之需："梁茝林书画分散与五子，其子名逢辰者，辛丑同年，已故。其子在江苏候补而忘其名，汝可探听，公馆在何处，前往访之，有年谊，不嫌唐突。请观所藏，如有佳品可图，亦一机会也。茝林所订《书画谱》，有二十卷，向敬叔处借来，虽不无真赝杂出，而件数不少，惜大半已付劫火矣。"[19]顾文彬所指的梁氏《书画谱》当是《退庵所藏金石书画跋尾》，是书为梁氏晚年所著，道光二十五年（1845）编撰成书，共有二十卷[20]。顾文彬对此书所著录的藏品评价是"不无真赝杂出"，这也直接影响到此本书画著录的价值。

综上可见，顾文彬对书画著录的重视，首先是书画鉴定的困难和复杂决定的，其次，要想成为非常优秀的书画鉴藏家，必须具备丰厚广博的知识储备，书画著录也因此是鉴藏家的必备工具书。另外，就顾文彬所涉猎的书画著录，从数量上来看还是比较多的，品类也非常丰富，多为明清两代的著录。虽然，清宫内廷书画著录《石渠宝笈》的出版将书画著录推向了集大成，但是当时的藏家很难看到这套大型的书画著录，即便是顾文彬、吴云（1811—1883）、李鸿裔（1831—1885）、吴大澂（1835—1902）、潘遵祁（1808—1892）、潘祖荫（1830—1890）等这些身居高位的大收藏家也很难见到，更不要说拥有了。

三　《过云楼书画记》成书过程

《过云楼书画记》（以下简称《书画记》）是顾

氏家族收藏的集大成者，集中代表了顾氏收藏的精品和水准，也在一定程度上反映了其书画收藏规模。顾文彬和顾承父子集毕生精力倾注在收藏之上，尤以书画的鉴藏最为自豪，因此，在书画的著录上也是不遗余力，并且力求独具特色推陈出新。

顾文彬对《书画记》的成书倾注大量的心血精力，也借鉴了许多的古今书画谱，取长补短完备此书。"书画谱各种，如《大观录》，此书寄回，本拟借他家藏本校对讹字。如退楼、香严两处，有此一种即向借，一并寄来，待我自校。《庚子消夏录》《辛丑消夏录》《佩文斋书画谱》之类，皆陆续寄来，以备考据。近来题跋之件多于题词，必须借资考据，《疑年录》《续疑年录》《纪元编》，均须寄来。此外，如有书画谱，如《王弇州四部稿》之类，亦皆捡出寄来。"[21]退楼和香严分别是吴云和李鸿裔的号，他们也都是著名的书画收藏家。

顾文彬父子是《书画记》的主创人员，既是策划实施者，也参与了其中的撰写。《书画记》的成书过程并不十分简单，更有其他人的参与和贡献。下文就相关资料中涉及《书画记》的相关文献做一些梳理。

同治九年（1870）家书第十二号，顾文彬问及："许达翁所缮《书画谱》（家书中"书画谱"是指"过云楼书画记"），曾否请退楼阅定？我在此新得几种，能否增入？"[22]此为现存家书中首次提及《书画记》。此时为顾文彬再次入京求官候补之时，可见《书画记》也已经初具规模。顾氏似乎在此之前就开始准备撰写出版书画著录了，也说明了顾氏的书画收藏也已经初具规模。

顾文彬对于《书画记》非常重视，从同治九年（1870）起就在家书中不吝笔墨催促顾承做好《书画记》。"《过云楼书画谱》做到几卷，能寄阅否？"[23]如此催问家书中从同治九年（1870）一直持续到同治十三年（1874）现存家书为止。

《书画记》的作者，除了顾氏，许锷是主要的参与者之一，其主要职责是初稿的写作和誊写抄录。

许锷何人？许锷（1805—1871），字达夫，又字颖叔，别号瓢隐居士，室名诗可楼。苏州人，家居葑门。布衣，工诗，豪饮，尤善楷。有《异苔同岑集》《石湖棹歌百首》等文集传世[24]。顾文彬在家书中多次提及此人。同治九年（1870）第十五号家书中问："许达夫删改《书画谱》，曾否请平老看过？"[25]同治十年（1871）第四十九号家书问："许达夫所写《书画谱》究竟有几分工程？"[26]同治十三年第四十三号家书中记载："《书画谱》虽经颖叔起有草稿，须得另请古文作手而又略明书画之人，删繁就简，总其大纲，此书方能告成。"[27]这些都说明许锷是《书画记》草稿的主要撰稿人之一。

《书画记》的统稿人是谁呢？要找人统稿，主要是因为书稿出自多人之手，"《过云楼书画谱》笔墨出数人之手，不能一律，将来须归一人汇总，毫无遗憾方可付刊。与其被人指摘于后，不如自己慎之于先也"[28]。因此，顾文彬在家书中多次与顾承考虑商量谁是合适人选，即谁来负责最终的删改、修订、润色整部文稿。顾文彬提议的统稿人主要以下几人。《过云楼家书》中先是提议墨缘或是吴云。"《书画谱》写就者，已有两本，墨缘远出，退老又忙，无人能删改。"[29]墨缘不知是何人的字号，待考。退老即吴云。

其后提议李鸿裔来做，"《书画谱》须俟的便方可寄去，若香严肯动笔，必臻妥贴矣"[30]。"《书画谱》若香严肯汇总固妙，但恐亦是老官脾气，未必有工夫作此细针密缕之事耳。"[31]李鸿裔是吴中"真率会"的主要成员之一，与顾文彬、顾承和顾麟士等过云楼三代都有交往，并都酷爱书画收藏。顾文彬对李鸿裔的书画鉴赏才华很是推崇，赞其有天赋，并且两家有很多的书画交易。

顾文彬后又拟邀请俞曲园为期书画记做总裁。"俞山长书来，因买屋于马医科，欲借百元，此公人品、学问皆可敬服，将来《书画谱》即可请其总裁，虽于书画一道未必熟谙，然天分之高不亚香严，亦易于入门也。"[32]此处，俞樾（1821—1907）和李鸿裔在顾氏眼中都是极具书画鉴赏天赋的，可最终二人并未应求而做。

顾氏还曾议及聘请沈旭亭来担当此任："沈旭亭笔墨与若波相埒，足胜此任。据澹如云，此公长于考订题跋，果尔，并可与之商订《书画谱》，拟每月送与修金二十元，未知肯就否？"[33]沈旭亭为沈梧（1823—1887），字旭亭，号古华山人、九龙山樵。无锡人，咸丰间游幕京师，与吴中士大夫多有往来。富收藏，善作山水。所以，顾文彬评价其笔墨水平和顾沄（1835—1896）不相上下。

再者，关于《书画记》的标准、体例和特色，顾氏也是多有考量。传世的《书画记》"凡例"中呈现的最终标准，其实也是不断修正的结果，顾文彬的相关文献中有诸多细节说明。比如：

> 《书画谱》两本甚为工整，当细加校订，宋元各种尚须填入题跋，未可据为定本也。[34]

> 《书画谱》两本止于沈、文，此下明人及国初各家草稿曾否改定？只待抄录，明年能否完卷？若付刊不知几时方能动手，真莫殚莫究矣。[35]

> 前寄来《书画记》两本，偶然翻阅……惟所记印章太多，诚如退老所纠……宜将近人印章删去为是。[36]

> 《书画谱》中遗漏颇多，如石谷之西园图卷，仿米袖卷，仿小米袖卷，南田仿子久袖卷，渔山衡山晴霭卷，皆未列入，何也？亟宜细捡补录。[37]

从构思到成书，其间过程颇多曲折，这些都反映出顾氏对《书画记》重视，亦可想见为此所付出的极大心力。总的来看，《书画记》的编撰体例当时模仿的是孙承泽著的《庚子销夏记》。吴云致潘曾莹（1808—1878）的信札提到："知好中惟子山（即顾文彬）蔗境最甘……现仿《庚子销夏》之例编辑书画目录，致足羡也。"[38]吴云认为顾文彬当时经济条件最好，所以，有足够的财力编撰出版自己的书画著录。另外，吴云对《书画记》的编撰参与很多，给了顾氏许多建议。

其实，顾氏和友朋对此书都有极高的期望和标准。吴云致顾文彬的信札中谈及此事说："兵燹以后，东南巨迹我二人所得不少，尊处愈多。惟中间尚有致疑可商之件，将来势必归弟审确而后入录。务使此书一出，有识者击节称赏，叹为一代必传之书。驾《销夏录》《书画舫》而上之，方为墨林快事。抑鄙人更有进于左右者。前人金石书画之书每多记其所见，未必尽出家藏。今我二人专记箧衍中珍养之品。他家之物概不羼入。故选择尤不可不精且慎也。"[39]足见二人对自己的收藏之自豪，因为藏品全部出自自家所有，这是不多见的。另外，想将此书做成"必传之书"，颇有彪炳后世的愿想。

顾文彬、吴云都是收藏大家，在书画和金石收藏上都堪称巨擘，历经太平天国运动的大动荡之后，重新振奋收藏之志，历久弥坚，颇有一番中兴气象。财力充裕使得他们能够将战乱之后散出的世家旧藏精品收入囊中。但是对于鱼龙混杂的历代书画，更重要的是需要"巨眼"，只有具备宽博高深的书画学养方能披沙沥金，去伪存真，方能收藏到真迹，当中自然就离不开历代书画著录的支撑。所以，鉴藏家的收藏和书画著录的紧密关系是显而易见的，而由于历代书画著录也存在良莠不齐的情况，也需要鉴藏家对其深入探究、反思，方能发挥书画著录的真正作用并为自己的鉴藏服务。

注释：

[1] 顾文彬：《过云楼家书》，文汇出版社2016年，第233页。

[2] 顾文彬：《过云楼家书》，文汇出版社2016年，第355页。

[3] 李峰、汤钰林编：《苏州历代人物大辞典》，上海辞书出版社2016年，第908页。

［4］顾文彬：《过云楼日记》，文汇出版社 2015 年，第 128 页。

［5］顾文彬：《过云楼家书》，文汇出版社 2016 年，第 48 页。

［6］顾文彬：《过云楼家书》，文汇出版社 2016 年，第 49 页。

［7］王照宇：《清初苏州鉴藏家吴升研究》，《荣宝斋》2014 年第 12 期。

［8］李峰、汤钰林编：《苏州历代人物大辞典》，上海辞书出版社 2016 年，第 908 页。

［9］顾文彬：《过云楼家书》，文汇出版社 2016 年，第 394 页。

［10］朱光耀：《邹一桂及其〈小山画谱〉——兼论清代词臣画风的形成与审美趣味》，南京艺术学院博士论文。

［11］顾文彬：《过云楼家书》，文汇出版社 2016 年，第 380 页。

［12］顾文彬：《过云楼家书》，文汇出版社 2016 年，第 383 页。

［13］顾文彬：《过云楼家书》，文汇出版社 2016 年，第 380、382 页。

［14］顾文彬：《过云楼家书》，文汇出版社 2016 年，第 380 页。

［15］顾文彬：《过云楼家书》，文汇出版社 2016 年，第 388 页。

［16］苏东坡：《苏东坡全集》，北京燕山出版社 2009 年，第 1818 页。

［17］顾文彬：《过云楼书画记·续记·凡例》，江苏古籍出版社 1999 年，第 1 页。

［18］吴云：《两罍轩尺牍》，香港文海出版社 1968 年，第 70 页。

［19］顾文彬：《过云楼家书》，文汇出版社 2016 年，第 125 页。

［20］朱志民：《梁章钜〈退庵所藏金石书画跋尾〉》，硕士论文，未发表。

［21］顾文彬：《过云楼家书》，文汇出版社 2016 年，第 318 页。

［22］顾文彬：《过云楼家书》，文汇出版社 2016 年，第 19 页。

［23］顾文彬：《过云楼家书》，文汇出版社 2016 年，第 49 页。

［24］李峰、汤钰林编：《苏州历代人物大辞典》，上海辞书出版社 2016 年，第 209 页

［25］顾文彬：《过云楼家书》，文汇出版社 2016 年，第 23 页。

［26］顾文彬：《过云楼家书》，文汇出版社 2016 年，第 93 页。

［27］顾文彬：《过云楼家书》，文汇出版社 2016 年，第 388 页。

［28］顾文彬：《过云楼家书》，文汇出版社 2016 年，第 257 页。

［29］顾文彬：《过云楼家书》，文汇出版社 2016 年，第 97 页。

［30］顾文彬：《过云楼家书》，文汇出版社 2016 年，第 203 页。

［31］顾文彬：《过云楼家书》，文汇出版社 2016 年，第 262 页。

［32］顾文彬：《过云楼家书》，文汇出版社 2016 年，第 411、413、448、455 页。

［33］顾文彬：《过云楼家书》，文汇出版社 2016 年，第 451 页。

［34］顾文彬：《过云楼家书》，文汇出版社 2016 年，第 107 页。

［35］顾文彬：《过云楼家书》，文汇出版社 2016 年，第 110 页。

［36］顾文彬：《过云楼家书》，文汇出版社 2016 年，第 133 页。

［37］顾文彬：《过云楼家书》，文汇出版社 2016 年，第 136 页。

［38］吴云：《两罍轩尺牍》，香港文海出版社 1968 年，第 183 页。

［39］吴云：《两罍轩尺牍》，香港文海出版社 1968 年，第 494、495 页。

立足馆藏 精准服务 开放共享

——苏州博物馆古籍图书馆免费开放工作的若干思考

吕　健　褚　燕（苏州博物馆）

内容摘要： 苏州博物馆古籍图书馆向社会公众免费开放，在自身定位、服务对象、业务职能三个方面实现了重要的转变。古籍图书馆以"书香@苏博"系列教育活动为平台，积极探索古籍保护与开放服务融合发展的新模式。今后，在文旅融合的大背景之下，古籍图书馆将在供给端持续发力，精准定位服务群体，充分利用先进技术，不断拓展跨界合作。

关键词： 古籍图书馆　开放共享　社会教育

在中华文化的历史长河中，无数文化先贤传承着中华民族的精魂，赓续着中华文化的基因。习近平总书记曾多次强调："让收藏在禁宫里的文物、陈列在广阔大地上的遗产、书写在古籍里的文字都活起来。"作为一家地方综合性博物馆，苏州博物馆坚守传承和创新中华优秀传统文化的重要使命，牢牢把握新时期博物馆发展要求，坚持"让文物说话，让历史说话，让文化说话"，不断推动各项工作的创新发展。2018 年 6 月 28 日，苏州博物馆古籍图书馆正式向社会公众免费开放，积极探索古籍保护与开放服务融合发展的新模式。作为苏州博物馆古籍图书馆免费开放工作的亲历者和参与者，我们将在回顾"书香@苏博"系列教育活动的基础上，结合文旅融合的大背景，重点对未来的工作做一点探讨和思考。

苏州博物馆收藏有古籍善本 768 种 4177 册，普本 32194 种 103283 册，为全国古籍重点保护单位和江苏省古籍重点保护单位。古籍之外，苏州博物馆还收藏历史、文物考古、古籍整理、博物馆学、艺术图录五大系列文博文献专业纸质图书 15908 册，电子图书 18000 余种。改建后的苏州博物馆古籍图书馆总面积 1064m²，有 3 个恒温恒湿库房，1 个电子文献阅览室和 1 个古籍图书阅览室。所有读者凭有效身份证件即可入馆，图书文献查阅流程大大简化。截至 2020 年 10 月 31 日，到馆读者共计 82143 人次。

苏州博物馆古籍图书馆向公众免费开放实现了三个方面的转变，一是自身定位由原来对内服务的文博专业图书馆转变为了对外服务的公共图书馆；二是服务对象由主要面向文博系统专业研究人员转变为了面向每一位大众读者；三是业务职能由相对单一的图书文献保管和古籍整理转变为了多样化的传统文化普及、文博图书阅读推广和社会教育活动。这三个方面的转变，不仅使苏州博物馆古籍图书馆具有了公共博物馆和公共图书馆的双重属性，同时也为我们探索古籍保护与开放服务融合发展创造了条件。正是在这样的背景下，苏州博物馆古籍图书馆策划实施了"书香@苏博"系列教育活动（具体活动主题见表一：苏州博物馆古籍图书馆"书香@苏博"系列活动），充分利用独具特色的古籍资源和文博图书资源，将古籍、文物与图书结合，从而在博物馆展厅之外，为观众和读者创造一个以图书为中心的互动平台。经过两年多的探索与实践，苏州博物馆古籍图书馆举办"书香@苏博"系列教育活动 29 场，参与人数 1158 人，逐渐形成了古籍晒书会、古籍刷印装订体验、诗词和文博读物诵读、夜读分享会等针对不同群体的分众化项目，初步打造出了一个具有古籍图书馆自身特色的品牌活动，为古籍图书馆和读者之间的交流共赢奠定了基础。

表一　苏州博物馆古籍图书馆"书香@苏博"系列活动

続表（右）

苏州博物馆古籍图书馆"书香@苏博"系列活动

序号	活动类型	活动主题
1	古籍晒书分享会	苏州博物馆藏古籍善本与百年旧书店文学山房的不解之缘
2		以书为媒　以书会友——苏州博物馆古籍善本晒书分享会
3		打开方志　走近苏州——苏州博物馆藏善本方志晒书分享会
4	新书首发式	《苏州博物馆藏古吴莲勺庐戏曲抄本汇编》首发推介会
5		《苏州博物馆藏近现代名人日记稿本丛刊》首发式
6	古籍刷印装订体验	触摸原典　探寻古书之美——青少年暑期专场讲座体验活动（未成年人专场）
7		书香古韵　妙手生书——线装古书装订体验活动（未成年人专场）
8		古韵悠悠　诗声朗朗——古诗诵读和活字刷印、线装诗集装订体验活动（未成年人专场）
9		佛心禅语制古书——馆藏佛教文献触摸体验与禅诗刷印装订活动
10		雅言传经典　古韵润人生——浦江学堂苏州学馆暑期少儿诵读、刷印专场体验活动（未成年人专场）
11	文物与文献专题讲座	名人日记与清代社会面面观
12		《史记》点校修订的若干问题
13		王欣夫先生的藏书与治学
14		揭开秘色瓷的千古之谜
15		黄宾虹的鉴藏——解读黄宾虹的另一种方式
16		书中还有颜如玉——藏书票的文化内涵和欣赏
17		依古创新　后学师模——董其昌的艺术成就与超越
18		天禄琳琅——乾隆皇帝的善本藏书
19		灼烁重现——十五世纪中期景德镇瓷器大展解读
20		六舟与苏州——飘然来住沧浪洲
21		江口沉银——张献忠的宝藏
22		大元·仓——太仓樊村泾遗址考古发掘与收获

続表

序号	活动类型	活动主题
23	诵读活动	与国宝对话　美的句句如诗——文物与古诗词诵读活动
24		童声童趣　悦读文物——苏州博物馆藏少儿文博读物、故事诵读活动（未成年人专场）
25		小小博物家养成记——苏州博物馆藏少儿文博读物亲子阅读打卡活动（未成年人专场）
26		在诗词中　邂逅最美的秋天——秋日主题诗词实景诵读活动（未成年人专场）
27	夜读分享会	黄金为尚——馆藏金银器专题图书分享会
28		醉美青花瓷——馆藏青花瓷专题图书分享会
29		玉质流芳——馆藏龙泉青瓷专题图书分享会

　　近年来，《我在故宫修文物》、《如果国宝会说话》、《国家宝藏》、故宫口红、博物馆夜游等文博类电视节目、文创产品和新颖的参观体验点燃了社会公众对于文物鉴赏和博物馆参观的热情。在文旅融合的新时代背景下，作为公共文化服务的阵地，苏州博物馆古籍图书馆如何发挥自身优势，弘扬城市文化和城市精神，是值得我们深入思考的一个重要问题。

　　我们认为，丰富的古籍收藏和完备的文博藏书是苏州博物馆古籍图书馆与生俱来的天然优势。这些古籍和藏书是具有民族传统、地方特色和时代精神的城市文化象征。我们要充分利用这一宝贵资源，在供给端发力，针对大众个性化、定制化、体验化的文化需求，在"书香@苏博"系列教育活动这项工作上持续发力，优化选题，定制一系列参与性强、体验度高、专业性强、获得感高的特色活动，从而让观众和读者走进博物馆里的图书馆，通过活动了解城市文化，不断增强对城市文化的认同感和自豪感。要实现这一目标，就必须加快转变博物馆观众服务和教育工作的价值取向和思维方式，特别是在互联网、人工智能、区块链等新技术广泛应用的新时代，以新的手段、新的渠道、新的技术，打造博物馆观众服务和教育工作的新路径。

一 精准定位服务群体和对象

移动互联网和社交媒体的深度融合产生了新的生活方式，博物馆观众服务和教育工作面对的人群发生了显著变化。最为明显的是 70 后、80 后和 90 后、00 后，前者可能是追求"求同存异"的合作型风格，而后者是"短而精"、"酷而炫"的个性化、时尚化路线，他们对博物馆服务和教育的需求各不相同。在朋友圈成为一种生活方式的今天，这些群体不仅是博物馆展览的参观者，教育活动的参与者，同时也是博物馆文化和城市文化的传播节点，有时甚至还是内容的提供者，或者是整个活动的策划者、组织者。换句话说，随着博物馆传播渠道从人际传播、电视台等大众媒体传播，向以个人为节点的社交媒体传播的转变，博物馆观众服务、教育思路、活动设计、传播渠道等都发生了很多变化。面对这样一种新的变化，我们认为，苏州博物馆古籍图书馆要利用技术手段对读者进行大数据分析，精准定位服务群体和教育对象，同时配合调查研究，掌握读者的年龄层次、教育背景、工作经历、兴趣爱好、阅读需求，为后续开展分众化、个性化、多样化、定制化的读者服务和教育活动奠定基础。

二 加快推进数字图书馆建设与应用

互联网彻底颠覆了博物馆传统的观众服务理念，带来了更便捷的服务手段。2020 年，古籍图书馆先后在苏州博物馆官方网站、微信平台、哔哩哔哩网站（苏州博物馆空间）开辟了"苏博云书斋"、"纸上博物馆之旅"等专题栏目。通过这些媒体平台，观众和读者足不出户就能浏览到馆藏珍贵古籍、家谱等高清图片，还能浏览到馆藏特色文博图书的文字与视频推荐。今后，苏州博物馆古籍图书馆要进一步利用互联网技术，在现有的古籍影像数字资源基础上，丰富数据库资源，探索在官方微信平台开发馆藏文献检索、在线浏览、新书分享推荐等新功

能，更好地发挥数字图书资源的价值。此外，借助大容量云平台，古籍图书馆还可以收集与博物馆事业相关的音频和视频资源，供观众在线观看，并在一定范围内（例如志愿者、博物馆会员、读者群）允许观众上传分享自己收藏的文博数字资源，进一步探索文献资源共享的新模式。

三 积极探索服务与教育跨界合作

当前，观众已成为博物馆工作的中心，这就要求我们的工作视角和视野也要随之转变，要从博物馆知识和内容的传播转向满足观众的需求和期待。为了给观众提供更多个性化、定制化的服务，我们认为最重要的是树立大格局、大视野。博物馆的观众服务和教育不再是某个单一业务部门的工作，相关的部门都应该承担起自己的责任，我们所强调的是博物馆作为一个整体所承担的服务和教育使命。为此，苏州博物馆古籍图书馆要以大教育的理念为引领，积极与其他业务部门开展合作，整合利用各自的优势资源，特别是在重要展览和活动期间，结合展览主题，以图书文献资源为切入点，策划跨部门合作的教育活动，满足观众深度学习体验的需求。其次，坚持资源开放和共享，探索跨单位、跨行业的跨界合作。今后，苏州博物馆古籍图书馆将积极探索与其他文化单位和机构，特别是公共图书馆的合作，建立数字图书资源、古籍文献资源和教育活动资源的共享机制以及古籍文献的合作研究机制，不断扩大观众服务的内容，满足不同群体对于文博知识和文献知识的阅读学习需求。此外，苏州博物馆古籍图书馆还将探索与学校、书店、阅读推广组织等机构开展广泛的跨行业合作，针对包括青少年学生在内的阅读爱好者等群体，组织策划文博图书的诵读、阅读打卡和特色书店研学等丰富多彩的教育活动，不断满足城市公众的精神文化需求，为推进城市文化大发展大繁荣做出我们自己的贡献。

真空充氮杀虫灭菌技术在文物保护中的运用

——以苏州博物馆清洁灭菌室为例

许 平（苏州博物馆）

内容摘要：文物是历史文化遗存，具有不可再生性，在漫漫历史长河之中，文物可能会遭受自然和人为的双重破坏。那些幸存下来的珍贵文物历经沧桑，同时又面临着新的考验，害虫和霉菌的腐蚀起初微不足道，但日积月累对文物的伤害可能是致命的，因此对文物的保护刻不容缓。文物保护又是一门综合性的学科，它与其他学科有着广泛的联系。传统的思维和技术已经不足以为文物保驾护航，现代科技日新月异，科技不断进步，技术不断成长，新思维和新技术在文物保护中的作用越来越大。

关键词：真空充氮 杀虫灭菌 文物保护

为促进文博事业实现全面高质量发展，"让博物馆馆藏文物活起来"的课题日渐成为整个文博界的热点话题。如何"让文物活起来"？"让文物活起来"又有哪些方式？如何落实文物保护"最后一公里"？专家学者们进行了热烈的讨论。不管采用何种方式，"让文物活起来"首先要把文物保护好，其次才能利用好，最后才能体现其真正价值。

一 背景与技术

1. 文物保护现状

文物是历史文化遗存，具有历史的、艺术的、科学的价值，作为文博工作者，我们有责任对历史文化遗产加以保护。因为是遗存，不可能再生，损坏一件便少一件，因此，对文物的保护就显得特别重要。为了更有效地保护和管理这些馆藏文物，更好地开展我国文化遗产保护领域的科研工作，国家文物局于 2004 年统一部署，对全国的文物收藏单位开展了"全国馆藏文物腐蚀损失调查"。此次调查的对象是各级政府部门主管的各类博物馆、纪念馆、文物考古研究机构以及古建所、文化馆和文保所等

相关单位，并对各单位收藏的纸质、纺织品、金属、石质、陶瓷、竹木漆器等七大类文物逐一进行盘查。对馆藏文物因自然因素造成的腐蚀损失情况进行了统计，同时兼顾人为因素所造成的损失一并分析，最后经专家组调研分析，得出结论：全国共有 50.66% 的馆藏文物存在不同程度的腐蚀损害，如果不采取有效措施，可能会对文物造成进一步损害，产生无法挽回的损失。

脆弱的有机质地文物是受自然降解和环境虫害侵蚀老化最为严重的一类文物。害虫和霉菌是威胁有机质地文物安全的主要因素之一，文物中常见的害虫涉及鞘翅目等翅目、缨翅目等 9 个目，29 个科，数十种之多。常见霉菌有曲霉属、木霉属、青霉属等几百种。"全国馆藏文物腐蚀损失调查"结果显示：竹木漆器重度及濒危腐蚀率高达 48.68%，中度腐蚀率达 21.11%；纺织品文物重度以上腐蚀率达 20.83%，中度腐蚀率达 30.25%；纸质文物重度以上腐蚀率达 19.16%，中度腐蚀率达 35.02%。通常情况下，害虫和霉菌对文物的伤害是渐进性的，它由浅入深，同时又带有一定的隐蔽性，在危害的起始阶段，人的肉眼是很难发现的，而一旦发现文物出现问题，那么往往是比较严重，又很难复原的大问题。因此，认真做好害虫和霉菌的防治是有机质地文物保护工作中一项需要常抓不懈的重要内容。

2. 杀虫灭菌的常规技术

我国在文物虫霉防治方面曾积累了丰富的经验，研制成功了许多文物虫霉防治技术，如在文物橱柜和囊匣内放置樟脑丸、紫外线除虫杀菌、中药材熏蒸等方法。但是经过多年实践，发现这些老办法存在一些缺陷。为了防止害虫、病菌"迫害"文物，

最常用的办法就是放置樟脑丸,许多博物馆也不例外。然而,樟脑丸一般只能起到防虫、驱虫、抑制细菌生长的作用,很难彻底剿灭害虫。随着使用年限的增加,人们发现樟脑丸的防治效果越来越差,一些地方已经出现虽然加大了樟脑的使用量,但是库房中还是会出现虫害的情况。这是因为时间久了,害虫对樟脑产生了抗药性,随着时间的增加,害虫的耐受力和抵抗能力变得越来越强,从而导致樟脑丸的杀虫抑菌作用也就变得越来越弱了。此外,如果樟脑放置不当,也有可能导致文物受损;樟脑的特殊气味,还可能刺激人的中枢神经系统,导致与之接触的文物工作人员出现喷嚏、头晕、皮肤过敏、倦怠等症状,严重时甚至出现血压升高、恶心呕吐等现象。如果用紫外线除虫、杀菌,又可能导致文物褪色、老化;用熏蒸药剂则会对工作人员和环境带来一定威胁。

3. 杀虫灭菌的新技术

随着现代技术的发展,近些年来,杀虫灭菌新设备新技术不断研发应用,采用物理方法进行杀虫灭菌,以其对人体无毒、不污染环境、不易导致害虫产生抗性等优点,迅速发展起来。物理杀虫灭菌的基本方法有电磁波 r 射线杀虫法、微波杀虫灭菌法、低温冷冻杀虫法、真空充氮杀虫灭菌法等技术。其中真空充氮杀虫灭菌技术是一种安全有效的新型技术,其优点在于它采用的是一种既安全又环保的灭虫灭菌方法。因其采用物理方法进行杀虫灭菌,所以不会对处理过的文物带来任何有害影响,在整个杀虫灭菌流程中,操作者只需触控下开关,一切复杂的工作由电脑智能完成,操作人员也不会有任何安全或者健康上的隐患。

我们知道,任何害虫都需要在有氧条件下才能存活,害虫的呼吸,离不开氧气,通过吸进氧气,呼出二氧化碳,完成新陈代谢,满足生命的需要。因此不管是处于何种状态下的害虫都能在无氧室(真空充氮杀虫灭菌设备灭菌柜内的密闭空间)中被消灭。这种杀虫灭菌方式是无毒无害的,整个杀虫灭菌过程,运用了生态学的原理,采用真空充氮的

物理方法,不使用任何有毒有害的化学物质,也不使用低温冷冻和高温药熏等原始手段,因此文物不会有任何伤害,也不会有任何有害物质残留在上面。杀虫灭菌后,文物没有任何变化,设备操作人员在整个过程完成后,无需等待便可直接从灭菌柜内取出文物,而不会对自身造成任何伤害。

可以这样说,真空充氮杀虫灭菌技术是一种安全、可靠的新技术。它不仅能杀灭对文物有害的各类害虫和霉菌,而且因为采用的是物理方法,所以既不污染环境,又对人体无害,关键是对文物没有任何影响。

二 原理与实践

1. 环境对文物的影响

环境因素对文物藏品的保存至关重要,不同质地的文物需要不同的保存环境,好的环境有利于文物的维护和保养,反之则会影响文物的寿命。平常我们对于各类文物保存的最佳环境都有严格要求,如:纤维质类文物(书法、绘画、碑帖、手稿、纸张、织绣、服饰、皮革等)的最佳湿度为 55%—65%;金属类文物(金、银、铜、铁、锡、镍、铅等)的最佳湿度为 35%—50%;陶器类文物(陶、壁画、瓦当等)的最佳湿度为 55%—60%;竹木类文物(竹、木、漆器等)的最佳湿度为 55%—65%;墨、牙、骨、角等文物的最佳湿度为 58%—62%。影响文物保存质量的环境因素主要有微环境的空气质量、光线的强弱、温湿度的变化、昆虫和微生物的危害等。文物的受损并不是某种因素单独作用的结果,而是几种因素相互关联,彼此影响的结果。不同的藏品对温湿度的控制有不同的要求。温度和湿度的环境变化是影响文物保存最佳状态的主要原因。霉菌对文物的危害最大,特别是南方地区,防霉问题最为突出。一到梅雨季节,空气中的湿度增大,气温也逐渐升高。如果温湿度控制不当,必然会对文物造成损害,严重时霉菌就会侵蚀文物,引起霉烂。

2. 环境对有害生物的影响

和文物保存一样,害虫和霉菌的生长也需要合

适的环境，适宜的温湿度和充足的氧气，是其必备的生存条件。在利用温湿度限制害虫和霉菌生长发育的同时，或多或少也会影响文物本身的寿命，如果一意孤行，则会得不偿失。而真空充氮杀虫灭菌技术，主要采用真空泵抽真空，然后充入氮气，制造一个严重缺氧的密闭环境。在整个过程中，虫体霉菌细胞发生一系列的生理变化，抽真空能使虫体霉菌细胞内的水分外溢，使其细胞原生质严重脱水，新陈代谢无法正常完成，导致中毒而亡。我们知道害虫通过呼吸系统，吸进氧气，呼出二氧化碳，完成新陈代谢，这个过程是满足生命的必要条件。当真空充氮灭菌设备充入氮气后，氧气变得越来越稀薄，害虫必须打开全部气门，以维持其生命，这时它处于极度的兴奋状态，新陈代谢加快，所需氧气也相应增加。最终害虫因得不到生存所需的大量氧气，窒息死亡。

此外，如果有害生物所处的环境参数发生了改变，只要环境中的氧含量、温湿度发生任一变化，或者两者都发生了变化，那么除害时间也会发生相应的变化。例如：较高的氧气含量，则需要更多的天数；较高的相对湿度，则需要更多的天数；较高的温度，则需要的天数较少。如果环境相对湿度控制在 30%—40%，以及氧含量小于 0.2% 的情况下，那么微生物的活性会大大减少。

3. 设备介绍与功能

真空充氮杀虫灭菌设备处理系统通常由五大元器件组成，分别为氮气发生装置、抽真空设备、密闭灭菌柜、气体加湿设备和环境传感器。真空充氮杀虫灭菌设备通常有两种操控方法：自动操控和手动操控。一般情况下我们选自动操控就可以了，整个真空充氮杀虫灭菌过程由电脑自动完成，而手动操作通常仅用于应急操作。整个流程大致分为三步，首先将需要灭菌的文物放入灭菌柜内，由真空泵对灭菌柜内密闭空间抽真空，然后通过管道充入氮气（氮气由系统自带的高容量制氮机产生，充入的氮气纯度需达到 99.9%—99.99%），最后就是保压力，使灭菌柜内密闭空间长期保持低氧的环境，从而达

到杀虫灭菌的效果。在这个过程中，电脑还会根据环境传感器获得的温湿度数值，自动调节参数，以期达到最佳的效果。

真空充氮杀虫灭菌设备通常有六大功能：一、灭虫功能：对于密闭灭菌柜中的成虫、幼虫、虫蛹、虫卵等害虫能 100% 灭杀。二、杀菌功能：对于密闭灭菌柜中的好氧性菌能 100% 灭杀，而对于厌氧性菌及丝状霉菌等也能够有效地阻断其生长和繁衍。三、隔氧功能：保证该设备在工作状态下，待处理文物所处的密闭空间含氧量 ≤0.2%，以达到杀虫灭菌无氧的环境。四、制氮功能：杀虫灭菌过程中，设备能自产浓度 99.9% 以上的高纯氮气注入待处理文物所处的密闭灭菌柜内。五、加湿功能：文物在杀虫灭菌过程中，设备能及时调整及控制待处理文物所处灭菌柜内的湿度。六、自动化控制功能：数字显示屏显示设备的运行情况及相关的参数。依据待处理文物所处灭菌柜内传感器上数据，自动化控制系统能智能分析，并控制安全系统和气动阀进行相应的操作。

4. 设备的实践

文物藏品保护工作古已有之，由于受条件限制，传统方法多有不足。随着时代的进步，文物保护工作也要与时俱进，不断创新，在做好馆藏文物预防性保护的同时，为进一步提升苏州博物馆文物保护技术条件，更好地开展馆藏文物的保管和养护工作，苏州博物馆于 2012 年，专门成立了文物消毒灭菌室，花费数十万元引进先进设备，采用安全有效的真空充氮灭菌技术为文物除虫灭菌。

文物库房是存放文物的场所，对环境一般有严格要求，在库房内的文物长期存放于此，已经适应了所处的环境，一般也不会发生大的变化。而对于一些新入库的文物，如新征集的文物、临时存放的文物以及因展陈需要出库后又退回库房的文物，这些文物因其原来所处的环境与库房的环境有一定的差距，况且这些文物也有可能隐藏着许多肉眼看不见的有害病菌。如果没有及时处理就归入库房，那么其潜在的危机就有可能爆发。而一旦爆发，那么

问题就会很严重，这不仅仅是单个文物会出现问题，有害病菌是会传染滋生的，如果任其蔓延发展的话，会影响到整个库房的安全。为了妥善地保护好库房内文物，这些新进来的文物必须经过清洁灭菌处理后，方能进入文物库房。此外文物的一些附属件，如底座、包装箱、囊匣、锦盒等也必须进行消毒灭菌处理，只有这样才能确保库房文物的绝对安全。

杀虫灭菌是文物保护的基础性工作之一，对延长文物寿命具有重要意义。自苏州博物馆文物清洁灭菌室成立至今，严格按照操作规范，多次利用真空充氮杀虫灭菌设备对馆藏文物，以及文物保护包装箱、囊匣、锦盒等物品进行杀虫灭菌处理，取得了较好的成效，进一步提升了苏州博物馆文物保护的技术条件，为博物馆更好地开展各项工作打下了坚实的基础。

三 结语

近年来，博物馆事业日渐兴旺，全国各地的博物馆也越办越多，博物馆收藏的文物数量也随之不断增长，文物保护的任务也变得任重道远。同时文物保护工作又是一项系统性的工程，需要多学科的配合。文物的保护需坚持以预防性保护为主的原则，同时还要做好预防性保护和抢救性保护相结合的工作。通过加强基础环境管理，采用先进可靠的现代化技术，以技术保护为主，科学管理和技术保护并重。充分利用现有的文物保护资源，改善文物藏品存放环境，延缓其衰老的进程，放缓其受损的速度，让文物活起来，焕发出新的生命，发挥其真正的价值。相信随着工作的不断深入，管理理念的不断创新，文物保护技术的不断进步，博物馆的文物保护事业将会有更新的技术，更多的手段为我们不可再生的文物保驾护航。

虎丘塔最危重险情的处置经过纪略

朱晋祆（苏州博物馆）

内容摘要： 虎丘塔是苏州著名的人文景观，更是苏州的重要标志。自北宋初年建成，屹立在虎丘山上已逾千年。在 20 世纪 50 年代，虎丘塔出现最危重的"大厦之将倾"的险情。在寺僧楚光的及时发现和呼吁下，以刘敦桢为代表的专家经过实地勘察，终于定下维修方案，启动抢险加固工程。

关键词： 虎丘塔　险情　楚光　刘敦桢

虎丘号称吴中第一名胜，北宋大文豪苏轼曾有云："到苏州不游虎丘，乃憾事也！"足见虎丘在苏州诸景中首屈一指的地位。虎丘山上微微倾斜的虎丘塔成为靓丽的一道风景，被誉为"东方的比萨斜塔"，吸引着无数人驻足观望。直到今天，虎丘依然是苏州有游客数量统计的景点中接待数量最多的景区。

东晋时期，司徒王珣和司空王珉在虎丘营建别墅，后舍宅为寺，开虎丘建寺之先河。虎丘山上的塔历史上数次修建、数次毁坏，现在的虎丘塔又名云岩寺塔，建成于北宋初年，历经了千年的雨雪风霜。虎丘塔是一座八角形阁楼式砖身木檐塔，共七层，高 47.7 米，是江南楼阁式砖石塔的典型代表。

古建筑保护专家罗哲文指出：苏州云岩寺塔（虎丘塔），不仅是千余年来苏州这一历史文化名城"人间天堂"的重要标志之一，而且以其重大的历史、艺术、科学价值载入了许多建筑史、科技史、文化艺术史的著作，因而在 1961 年就被国务院公布为第一批全国重点文物保护单位[1]。苏州全境内，被评定为第一批全国重点文物保护单位总共才六个，足见虎丘塔之珍贵。在苏州城内，主要有三座古塔广为人知，并且参拜、游览之人络绎不绝。分别是虎丘景区的虎丘塔、盘门景区的瑞光塔和报恩寺内

的北寺塔。瑞光塔直到 1988 年被评定为第三批全国重点文物保护单位，北寺塔更是在 2006 年才被评定为第六批全国重点文物保护单位，可见这两座古塔比虎丘塔的历史文化价值略逊一筹。

虎丘塔自北宋初年建成之后，虽然历朝历代修复过数次，但是直到清中期，它始终屹立在虎丘山上（图一）。太平天国时期，李秀成率领的太平军在 1860 年占领苏州，纵火烧毁虎丘塔，将古塔的腰檐等木构件烧毁，砖砌主体结构依旧完整。虎丘塔砖砌主体由外墩、回廊、内墩和塔心室组合而成，全塔由 8 个外墩和 4 个内墩支承。内墩之间有十字通道与回廊沟通，外墩间有 8 个壶门与平座（即外回廊）连通，塔体外部除砖砌平座和叠涩腰檐残留外，其余木构栏杆和塔刹部分均已毁坏[2]（图二）。

图一 焚毁之前的虎丘塔

虎丘塔最危重的险情则是爆发在 20 世纪 50 年代，其砖砌主体结构发生了险情，有倒塌的危险，可谓岌岌可危。1953 年春天的一个夜晚，虎丘寺主持楚光和尚突然听见虎丘塔东北角轰然一声巨响，

图二　焚毁之后的虎丘塔

砖石崩裂满地，仿佛千年古塔在发出即将倾塌的预兆。楚光立刻向有关方面反映情况，期盼专业人士来应对处理。这次虎丘塔的险情，逐层上报到了苏州市、江苏省和文化部，引起了各级政府的高度重视。时任文化部文物局业务秘书罗哲文建议，由他的老师刘敦桢到现场勘察，了解具体情况，制定应对举措，苏州市政府遂决定邀请赫赫有名的刘敦桢到场勘察。

我国近代古建筑研究专家，首推"南刘北梁"，即南方的刘敦桢和北方的梁思成（图三）。刘敦桢（1897—1968），字士能，别号大壮室主人，湖南新宁人。1913年刘敦桢东渡日本求学，先后求学于东京正则学校和东京高等工业学校（今东京工业大学）建筑科。1921年刘敦桢以优异成绩毕业，在东京池田建筑士事务所服务一年。1923年刘敦桢回到祖国，先供职于华海建筑师事务所，后执教中央大学工学院建筑系。刘敦桢的履历彰显其基础求学、实务运用、理论总结各个方面素养都很深厚。刘敦桢和梁思成在朱启钤的倡议下，于20世纪30年代共同创建了中国营造学社，为我国整理研究古建筑作出了卓越的贡献。新中国成立后刘敦桢担任南京工学院建筑系主任兼古建筑调查研究设计室主任，之后担任中国科学院学部委员，在国内外享有很高的声誉。

其传世著作有：《苏州古典园林》《中国住宅概说》《中国古代建筑史》《牌楼算例》《苏州古建筑调查记》《大壮室笔记》等。园林设计则有南京瞻园之改建工程，其中湖石假山之构思与造型，尤为匠心独具，被誉为解放以来之最佳作。

图三　刘敦桢和梁思成到波兰访问
（右四刘敦桢，右六梁思成）

刘敦桢为什么愿意冒着危险勘察这座摇摇欲坠的古塔呢？除了作为文保专家的责任和弟子罗哲文的推荐之外，还有一段轶事。早在1936年，刘敦桢就两次到苏州，对包括虎丘塔在内的古建筑做了调查研究，并撰写《苏州古建筑调查记》。刘敦桢到苏州考察古建筑期间，两次来到虎丘塔，但因塔门封闭不能参观而止步塔下，留下了小小遗憾。虎丘塔发生最危重险情时，刘敦桢已从南京的中央大学调到新成立的南京工学院任建筑系主任，兼任教授。南京工学院在1952年刚刚筹建而成，刘敦桢事务繁重，所以一直到1953年10月才安排出时间成行，此次受邀勘察的虎丘之行，可以弥补当年没有登临虎丘塔的遗憾。

虎丘塔自从经历太平天国的战火，木结构的塔内楼梯、塔外腰檐等木构件都已烧毁，之后倾斜的塔身又经过了几十年的风吹雨打，已然岌岌可危，但是时逢乱世，没有组织或个人去保护和维修。刘敦桢在楚光和尚、苏南文管会的陈玉寅、吴雨苍等一行人员陪同下来到虎丘塔，命悬一线的虎丘塔终于迎来了救星。

因为古塔的一层损坏十分严重，从一层进入非常危险，苏州的文保人员事先在塔的南侧搭了三层高的竹架，计划从第三层侧面入塔。刘敦桢过去多次在苏州调查古建筑，一直想了解虎丘塔的建筑结构，他拒绝了直接从三层入塔的建议，坚持要从一层入内，逐层勘察，直到最高层。刘敦桢一行进入一层后，塔内昏暗，首先发现塔内另有塔心，二层到七层的塔心都是八角形，塔砖上分别有"弥陀塔"、"己未建造"等字样，砖缝内嵌有竹钉，钉头绕有麻丝，与泥浆混合互相咬合增加牢度。登上第七层，塔刹已经不知所踪，塔顶呈现出空空的窟窿，因此雨水就从塔顶倾泻而下，加重了虎丘塔损坏的程度。刘敦桢一行站在第七层的时候，塔外狂风怒号，似乎吹得歪斜的古塔随时要倒塌，于是大家劝刘敦桢赶紧下塔离开。刘敦桢却笑着说道："如果虎丘塔此时此刻突然倒塌，我们一下子都被埋葬在里面，粉身碎骨，也是义不容辞、心安理得的。"此言一出，有如黄钟大吕之音，使在场的所有人深深震撼。

刘敦桢经过仔细勘察发现虎丘塔存在以下问题：（一）它的西北面外壁已沉陷尺余，而东南面沉陷较少，表明系不平均下沉。（二）由于不平均下沉，各层回廊的地面发生裂缝，高低不平，也就是外壁与塔心业已分裂。（三）塔身除倾斜外，中部数层并向西北弯曲。（四）各层外壁壼门上发生不少裂缝，尤以西面的门，自下往上，有贯通裂缝，最为严重（图四）。（五）第七层外壁的转角处有长裂缝数处，致一部分外壁成孤立状态，而北侧外壁已倒毁一段[3]。

刘敦桢发出警告，虎丘塔面临着最危重险情，如不设法抢修，恐有倒塌危险，那将是无可挽回的损失。的确，纵观中国古塔历史，有多少名塔，都倒在了历史的长河里，后人只能通过文字或图片了解它们。刘敦桢掌握了病情，下一步自然寻找病因。

刘敦桢在分析虎丘塔最危重险情产生原因时认为，险情爆发的原因分为外在原因和内在原因。外在原因可分为地质和气候二项。地质方面，此塔建在虎丘山的西北角上，据探掘结果，它的基础颇残，并且直接建在黏土层上，可是西北二面地势局促，

图四　虎丘塔塔身裂缝

山的坡度相当陡峻，可能因基床泥土走动，引起塔的倾斜。气候方面，由于咸丰十年此寺被焚到现在已九十多年，此塔未曾修理一次，致塔顶和各层腰檐受气候剥蚀相当厉害，尤以塔上原来安设刹柱的地点，因刹柱腐烂，变成一大空洞，雨雪由此下灌，使塔内各部分受到很大影响。内在原因是塔的结构具有许多严重缺点。第一，此塔基础由上下二部分组合而成。下层从地平线往下铺 1.75 米厚的碎石层，如与整个塔身比较，显然太浅。上层竟利用台基部分做 0.7 米厚碎砖黄泥三合土，据肉眼观察，三合土内似未掺拌石灰，硬度不大，而且位于地平线以上，很不妥当。第二，外壁和塔心下部未曾放宽，便直接砌于碎砖三合土之上，致重量分布不广，易引起不平均下沉。第三，外壁和塔心下部，以及外壁和外壁下部，均成独立状态，没有任何联系。第四，外壁的门和走道太多，而各层的门走道回廊等，不但上下重叠，其上部都用叠涩做成，是结构上很大的缺点。第五，砌砖的泥浆内几乎没有石灰，影响塔的强度。第六，各层扶梯井的位置，东南西三面各一处，而北面墙曾为三处，分布很不均匀[4]。

刘敦桢找出了虎丘塔的病因，自然要对症下

药——那就是处理塔基，加固塔身。刘敦桢谈到修复目标时说，因此我希望讨论塔身加固时，不仅要保存古色天香的外表，而且应注意如何防止雨雪侵入问题[5]。

既然要处理塔基，那就必须对基础地层进行钻探及土壤分析。但是由于新中国成立初期百废待兴，用于文物保护的经费紧张，没有及时对虎丘塔下的土壤、基岩作更全面深入的勘察，以致一再迁延，拖到了1956年。每天身处塔旁的楚光和尚眼见风雨侵蚀古塔，危险日甚，每逢遇到狂风暴雨就有砖头掉下，他心急如焚。楚光和尚向有关部门反应，如再不及时抢修，虎丘塔恐步雷峰塔之后尘而倾倒，呼吁立刻进行抢修，刻不容缓。楚光和尚所说的雷峰塔又名皇妃塔，位于浙江省杭州市西湖南岸夕照山的雷峰上，与虎丘塔建造年代相仿，"雷峰夕照"乃西湖十景之一，民间故事《白蛇传》中，白娘子就被法海镇在雷峰塔下。可惜雷峰塔经历千年风霜，却得不到妥帖的保护，在1924年9月轰然倒塌，造成了宗教领域和文化领域的重大损失。今天我们在西湖南岸所看到的雷峰塔，是2000年以后重建的。所以楚光和尚的担心绝非杞人忧天，雷峰塔就是前车之鉴，而且殷鉴不远，才过去了30年左右。楚光和尚的呼吁代表了苏州广大僧俗民众的心声，也促使虎丘塔抢险加固工程加快进行。

虎丘塔的危重险情引起了时任江苏省文化局副局长朱偰的高度重视，虎丘塔的维修得到了政府领导的强力支持。朱偰是著名的历史学家、财经专家、文保专家，朱偰的父亲朱希祖是苏州国学大师章太炎的学生，所以说朱偰与苏州的历史文化有很深的缘分。20世纪50年代大规模拆毁南京明城墙的过程中，朱偰提出意见加以制止，因保护明城墙而被打成"右派"，并撤销一切职务，足见朱偰保护文物的义无反顾。

朱偰于1956年9月26日与苏州市文管会谢孝思主任、文化局范烟桥局长就虎丘塔抢修事宜作了谈话，指示要点概要如下：虎丘塔在文化部是列入我国古塔中的第二等主要建筑（第一等古塔是北方隋唐时代的几座），在我国南方是最有价值的古塔之一。鉴于其破坏程度的严重，各方面群众也纷纷提出及早修整的要求，现决定虎丘塔一定要及早动工抢修，不可再观望等待。虎丘塔的修整要求，不是要恢复一新，而是要制止继续倾斜，控制裂缝加大。

正是按照朱偰的指示，到1956年冬，虎丘塔的抢险加固工程正式启动。虎丘塔维修涉及的勘探、规划、施工等内容不在本文范围，不加赘述。按刘敦桢对虎丘塔险情的勘察结论："如不设法抢修，恐有倒塌危险"，如果没有20世纪50年代的加固维修，这一苏州的标志恐怕难逃杭州雷峰塔的厄运，之后在20世纪80年代和21世纪初的进一步加固维修也无从谈起。

本文最后必须提及的是，此次抢修工程还有意外收获，在虎丘塔的天宫中发现了越窑青瓷莲花碗、浮雕佛像石函、舍利塔、各式佛像等文物，为苏州的佛教文物增补了一块重要的拼图，苏州博物馆专设了"吴塔国宝"展厅来陈列这批文物，可谓法喜常在，皆大欢喜。

注释：

[1] 陈嵘主编：《苏州云岩寺塔维修加固工程报告》，文物出版社2008年，序言。

[2] 钱玉成：《虎丘塔的维修加固与变形测量》，《文物保护与考古科学》1994年第6卷第2期。

[3] 刘敦桢：《苏州云岩寺塔》，《文物参考资料》1954年第7期。

[4] 刘敦桢：《苏州云岩寺塔》，《文物参考资料》1954年第7期。

[5] 刘敦桢：《关于苏州云岩寺塔塔基、塔身加固等问题的意见》，刘敦桢给苏州市文物保管委员会1956年3月8日的回信。

博物馆教育内容初探

——以苏州博物馆为例

杨泽文（苏州博物馆）

内容摘要：本文以笔者所在单位——苏州博物馆为基础，结合时代背景分析，论证博物馆教育的特点。并以展品解读、公共秩序、教育活动为出发点，向大家展示博物馆教育内容，试图为博物馆教育的定位提供一个新的思路。

关键词：博物馆教育　社会教育　教育内容　苏州博物馆

随着近十年博物馆进入了大发展时代，博物馆教育也逐渐成为人们探讨的中心话题。有学者认为博物馆教育是博物馆工作之基础，有学者认为博物馆教育是博物馆功能的附带产品，也有学者认为教育作为博物馆功能之一应与其他功能齐头并进。事实上，要想找准博物馆教育的定位，就必须弄清楚博物馆教育的内容是什么。所以本文立足于此并依托笔者所在单位——苏州博物馆，试对博物馆教育内容进行探讨，旨在为博物馆教育定位做一个铺垫。

一　博物馆教育的特点

要弄清楚博物馆教育的特点，我们可以借助传统的学校教育来做参照。学校教育的特点在于有固定场所、专门的教师以及一定的培养目标、管理制度和规定的教学内容。博物馆教育和传统的学校教育相比，有相似之处，毕竟二者本质上都是教育。但博物馆教育有其独特之处，特点一：博物馆教育一般都是短时、实时的。根据苏州博物馆 2018 年的统计数据，共回收 1973 份调查问卷。其中，在"参观时长"这一题上有效问卷 1939 份，参观时长在 1小时左右和 2—3 小时共计占比 93.34%。在"第几次来"这一题上有效问卷 1964 份，重复参观（2次及以上）的观众共占比 13.08%。由此可见，博物馆教育必须在短时间内或者说在有限的期限内，达到教育目标。特点二：没有硬性的反馈机制。博物馆是一个开放性的文化传播场所，尤其是当下博物馆正逐渐从"藏品中心"向"观众中心"转化[1]，这就使得博物馆教育更加注重体验感，而对学习成果没有专门的要求。特点三：博物馆教育将知识具象化。人类对于文字信息的攫取要经过大脑的二次加工，这需要有较强的抽象思维能力。而博物馆教育因为有实物的展示，所以使文字信息和实物信息形成互补，增强教育效果。特点四：整体环境融入教育过程。传统教育的教学场地一般都设在专门的教室，内部陈设基本相同。而博物馆在这一点上具有优势，国内大多数博物馆建立在名胜古迹之上，即便不是如此，不同类型、不同地域的博物馆也会有很明显的自身特色。这些不同的内部环境，会给观众带来不同的观感体验，这也是博物馆教育重要的组成部分。特点五：博物馆教育的受众参差不齐。博物馆面对的受众是广泛的，幼童和成人将会在同一场馆中参观展览。他们的理解能力和专注度具有差别，这和学校教育有很大的不同。因此，我们需要发展儿童体验馆和出台专门针对儿童的博物馆课程。以上五点便是当下博物馆教育较为显著的特点。

目前，有学者正致力于区分学校教育和博物馆教育，将学校教育视为正规教育，把包括博物馆在内的其他教育称为非正规教育。区分学校教育和博物馆教育有其必要性，这样有助于我们认识博物馆教育的特点，并组织适合博物馆教育特点的活动[2]。但是用"正式"和"非正式"未免容易让人产生误解。要区分二者，倒不如根据两种教育在方式、时间上的不同，将二者形容为灌输式教育和沉浸式教育。在此认识的基础上，再来谈博物馆教育的内容。

二　展品带来的思考

博物馆中的展品是古代先民经验的总结，是人类知识的结晶。作为人类社会中的一员，在面对这些展品时会产生一种特殊的崇拜感。这种崇拜感来自于天生的血脉联系。而普通观众对于这种联系的感觉往往是朦胧的，所以博物馆教育中很重要的一个内容就是带领观众走近展品，引发观众进一步思考。具体来说，首先展品具有历史价值，这些器物都是一定历史时期人类社会活动的产物，其中包含了很多当时社会的信息。这里可以引发观众思考，例如：我们社会现在有没有类似的器物？社会变革给人类生活带来哪些便利？社会变革的动力是什么？在苏州博物馆的晨光熹微展厅，展示了苏州史前先民的遗存，首先映入我们眼帘的是良渚文化时期的彩绘陶罐，材质为泥质红陶，出土于吴江梅堰遗址。远古先民们就地取材，把黏土加水混合后，制成各种器物，干燥后加火焙烧，形成陶器。随后做陶器的人逐渐增多，成为固定行当。另一件出土于苏州工业园区草鞋山遗址的红陶甑，是一件马家浜文化时期的陶甑，材质为泥质红陶。甑是中国古代的蒸食用具，即架在釜、鼎、鬲等炊器上面蒸煮食物，底部的孔洞就是透蒸气用的，起到箅子的作用，如同现代的蒸锅。

其次展品具有审美价值，博物馆的展品在展陈时都经历了严格的挑选和分类的，无论材质、样式、种类，都蕴含特殊的美感，能够引发观众在表现形式、手法技巧等方面的思考。现在国际上中国元素越来越流行，而博物馆无疑就是中国元素的聚集地。苏州博物馆所陈列的蟠螭纹三足提梁铜盉，1975年出土于虎丘千墩坟。盉属于盛酒或盛水器。青铜盉出现于商代早期，盛行于商晚期至西周。春秋晚期至战国的提梁盉则颇具江南地方特色。此铜盉的提梁为夔龙形；鋬手为蟠螭交相衔接状；圆形的盖子通过铰链与提梁相接；腹部扁圆，中部满饰云雷纹，因其形如"回"字又称回纹，上下还装饰有三角云雷纹；铜盉的流也就是出水口，形如兽面，流身装饰雷纹；底部下承三个蹄形足。整件器物造型别致，制作

精细，纹饰布局合理，图案华丽，是吴地青铜器的代表。所谓蟠螭纹，蟠是指互相缠绕重叠的意思，螭《广雅》称"无角曰螭龙"。盉意指把手。这种造型的纹饰是中国古代青铜器中常见的纹饰，给人以庄重、大气之感。

最后展品还具有文化价值，文化是一个民族的根基，其重要性不言而喻。如果一个民族失去了自身的文化，那么这个民族也将消失。玉器作为我国古代文化宝库中的瑰宝遗产，以其精美绝伦，巧夺天工而享誉海内外。苏州博物馆的这件玉琮出土于苏州工业园区草鞋山遗址，它是良渚文化的典型器物。玉琮通体呈深褐色（近墨色），高31.6厘米，内圆外方，中空相通，孔内留有明显的对凿痕迹，共分为十二节。每节转角处刻有凹形牙状纹饰，在下端起第二、三、四、五节处一侧凹形纹饰内还刻有一小圆圈，仿佛眼睛一般。整个器物线条刻化清晰，比例恰当，呈大气之态，内圆外方的形状，富有神秘的宗教色彩。其实关于玉琮最早出现时的用途，考古界至今尚未有统一认识。有人认为是古代纺织机器上的零件，有人说它是古建筑缩影，也有人认为玉琮是窥测天文的窥管。而根据《周礼》中记载："苍璧礼天，黄琮礼地"，把玉琮认定为一种礼器。中国的"六器"起源于周代。据史料记载，周代是我国古代礼制最兴盛时期，上自天子、皇宫贵族，下至平民百姓，几乎所有的社会活动和日常生活都有严格的礼制约束。在这种历史背景下出现了一系列礼玉，其中最重要、也最具代表性的礼玉便是"六器"。《周礼》曰："以玉作六器，以礼天地四方，以苍璧礼天，以黄琮礼地，以青圭礼东方，以赤璋礼南方，以白琥礼西方，以玄璜礼北方。"

三　秩序与规则的理解

博物馆作为一个文保单位和公共场所，必然有它自身的秩序和规则，来博物馆参观的观众必须要了解和遵守这些规定。在苏州博物馆，根据自身场馆建设，规定了观众的出入口。新馆大门为观众入口，忠王府大门为观众出口，一入一出，有效地避免了拥堵。自2008年5月18日起我馆向社会免费开

放。为确保文物安全和参观秩序，营造馆内良好的观展环境，从2019年4月开始，我馆实行实名制分时预约参观制度。观众预约前需至苏州博物馆官方网站进行实名注册，完善相关信息，方可享受博物馆提供的预约服务。预约成功后，观众凭预约号码及其有效证件在入口处接受核查，经核实后按时按序由"预约个人入馆通道"入馆。若未在预约时段正负15分钟内到馆，则视为预约无效。对于特殊群体比如70周岁以上老人、1.2米以下儿童、残障人士、现役军人、荣誉献血个人、苏博会员、文博单位工作人员均可凭本人有效证件由"预约团队入馆通道和绿色通道"入馆，其中70周岁以上老人、残障人士、离休干部、1.2米以下儿童还可有一名看护人员陪同入馆。新闻媒体进馆采访，需提前联系办公室，进馆后接受统一管理。

另外，凡衣衫不整和穿着拖鞋者（海绵、塑料、棉布等材质及无后帮）、携带宠物、携带易燃易爆、酒类液体及危险品者，谢绝入馆参观。未经馆方允许，不得从事有偿服务活动。不得在本馆从事讲解活动。正规旅行社团队导游为团队提供讲解，需出示有效的旅行社任务委派单。进入博物馆需维护安静、有序的参观环境。勿高声谈笑、追逐嬉戏；勿从事与参观无关的活动；勿随地吐痰、抛弃纸屑杂物；勿在休息座椅上躺卧。展厅和影视厅内禁止接打手机。馆内禁止吸烟。为保护文物，展厅内禁止饮食，禁止饮酒。新馆茶室、紫藤园为观众饮食与休闲区。请勿携食物和饮料入馆；勿在馆内茶室、紫藤园以外的休息区用餐。为了文物的安全，也为了其他观众的安全，展厅内禁止使用闪光灯、支架类摄影器材拍照、摄像；禁止使用自拍杆拍摄；临时展览禁止拍照、摄像。临摹或写生可用铅笔、炭笔、圆珠笔、蜡笔、色粉笔，但不可使用各类水性笔和水溶性材料，不可在展厅架设画架。进行素描时，不能妨碍其他观众的正常参观。

这些秩序和规则从制定到实施，共同构成了博物馆参观礼仪。中国自古以来是礼仪之邦，《说文解字》中对"礼"的界定为"礼，履也"。更进一步说"礼"就是执行，实行。在古代中国，礼所执行的内容大多是乡约民俗。而今，"礼"的内涵更具社会性，"人非社会则不能生活，而社会生活则非有一定秩序不能进行；任何一时一地之社会必有其所为组织构造者，行著于外而成其一种法制、礼俗，是即其社会秩序也"[3]。我们靠礼俗来规范社会人的行为，礼是行为的准则与指南，礼的大端在制度。博物馆的规章制度，正是给前来参观的观众一种行为上的约束，并希望逐渐将这种约束变成公民习惯。这样一种变化，正是宏观视角下博物馆教育的组成部分，这也是博物馆教育作为社会教育的终极目标。社会教育的价值不在于教人谋生的手段，而更应该是对作为生命个体的人的价值关注。生命本身是鲜活的，需要活泼的激发、唤醒、感化，在这之后才会有知识技能的习得、运用，教育的功用才能得以充分彰显。通过教育的教化，培养具有良好道德品行的秩序化的个体，一直以来被作为维护社会秩序的重要手段[4]。

四 活动、展览等多种博物馆教育形式

苏州博物馆从2013年1月19日至2019年9月13日组织举办或联合举办的相关教育活动共计480余场（不包含音乐会）。活动分为以下几个主题：艺术@苏博、乐学@苏博、悦读@苏博、悠游@苏州、印象@苏博，具体来说有文博论坛、艺术体验、四时民俗、体验之旅、特别活动、触摸文物、会员专属、人文沙龙、读书畅观、影视欣赏、曲谱抄写、亲子学习、展厅互动、创意工坊、画信征集、暑期主题夏令营、七彩夏日、博物馆之夜和苏州人的一天等。

这其中主要介绍：四时民俗和文博论坛。"四时民俗"结合了中国传统节日和苏州地方习俗，每逢传统节日就举办与之相关的活动，不仅增进了与民众之间的互动使博物馆变成一座"有温度"的博物馆，而且保护、传播了地方习俗，培育了民族精神。"文博论坛"主要面向有一定学术背景的群体，邀请学术界知名的专家、学者来我馆讲学，打造一个交流、研讨的高层次学术平台，营造博物馆的学术氛围。除此之外，苏州博物馆还与其他兄弟单位合作推出系列讲座，比如故宫讲坛走进苏州系列讲座、文藤系列讲座。这些讲座和教育活动的举办，让更多的青少年了解传统文化、学习传统文化，让传统文化流动起来。

在 2019 年下半年，苏州博物馆接连举办了两场较为重要的展览。一场是由巫鸿先生策划的画屏展览，一场是清代苏州藏家系列学术展览。画屏展览分为古代与现代两个展览部分，古代部分主要展出了古代屏风实物以及屏风画，现代部分展出了 9 位艺术家的不同作品，包括绘画、雕塑和装置艺术，由此一窥他们对于画屏的自我理解与重新演绎。"中国传统语境中，画屏是一个内涵独特而外延丰富的存在。它跨越了历史与艺术，上登庙堂，下陈闺房，傅于毫素，传之四方，甚而随斯人入于地下，逾千百年而重光，相对无言，满是寂寞，满是沧桑。正是画屏这种多面、立体的艺术特性，催生了今人对中国古代屏风展开多元而灵活的研究。从传世或出土的实物屏风、书画中的图像类屏风、文献中的屏风史料等多个角度，相互结合，相互碰撞，来探究这一充满迷人魅力、富于神秘气质的现象。本次展览摒弃固有的视角，不为专业所限，尝试全方位、多角度来发掘、研究、欣赏画屏。尽管画屏的实用功能在不断蜕化，逐渐脱离现实生活，但它同时也在转变与升华，努力于无形中融入当下。如何将之转化成当代艺术创作的主题，如何将之与未来的艺术创作产生链接，立足当下，回顾传统，面向未来，是本次展览探索的方向。"[5]

2019 年年底推出的清代苏州藏家系列学术展览，名为"须静观止——清代苏州潘氏的收藏"，是继"烟云四合""梅景传家""攀古奕世"之后，清代苏州藏家系列的收官之作，可以说网罗须静斋潘氏六世所藏。"须静观止"的"须静"是潘世璜的斋号，潘世璜是潘奕隽之子，其继承父志，以探花及第。须静斋是其收藏书画碑帖的地方。潘奕隽辞官归里后，以古今书画、图籍、碑版与好友一一探讨，潘世璜则随伺一旁，将所见所闻一并谨记，题为《须静斋书画过眼录》。本次展览就是以《须静斋书画过眼录》中的记载为依据，展出了潘奕隽、潘世璜这一支潘氏的收藏，有着浓烈的地方文化特色。

五　总结

由此，我们可以看到博物馆教育作为社会教育的一部分，不仅有着丰富的教育内容，还有着自身的教育目标。当下，中国正跻身于世界舞台中央，这是综合国力提升的结果。但是，我们也要清楚地认识到我国社会和西方发达国家社会依旧存在着差距。国民素质的整体提升，不能只依靠单一的教育手段，更不是一朝一夕就能够改变的。在这谋求进步的过程中，我们需要结合利用家庭教育、学校教育、社会教育等各方力量，充分重视博物馆一类的社会公共文化机构的作用，让这些教育形式不分先后，在辩证中发展，在发展中总结，在总结中完善。教育是百年大计，教育强则国强。

注释:

[1] 郑奕:《博物馆教育活动研究》绪论，复旦大学出版社 2015 年，第 2—3 页。

[2] 宋向光:《博物馆教育:促进观众"自我教育、自我完善"的学习》，《中国博物馆》1995 年第 2 期。

[3] 梁漱溟:《乡村建设理论》，上海人民出版社 2011 年，第 69 页。

[4] 黄琳:《社会教育何以重建社会秩序——梁漱溟〈乡村建设理论〉评述》，《成人教育》2018 年第 5 期。

[5] 陈瑞近:《画屏:传统与未来序言》，苏州博物馆官网 2019 年。

"以文化人 以美育人"社会功能的实践研究

——以苏州教育博物馆为例

董 铭（苏州市汉语国际推广中心）

内容摘要： 以文化人谋发展，立德树人铸辉煌。尊师重教自古以来是苏州的优良传统。苏州教育博物馆光前裕后、传承创新，以广大教育工作者、青少年和海内外公众为服务对象，用心诠释"崇文睿智、开放包容、争先创优、和谐致远"的苏州城市精神，又在自身发展中承担着"以德润身以文化人"的社会教育功能。

关键词： 以文化人 以美育人 立德树人 苏州教育

习近平总书记在 2015 年春节前夕赴陕西看望慰问广大干部群众时的讲话中说："一个博物院就是一所大学校。要把凝结着中华民族传统文化的文物保护好、管理好，同时加强研究和利用，让历史说话，让文物说话，在传承祖先的成就和光荣、增强民族自尊和自信的同时，谨记历史的挫折和教训，以少走弯路、更好前进。"

苏州教育博物馆自 2017 年开馆至今，面向广大教育工作者、青少年和海内外公众，强调"以文化人谋发展，立德树人铸辉煌"，用心诠释着"崇文睿智、开放包容、争先创优、和谐致远"的苏州城市精神。如何在新的时代条件下以文化人，进行苏州教育文化的传承和创造，成为博物馆工作者责无旁贷的历史使命和不懈追求。

自开展《立德树人寓教于美——〈苏州教育博物馆开发教育功能的实践与研究〉》的课题研究以来，苏州教育博物馆积极开展馆内外各级各类活动，进行教育功能的开发与实践研究，探索出如下一些路径：

一 彰显地域文化特色，培养家国情怀

"让不同的学生都能在博物馆中找到适合自己的学习内容，从而爱上博物馆，使博物馆成为师生学习的资源库，在学生开展专题探究学习的过程中，给学生以有力的智力支持。"[1]

苏州教育博物馆专注本业、专注品牌、专注创新，面向未成年人，积极挖掘馆藏资源，结合地域文化特色，自课题开展以来，策划并组织开展了丰富多元的活动：116 场教博周活动、7 场寒假系列活动、8 场寒假传统文化手作集市活动、15 场"5·18 国际博物馆日"活动。

围绕"爱国爱党爱人民"主题，开展"青春颂祖国点赞新时代""我和我的祖国""童心向党爱我中华""小小梦想家遨游蓝天梦""贺卡承载心意欢庆祖国生日""礼赞中国华诞 70 周年手抄报"，通过各种生动活泼的形式，广泛、深入、持久地加强爱国主义教育和宣传，提高青少年儿童的民族自尊心和自豪感。结合二十四节气开展"制作青团子""快乐立夏巧手做蛋网""煮杯凉茶度炎夏""啃秋乐翻天""暖心冰皮浓情中秋""自制重阳糕情暖夕阳心""传承民俗感受冬至"等活动，带领青少年儿童深入了解传统文化，立体化地感知、体验中华传统文化的无穷魅力。结合传统民风民俗开展"非遗湖笔体验""非遗蓝染体验""市实小非遗缂丝工坊""古法造纸""剪纸""棕编""桃花坞木刻年画"等活动，让非遗文化飞入寻常百姓家，真正诠释"活态传承、活力再现""非遗让生活更美好""新时代、新生活、新传承"的口号。

2014 年 10 月 15 日，习近平总书记在文艺工作座谈会上作重要讲话时就指出，传承中华文化，绝不是简单复古，也不是盲目排外，而是古为今用、洋为中用，辩证取舍、推陈出新，摒弃消极因素，继承积极思想，"以古人之规矩，开自己之生面"，

实现中华文化的创造性转化和创新性发展。

"博物馆以'博'见长，它的包容性和历史继承性与现代化的文化特征相对应。"[2]

通过浸润式、体验式的活动课程向青少年及其家庭弘扬中国优秀传统文化，带领孩子品味历史，于声乐中穿插文物讲解，让他们在活动中汲取家规家风、乡规民约中的精华，用沉浸式体验传达出历史文化内涵和价值。

二 传承优秀历史传统，培育红色基因

国民之魂，文以化之；国家之魂，文以铸之。2018年3月，习近平总书记参加十三届全国人大一次会议山东代表团审议并发表重要讲话。他强调，红色基因就是要传承。中华民族从站起来、富起来到强起来，经历了多少坎坷，创造了多少奇迹，要让后代牢记，我们要不忘初心，永远不可迷失了方向和道路。

"爱国主义和革命传统的教育一直都是博物馆重要的工作任务之一，尤其是在当今社会，博物馆更应该发挥对历史渊源的传播和文化内涵的传承，切实发挥红色教育的功能。"[3]

"红色文化影响力的最终指向，是能够使公众将这种价值观自觉地与自身工作、学习、生活联系起来，作为他们行动的指南。"[4]

鲁迅先生曾说："我们自古以来，就有埋头苦干的人，有拼命硬干的人，有为民请命的人，有舍身求法的人，虽是等于为帝王将相作家谱的所谓'正史'，也往往掩不住他们的光辉，这就是中国的脊梁。"苏州历史上的教育名人，近代的志士仁人，现代的革命先烈，都是博物馆以文化人的精神财富。

苏州教育博物馆用心寻找苏州共产党人的精神家园，举办了"不忘初心立德树人传承红色基因"系列主题活动，如"传承红色基因展"开展仪式筹备会、系列展首展、红色教育故事专题展等。通过学习红色文化、了解红色历史、重走红色道路等方式加深对"红色基因"的认识，接受革命传统红色精神教育，铭记革命先烈和英雄事迹，以人民的幸福为己任，强化使命和担当。

将乐益女中——苏州第一个中共独立支部成立的图文信息进行整理，做成宣讲内容"微党课"，用敬畏之心和感恩之情，将家园的故事讲好。分别给直属事业单位（教科院、电教馆、监测中心、教师发展中心等），直属学校（平江中学、十六中学、彩香中学、建设交通高等职业技术学校等），离退休党员支部，社区党员，民办教育协会等义务讲课，广受好评。现在，越来越多的单位来馆预约开展主题党日活动，我馆也被列为2020市委组织部"走看学做比"党建服务参观阵地。

此外，还举办了"讲述名人故事传播廉洁清风"系列活动。苏州教育博物馆名人馆内，东西两边是苏州著名教育家、教育人士的姓名和浮雕像。陈去病、金松岑、柳亚子、费孝通、叶圣陶、朱柏庐等苏州教育名人，他们身上的勤学勤思、坚持不懈、积极进取、勇于创新的优秀品质薪火相传。彰教化功是馆藏故事，苏州教育名人辈出，他们是中华文化的薪传者，也是精神家园的耕耘者。寻访名人故地，认真阅读，细致查看，睹物追思，感同身受，传承家风文化之根，凝聚价值共识，让红色基因文化迸发出无限动力，为廉政建设注入源头活水。

"红色教育基地蕴含这丰富的社会主义核心价值观教育内容，其具象化教育资源与场所能有效提升参观的教育效果。"[5]

"随着时代的进步，在本义的弘扬民族精神、怀念革命先烈的作用上，红色教育基地因事而化、因时而进、因势而新，应做到'对历史文化特别是先人传承下来的价值理念和道德规范，坚持古为今用、推陈出新，有鉴别地加以对待，有扬弃地予以继承'，在社会主义核心价值观教育方面发挥更大的作用。"[6]

这些全新的红色教育传播方式，不仅为红色基因的传承创造种种可能，而且给公众带来了一种全新体验，推动或带动博物馆红色文化核心价值的最大范围的实现。

此外，馆内全体党员还开展了"走基地看变化聚力量""清风颂廉廉石在画""垃圾分类党员先

行""穿梭时光里奋斗新时代""志愿服务进农村""规范党员干部网络行为""深化扫黑除恶行动弘扬正气维护稳定"主题党日活动；观看电影《赵亚夫》《李保国》《孤岛 32 年》《特别追踪》《榜样 3》"廉洁教育警示片""庆祝改革开放 40 周年庆祝大会"；学习《处分条例》《八项规定》《三十讲》《习近平新时代中国特色社会主义思想学习纲要》"十九届四中全会精神"；走访了中共苏州独立支部的旧址、五卅路纪念碑、伯乐中学旧址等，更好地用好用活党史资源，使之成为激励人民不断开拓前进的强大的精神力量。凝心聚力，开拓创新，以更加高远的目标、开拓的视野、务实的举措，不断书写新篇章。

三 依托古典园林载体，提升审美修养

苏州教育博物馆，又名"柴园"，是一座典型的私家园林，园内建筑有鸳鸯厅、楠木厅、船舫、水榭等，在有限的空间内，将意趣盎然的自然美和富有创意的艺术美融为一体，淡泊雅致，别有韵味。

柴园的铺装也非常有讲究，在园路、走廊、庭院等处为防止积水或风雨侵蚀，以砖、瓦、条石、不规则的石版、卵石以及碎瓷、缸片等材料，组成各种精美图案，它们与建筑、花窗、绿植等共同营造了一个怡人舒心的园林空间。

例如，窗是中国庭院和园林中的"眼"，苏州园林的花窗不仅是一种景观，也是苏州园林文化的反映。游览苏州教育博物馆，镂空的砖雕花窗、古建木制长短花窗，或长或狭，或方或圆，设计精美、做工考究、姿态各异，深深吸引了我们。

又如，中国古建筑中的榫卯结构在苏州教育博物馆随处可见。两个木构件凹凸结合连接，以榫卯相吻合，牢固而富有韧性，体现了中国传统文化重视整体与部分关系的特点。

苏州教育博物馆的独特之处，提供了以美育人的丰富资源和良好环境。为此我们特地结合馆内建筑特色开发了相应的古建美育课程，如铺地——石头拼贴相框画、瓦片——手绘瓦片画、花窗——陶艺雕花、榫卯结构——小长椅/鲁班锁等。

通过体验，让观众在实践中体验到古人的聪明才智和高超技艺，在动手过程中体会中国传统建筑的科学原理。科学与艺术从来没有绝对的界限。通过基于中国传统文化创新的课程设计，来起到弘扬文化、普及科学、传播美学、启迪思想的作用。

四 打通馆校协作渠道，延展育人成效

苏州教育博物馆，致力于创新教育的内容形式和手段，注重从内部完善、机制创新、联合联动、平台搭建等多种渠道，扩大服务的受益面、满足服务的多样性、提高服务的满意度。如，注重搭建线上教育平台：微信、网站、有声故事，传播科学思想，基于博物馆资源进行主题和内容开发，让收藏在博物馆里的苏州教育文物、陈列在广阔大地上的苏州教育遗产、书写在古籍里的文字都活起来，为青少年、广大教育工作者、社会公众等提供正确的精神指引和强大的精神动力，"以'看得见、摸得着'的实物为基础打造主题陈列，为参观者营造身临其境的文化育人氛围"[7]。

举办"馆校合作"主题系列活动。先后与上海、苏州的多所学校如建设交通高等职业技术学校、经贸学院、华东师范大学等开展多形式馆校合作活动，加强馆校之间的战略合作，将我馆的优质科普资源带进学校，在孩子们的身边开展，全面而深入提高孩子们的综合素质。

开展"馆馆合作"共建活动。立足新时期面对新时代人类创建社会公共休闲服务体系的基本要求和希望，与苏州戏曲博物馆、花窗博物馆、中国昆曲博物、生肖邮票博物馆、商会博物馆、御窑金砖博物馆、工业园区志愿者博物馆、昆山巴城老街博物馆、上海科技馆、中国航海博物馆、太仓博物馆、南京博物馆、苏州革命博物馆、苏州名人馆等单位开展共建活动，互相交流学习办馆体会，不断探索文化资源整合及空间合作的可行性条件和社会意义及趋势。

举办"柴园大讲堂"主题教育系列活动。邀请教育部专家谷公胜先生、苏州大学王家伦教授、苏州大学张橙华教授、苏州市博物馆协会秘书长朱春阳教授等讲授苏州教育历史，与青年教师进行互动

交流，弘扬工匠精神。浸润于柴园美景，欣赏苏州古典园林之美，固守修身养德与倡导求实致用并重，感受苏州教育厚重的历史积淀和丰富的人文内涵。苏州教育博物馆服务更多的学校，服务更多的教师，助推苏州教师队伍人文素养的提升。

此外，针对不同年龄段青少年、盲聋人士、普通群众、外籍人士等群体，形成不同版本的讲解词，做到因人施讲。

五　结语

苏州教育博物馆，作为联系苏州教育历史与当代乃至未来的一根纽带，既是一座专题博物馆，又是一处古典园林景点，兼具专题博物馆和园林景点的双重功能。

丰富的藏品奠定了文化育人的条件，用讲述教育故事，把苏州教育的历史赠给未来的接班人，发挥教育、研究功能，助益青少年儿童认知、丰裕其情感，为公众提供了有益的文化产品。丰富的园林景致凸显了文化育人优势，把古典的园林开放给各个年龄层次的公民，为其提供赏心悦目的审美享感受，培养审美能力，为公众提供了良好的文化环境。丰富的活动打造了文化育人的课堂，面向社会观众、教育界人士、学生、家长、外籍人士及其他专业群体，开展丰富多彩的特色体验活动，延续苏州文脉的历史传承，展示苏州教育博大精深的人文内涵，为公众提供了优质的文化服务。

苏州教育博物馆不仅仅是青少年学生和教育工作者爱国主义教育和中华传统文化教育基地、公众普及先进文化的活动场所、中外游客的文化旅游景点，也是苏州教育走向世界、推进跨文化交流的载体。

注释：

［1］王良：《徜徉于看得见与看不见的历史之间》，《中国民族教育》2017年第5期。

［2］白淼：《博物馆与人文教育》，《春草集（二）——吉林省博物馆协会第二届学术研讨会论文集》，吉林人民出版社2013年，第204—208页。

［3］邹雨珊：《关于博物馆红色教育功能开发的有效措施探讨》，《旅游纵览（下半月）》2018年第6期。

［4］万玲：《承载新媒体　提升红色文化影响力——浅谈武汉革命博物馆宣传育人的社会效益》，《"红色文化论坛"论文集——中国博物馆协会纪念馆专业委员会2012年年会》2012年，第446—449页。

［5］陈艳红、董玉来：《红色教育基地：社会主义核心价值观教育的重要载体》，《山西高等学校社会科学学报》2018年第5期。

［6］陈艳红、董玉来：《红色教育基地：社会主义核心价值观教育的重要载体》，《山西高等学校社会科学学报》2018年第5期。

［7］颜蒹葭：《文化育人视域下高校博物馆与高校思政课的实践融合——以毛泽东与第一师范纪念馆为例》，《文物鉴定与鉴赏》2019年第24期。

征稿启事

　　本论丛由苏州博物馆编辑，立足苏州，面向国内外，宗旨为：以历史唯物主义为指导，积极宣传党和国家的文物法规与相关政策，及时反映苏州考古、文物和博物馆工作的新发现和新成果，推动活跃文博科学研究。坚持学术性、知识性、资料性兼顾，关注学术热点，开展学术讨论，交流文博专业信息，传播文物知识。以文博工作者和爱好者为主要阅读对象，努力为促进文博事业的发展和提高专业队伍的素质作贡献。

　　本论丛由文物出版社出版发行，欢迎广大业内外人士热心支持，不吝赐稿。本论丛一年一辑，征稿截止时间为当年 6 月 30 日。提供电子稿的同时，请另附插图文件（图片不小于 300dpi）。稿件格式（包括题目、作者、作者单位、内容摘要、关键词、正文和注释样式等）请参考最近一期《苏州文博论丛》，文末请附上作者的详细联系方式，包括固定电话、手机和电子邮箱等信息，以便编辑人员和您沟通。本论丛采用匿名审稿制度，稿件一经采用，本编辑部会立即通知作者本人，如在当年 10 月 31 日前尚未收到编辑部用稿通知，稿件可自行处理。因编辑人员有限，本刊不退还稿件，请作者自留底稿。

　　已许可中国学术期刊（光盘版）电子杂志社在中国知网及其系列数据库产品中，以数字化方式复制、汇编、发行、信息网络传播本论丛所收论文。中国学术期刊（光盘版）电子杂志社著作权使用费与本论丛稿酬一并支付，作者向本论丛提交文章发表的行为即视为同意上述声明。

《苏州文博论丛》设置以下主要栏目：

考古与文物研究

文献与历史研究

传统工艺研究

博物馆学研究

江南文化研究

书画研究

地址：苏州市东北街 204 号苏州博物馆

邮编：215001

电话：0512 - 67546052

联系人：杜超

E - mail：suzhouwenbo@126. com